物流客户服务管理

WULIU KEHU
FUWU GUANLI

詹帅　霍红◎主编

化学工业出版社
·北京·

内 容 简 介

本书围绕物流客户服务管理基础知识、物流客户服务需求与供给、物流客户服务管理数智系统与战略管理、物流客户服务管理实施、物流客户服务关系管理、物流客户服务价值管理、物流客户服务成本管理、物流客户服务质量管理、物流客户服务满意度、物流客户服务管理创新等内容展开讨论。

本书可作为物流管理、供应链管理、工商管理等专业的本科教材，也可作为企业管理、管理科学与工程、工程管理等专业的研究生教材。此外，本书还可作为物流相关从业人员的参考用书和企业管理岗位培训用书。

图书在版编目（CIP）数据

物流客户服务管理 / 詹帅，霍红主编 . -- 北京：

化学工业出版社，2025.10. -- ISBN 978-7-122-48724

-7

Ⅰ . F253

中国国家版本馆 CIP 数据核字第 2025R3D071 号

责任编辑：刘　丹　　　　　　　　　　　文字编辑：史燕妮　杨振美

责任校对：杜杏然　　　　　　　　　　　装帧设计：王晓宇

出版发行：化学工业出版社 (北京市东城区青年湖南街 13 号　邮政编码 100011)

印　　装：三河市双峰印刷装订有限公司

787mm×1092mm　　1/16　　印张 16¼　　字数 351 千字　　2025 年 8 月北京第 1 版第 1 次印刷

购书咨询：010-64518888　　　　　　　售后服务：010-64518899

网　　址：http://www.cip.com.cn

凡购买本书，如有缺损质量问题，本社销售中心负责调换。

定　　价：68.00 元

前言
PREFACE

经济全球化的发展和现代科学技术的应用，特别是数字化技术的发展，使得社会经济运行规则以及市场竞争模式发生巨大变化，为物流的发展带来了机遇与挑战。数字经济背景下，客户体验成为物流服务质量的最终评判依据。物流企业不仅需要提供良好的服务，更要在供应链的竞争发展过程中发挥举足轻重的作用。本书根据"以培养专业能力为核心，以完善知识体系为导向，以前沿内容为主线"的原则，针对物流客户服务的前沿管理进行撰写。本书的编写思路及特色如下。

（1）紧跟时代发展，构建科学合理的知识体系。

围绕"与时俱进、技术新颖、跨界融合"的主题，根据当前物流与供应链发展对客户管理人才的需求，将现代物流客户关系管理知识和信息技术、数字化新兴技术跨界融合写进教材。

（2）贴合物流客户服务管理实践逻辑，丰富优化教学内容。

按物流客户服务管理的"供需匹配—服务实施—质量评定—价值创造—优化完善"递进衔接教学内容。

本书由詹帅、霍红总体策划和统稿，其中第一章至第四章、第六章至第十一章由詹帅撰写；第五章第一节由张敏撰写，第二节由金珊珊撰写；许馨月、万志蓝、康玉、王若玉参与了文献查阅及整理工作。在本书编写过程中，我们参阅了大量的书籍、文献，在此，向相关的专家、学者表示衷心的感谢！

由于笔者学识有限，书中难免有疏漏之处，恳请广大读者批评指正。

编者

目录
CONTENTS

第一章 绪论

→ **本章导读** •————————————————————————————

　　物流行业正经历智慧物流和绿色物流的新阶段，政策重点转向降低成本、提高效率、增强国际竞争力和智慧物流建设。无人配送、网络货运、共享物流、智慧航运等新业态逐步发展，智能立体仓储、智能输送分拣装卸设备逐步推广应用，物流企业标准化、集成化智能云仓建设，物流枢纽内车辆货物自动匹配和智能调度逐步推进。在政策的引领下，许多企业积极拥抱数智化转型，通过大数据系统、区块链平台、自动化分拣系统、AI（人工智能）设备以及中转场网络的科学布局等手段，解决物流客户服务管理中存在的问题。本章在全面考察政策、行业经济、数字化技术发展等多重背景下，分析物流客户服务管理的内涵和发展趋势，以期帮助读者建立物流客户服务管理基础知识体系。

→ **学习目标** •————————————————————————————

（1）了解物流客户服务管理的研究背景与发展趋势。

（2）理解物流客户与服务管理的概念。

（3）掌握物流客户服务管理的内涵、作用与特点，培养学生紧跟前沿动态的学习能力。

→ **本章结构图** •————————————————————————————

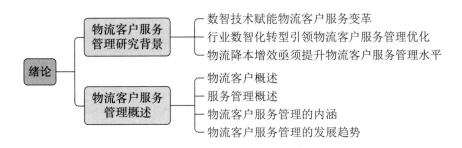

第一节　物流客户服务管理研究背景

一、数智技术赋能物流客户服务变革

（一）数字经济背景下物流行业的转型需求

随着全球经济从工业经济时代迈向数字经济时代，世界经济正在经历全方位、革命性的变化。数字经济不仅是推动我国经济高质量发展的关键引擎，也成为引领全球经济社会变革的重要力量。物流行业作为国民经济的基础性和战略性产业，面临着前所未有的发展机遇和挑战。一方面，物流行业在社会主义市场经济体系中的比重日益增大，成为支撑国民经济发展的重要力量；另一方面，外部环境复杂多变，国内经济发展面临需求收缩、供给冲击、预期转弱等多重压力，物流行业自身也面临着运费成本高、运输时效低等问题。因此，物流行业需要通过数字化转型来提高效率、降低成本，并增强创新驱动力和核心竞争力。

政策链接：

近几年我国物流行业的相关政策如表 1-1 所示。

表 1-1　当前我国物流行业的相关国家政策

发布时间	政策	重点内容解读
2024 年 11 月	《交通物流降本提质增效行动计划》	提升国际物流供应链服务保障能力。加快推进跨里海等国际运输走廊的建设，培育稳定开行的国际多式联运线路。完善中欧方向双多边国际道路运输协定体系，推进中欧直达快运通道贯通，持续扩大《国际公路运输公约》应用范围，提升边境口岸通关效率
2024 年 8 月	《数字化绿色化协同转型发展实施指南》	建设数字物流平台。规范发展无人配送、网络货运、共享物流、智慧航运等新业态，建立多部门协调联动机制，创新监管模式。推进建设数字物流平台，利用物联网技术加快物流要素数字化转型，发展车联网 / 货联网、智能仓储、供应链解决方案等。建议推进物流枢纽的智能化和低碳化改造。加快发展智能立体仓储，推进智能输送分拣装卸设备推广应用，支持物流企业建设标准化、集成化智能云仓，推进物流枢纽内车辆货物自动匹配和智能调度，减少无效行驶
2024 年 5 月	《关于做好 2024 年降成本重点工作的通知》	1. 实施降低物流成本行动。研究制定"有效降低全社会物流成本行动方案"，强化政策协同和工作合力，有力推动降低全社会物流成本，增强企业和实体经济竞争力 2. 完善现代物流体系。稳步推进国家物流枢纽、国家骨干冷链物流基地的建设，促进现代物流高质量发展。新增支持一批城市开展国家综合货运枢纽补链强链，推动跨运输方式一体化融合，继续实施县域商业建设行动，支持建设改造县级物流配送中心和乡镇快递物流站点，完善仓储、运输、配送等设施，加快补齐农村商业设施短板，健全县乡村物流配送体系

续表

发布时间	政策	重点内容解读
2024 年 3 月	《2024 年政府工作报告》	1. 加快国际物流体系建设，打造智慧海关，助力外贸企业降本提效 2. 深入实施乡村建设行动，大力改善农村水电路气信等基础设施和公共服务，加强充电桩、冷链物流、寄递配送设施建设
2024 年 1 月	《"数据要素×"三年行动计划（2024—2026 年)》	推进国际化，在安全合规前提下，鼓励电子商务企业、现代流通企业、数字贸易龙头企业融合交易、物流、支付数据，支持提升供应链综合服务、跨境身份认证、全球供应链融资等能力
2023 年 12 月	《关于加快推进农村客货邮融合发展的指导意见》	加强农村客运、货运物流、邮政快递、养护、供销等资源的共建共用，完善仓储、分拣、运输、配送等环节集约共享机制，提升农村运输集约化水平

（二）数智化技术赋能物流客户服务管理变革升级

物流客户服务管理变革升级的关键在于数智化技术的应用，包括大数据、人工智能、互联网和新一代数字与通信技术等。这些技术为物流行业的转型升级提供了强有力的支撑，通过数智化升级，物流行业可以对传统产业链上下游的全要素进行数智化改造，推动产业价值创造提质、降本与增效。这不仅提升了物流行业的运营效率，还提高了物流服务的智能化和个性化水平，为物流行业的可持续发展注入了新的活力。图 1-1 为京东物流长沙亚洲一号智能物流园的智能仓储中心，装着商品的货架在各个区域之间自动穿梭，这些货架的"脚"是应用了 5G 技术（第五代移动通信技术）的"地狼"AGV（自动导引车）智能拣选机器人，实现了"送货人不动、货到人拣选"。

图 1-1　数智化技术应用场景

（三）人工智能引领物流行业的智能化变革

人工智能作为数智化技术的重要组成部分，正快速渗透到物流行业的各个环节。在物流追踪方面，人工智能通过智能识别、智能分析等技术手段，实现了对物流全过程的精准监控和实时管理。通过安装传感器和智能设备，物流企业可以实时获取货物的位置、状态等信息，并将其同步到平台上，实现了物流信息的透明化和可视化。在物流资源配置方面，人工智能通过智能算法和预测模型，实现了对物流资源的智能配置和优化，使物流企业可以准确预测货物的需求和运输路线，合理安排运输车辆和仓储资源，降低运营成本，提高运输效率。人工智能还在无人驾驶、无人仓储、无人配送等前沿领域取得了突破性进展，助力物流行业的智能化服务变革，提升物流客户服务品质。

（四）物联网与大数据等技术集成对物流客户服务管理助力明显

物联网技术作为数智化技术的另一重要组成部分，正在推动物流行业的在线化发展。物联网技术通过传感器、RFID（射频识别技术）标签等设备，实现了物流设施与互联网的连接，使得物流信息可以实时传输和处理，实现了从线下到线上的转变，为物流行业的数字化转型提供了有力支撑。在物流连接方面，物联网技术通过信息互联和设施互联，实现了物流设施之间的无缝连接。通过安装传感器和RFID标签等设备，物流企业可以实时获取物流设施的状态和位置信息，并将其同步到平台上，实现了物流设施的在线化和智能化管理，提高了设施利用率，增强了服务的可靠性和安全性。在物流数据分析方面，物联网技术通过收集和分析物流设施产生的数据，为物流企业的决策提供了有力支持。通过大数据技术的应用，物流企业可以了解货物的运输路线、运输时间、运输成本等信息，挖掘和分析大量物流数据，发现物流客户服务过程中的问题和瓶颈，掌握实时的物流信息和服务质量反馈，及时发现问题并采取措施进行改进，进而优化决策。

（五）移动通信技术等为物流客户服务管理提供了高效联通支持

5G及6G技术作为第五代和第六代移动通信技术，能够将地面无线与卫星通信集成起来，通过将卫星通信整合到移动通信中，实现全球无缝覆盖。移动通信技术的高速率、低延迟、大连接等特点，使得物流客户服务管理可以实现广覆盖、低功耗、大连接的网络连接，满足物流客户服务对连接技术的需求。物流企业可以实现对物流设施、运输车辆和货物的实时监控和管理。移动通信技术具有高速度、低延迟的特点，能为物流数据的实时传输和处理提供有力支持。

二、行业数智化转型引领物流客户服务管理优化

国家统计局数据显示，物流业在2020年后呈现出较为强劲的增长态势（图1-2）。物流行业的增长与国家经济的增长紧密相连，同时也受到产业结构调整、信息技术应用、电子商务发展以及成本控制需求等因素的影响。2023年以来，物流企业数智化转型加速，截至2023年12月31日，经营范围涉及数字物流的企业达22000多家，2023年新成立企业就有5900余家，且当年数字物流项目渗透率达49.5%，较上年提升12.5个百分点，物流领域的数字化变革加速演进，强调新一代信息技术与物流业融合对推动数字化转型的重要性，多式联运、智能仓配、跨境物流等数字化程度逐步加深。这就要求物流各个环节打破"信

息孤岛"，提升物流服务的安全性和透明性，通过数字化转型引领物流客户服务管理优化。

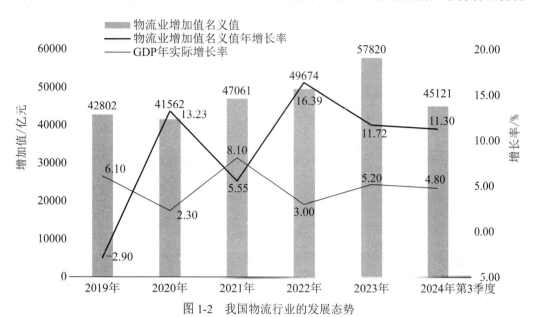

图 1-2　我国物流行业的发展态势

（一）新业态涌现驱动物流客户服务数智化发展

随着我国产业结构不断优化升级、数字技术的广泛应用、电子商务的持续繁荣以及对成本控制要求的进一步提升，物流行业正在经历深刻变革，市场竞争更加激烈有序，智能物流、绿色物流等创新业态不断涌现，驱动物流客户服务数智化发展。一是居民收入提升与消费观念转变，推动高品质、个性化商品需求增长，要求物流客户服务更高效精准，如生鲜电商与美妆行业对冷链、即时配送的需求。二是制造业向高端、智能制造等产业升级转型，对物流客户服务质量与效率的要求更高，如芯片制造、航空航天等高端制造业需要高洁净度、高精度物流的运输与仓储服务。

（二）物流市场细分决定物流客户服务差异化

目前，我国物流市场按照服务对象和物流供给特点差异可细分为低端、中端、高端三个层次，由低到高呈现出金字塔型的结构特征。低端市场是指位于金字塔底端的数量众多的零担专线，这些专线通常以单一或少数几条线路为载体，采用零担经营模式。零担专线以广泛布局的货运场站为依托，服务于数量众多的中小型生产及商贸流通企业。这些企业零散、低水平的物流需求具有规模小、实力弱且数量众多的特点，同质化竞争情况严重。因此，在物流客户服务管理过程中，它们呈现出零散、粗放、服务质量与效率有待提升的特点。中端市场是金字塔中部的具有一定规模和网络优势的中型物流企业，主要服务于介于规模化和中小型企业之间、具备一定规模的中型客户群。总体数量相对有限，企业规模相对较小，实力相对较弱，缺乏现代管理技术和信息手段的支撑，集约化与网络化运输能力一般，抗风险能力不强，市场份额较低，因此，物流客户服务呈现服务运作灵活，但效率、质量和水平有待提升的特点。高端市场是处于金字塔顶端的少数规模化物流企业，能够建立完善的物流网络，并通过信息技术实现对整个网络的有效调整、优化和整合，最大限度地发挥了网络化、集约化、规模化的优势，通过不断延伸其服务范围，逐步向企业提供一体化的供应链物流管理服务，但从总体上看数量较少，承载物流服务量相对有限。高端物流市场的格局如表 1-2 所示。

表 1-2　高端物流市场格局分析

企业类型	代表企业	核心优势	发展挑战	市场现状
规模化民营物流	顺丰速运等	网络覆盖广、管理体系完善、信息技术强、客户资源丰富	资金限制、国际竞争力有待提升	业务规模扩展受限，服务水平提升存在瓶颈
大型国有物流	中远物流、中国邮政等	国资背景支持、网络扩展能力强、融资便利、客户基础好	运营灵活度不足等	在传统优势领域保持份额，市场适应性有待增强
跨国外资物流	联邦快递、UPS（联合包裹）、DHL（中外运敦豪）、TNT（天地快运）等	现代管理程度高、信息技术应用能力强、国际化运作经验多	本土化适应等	独资化趋势明显，业务网络布局广，综合服务深化

三、物流降本增效亟须提升物流客户服务管理水平

2023 年社会物流总费用与 GDP 的比率约为 14.4%，比上年回落 0.3 个百分点。2023 年 1~11 月全国重点物流企业主营业务收入同比增长 7.6%，而主营业务成本同比增长 7.1%，主营业务收入利润率为 3% 左右，较上年同期略有提高。物流行业运行效率有所提高，但仍有提升空间，成本依然偏高，行业平均利润仍处于较低水平。物流要素成本是影响企业利润的重要因素，如物流企业人力成本、燃油价格波动、过路过桥费、城市物流业用地及仓库使用成本等。这些成本因素制约了物流企业的盈利能力和发展速度，促使企业不断寻求降低成本的方法，如优化物流服务运营流程、提高设备利用率、加强成本控制等。因此，无论是基建层面的物流服务网络拓展、农村物流体系优化布局，还是服务标准化提升等，都能够通过客户服务管理水平的提升推动物流降本增效。

（一）基础设施建设完善与运输方式互联互通，拓展物流服务网络

物流基础设施的完善与运输方式的互联互通是提升物流客户服务能力与效率的重要基础，通过加强联运基础设施建设，如港口铁路专用线的建设与改造、铁路与港口装卸设备的衔接优化等措施，实现联运方式的无缝对接与高效协同。对于物流客户而言，尤其是大宗商品运输客户，这种互联互通不仅能够优化物流运输结构，降低运输成本，提高运输效率，还增强了物流服务的可靠性与稳定性。例如，煤炭、矿石等大宗商品可以通过铁路运

输至港口，再通过水运运往目的地，充分发挥了铁路大运量、低成本与水运长距离、低成本的优势，为客户提供了更具性价比的物流解决方案。通过基础设施建设和区域间的物流互联互通，可以降低运输成本，同时拓展物流企业的服务范围和市场空间。

（二）农村物流体系优化布局，打通物流客户服务网络

农村物流作为连接城乡的重要纽带，在乡村振兴战略中扮演着举足轻重的角色。物流企业纷纷加大在农村地区的网络布局与资源投入，优化配送线路与服务模式，提高农村物流服务的覆盖率与渗透率，解决农村物流服务"最后一公里"问题。例如，与农村电商、便利店等合作，设立村级服务网点，实现快递代收代发、货物中转存储等功能。这极大地便利了农村居民的生活，同时也为农村电商的发展提供了有力支撑，促进了农村产业结构的优化升级，带动农民增收致富，丰富农村物流客户服务的内涵与价值。

（三）服务质量监管与标准化建设，塑造优质物流客户服务形象

物流服务质量的监管与标准化建设是保障客户权益、提升行业整体服务水平的关键环节，通过加强对物流客户服务质量的监督管理，规范服务行为，全面提升服务水平，为物流客户提供更加可靠、优质的服务保障，增强客户对物流的信任与满意度。标准化可以有效提高信息处理效率，减少信息不准确或不规范导致的物流延误与错误投递等问题，有助于物流企业优化服务流程，提高运营效率与服务质量，为客户提供更加高效、准确、便捷的服务体验，塑造良好的服务形象。

第二节　物流客户服务管理概述

一、物流客户概述

（一）物流及物流企业

1. 物流的定义

物流一词源于英语的"Logistics"，原意是军事后勤保障。第二次世界大战后，物流的概念被广泛运用于经济领域。美国物流管理协会（现美国供应链管理专业协会）对物流的定义为："物流是为满足消费者需求而进行的对原材料、中间库存、最终产品及相关信息从起始地到消费地的有效流动与存储的计划、实施与控制的过程。"《物流术语》（GB/T 18354—2021）对物流的定义是：根据实际需要，将运输、储存、装卸、搬运、包装、流通加工、配送、信息处理等基本功能实施有机结合，使物品从供应地向接收地进行实体流动的过程。

2. 物流的类型

（1）按照物流的作用，可以将物流分为供应物流、生产物流、销售物流、回收物流、废弃物物流等，如表 1-3 所示。

表 1-3　按物流的作用划分的物流类型

物流类型	特点
供应物流	企业为保证本身生产的节奏，不断组织原材料、零部件、辅助材料等供应的物流活动，这种物流活动对企业生产的正常、高效进行起着重大作用。企业供应物流不仅以保证供应为目标，而且要在最大限度地保证供应物流活动的限定条件下，实现最低成本、最少消耗，因此带来很大的难度。企业竞争的关键在于如何降低这一物流过程的成本，这可以说是企业物流的最大难点。为此，企业供应物流就必须有效解决供应网络、供应方式、零库存等问题
生产物流	生产物流是指企业在生产工艺中的物流活动。企业生产过程的物流大体为：原料、零部件、燃料等辅助材料从企业仓库或企业的"门口"开始，进入生产线的开始端，再进一步随生产加工过程一个一个环节地流动，在流动的过程中，原料等本身被加工，同时产生一些废料、余料，直到生产加工终结，再流至生产成品仓库，最终结束了企业生产物流过程
销售物流	销售物流是企业为保证自身的经营效益，伴随销售活动，将产品所有权转让给用户的物流活动。在现代社会中，市场是一个完全的买方市场，因此，销售物流活动便带有极强的服务性，以满足买方的需求，最终实现销售。在这种市场前提下，销售往往以送达用户并经过售后服务为终点
回收物流	企业在生产、供应、销售的活动中总会产生各种边角余料和废料，这些东西回收是需要伴随物流活动的，而且，在一个企业中，如果回收物品处理不当，往往会影响整个生产环境，甚至影响产品的质量，也会占用很大空间，造成浪费
废弃物物流	废弃物物流是指对企业排放的无用物进行运输、装卸、处理等的物流活动。废弃物物流没有经济效益，但是具有不可忽视的社会效益

（2）按物流系统性质，可以将物流划分为社会物流、行业物流、企业物流等，如表 1-4 所示。

表 1-4　按物流系统性质划分的物流类型

物流类型	特点
社会物流	物流是全社会物流的总称，所以又称为宏观物流。社会物流是指超越一家一户的以一个社会为范畴的面向社会的物流。这种社会性很强的物流往往是由专门的物流承担人承担的，社会物流的范畴从属于社会经济大领域
行业物流	同一行业的企业是市场上的竞争对手，但是在物流领域中企业常常互相协作，共同促进行业物流系统的合理化发展。如日本的建设机械行业提出行业物流系统化，具体内容有：通过各种运输手段的有效利用，建设共同的零部件仓库，实行共同配送；建立新旧设备及零部件的共同流通中心；建立技术中心，共同培训操作人员和维修人员，并统一建设机械规格等。又如在大量消费品方面，我们采用了统一的传票、商品规格、法规政策、托盘规格并推行包装模数化等措施。行业物流系统化的结果是参与的各个企业都得到相应的利益
企业物流	从企业角度研究的与之有关的物流活动，是具体的、微观的物流活动的典型领域

（3）按照物流活动的空间，可以将物流划分为国际物流、国内物流、地区物流等，如表 1-5 所示。

表 1-5　按物流活动的空间划分的物流类型

物流类型	特点
国际物流	国际物流是相对于国内物流而言的，是不同国家之间的物流。它是国内物流的延伸和进一步扩展，是跨国界的、流通范围扩大的物流，它是国际贸易的必然组成部分 国际物流是随着国际经济大协作、工业生产社会化和国际化的发展而产生的，跨国公司的发展使得一个企业的经济活动可以遍布各国，国家之间原材料与产品的流通也随之日益频繁
国内物流	国内物流是指为国家的整体利益，在国家自己的领土范围内开展的物流活动。国内物流作为国民经济的一个重要方面，应该纳入国家总体规划，我国的物流事业是国家现代化建设的重要组成部分。因此，国内物流的建设投资和发展必须从全局着眼，清除部门和地区分割所造成的物流障碍，尽早建成一批大型物流项目为国民经济服务
地区物流	地区物流的地区可按行政区域、经济圈、地理位置划分。首先，按行政区域，我国可以划分为七大区，即东北、华北、西北、西南、华南、华东、华中；其次，还可以按省区划分为北京、天津等30多个省、自治区和直辖市等；再次，是按经济圈划分，如苏锡常经济区等；还有按地理位置划分的地区，如长江三角洲地区、河套地区、环渤海地区、珠江三角洲地区等

3. 物流企业的定义及类型

（1）物流企业的定义。物流企业（Logistics Enterprise）是至少从事运输（含运输代理、货物快递）或仓储一种经营业务，并能够按照客户物流需求对运输、储存、装卸、包装、流通加工、配送等基本功能进行组织和管理，具有与自身业务相适应的信息管理系统，实行独立核算、独立承担民事责任的经济组织。

（2）物流企业的类型。物流企业按照所从事的物流客户服务业务的不同类型可以分为运输型物流企业、仓储型物流企业、综合服务型物流企业等，如表 1-6 所示。

表 1-6　按所从事的物流客户服务业务划分的物流企业类型

类型	服务内容	具备条件
运输型物流企业	运输型物流企业以运货业务为主，包括货物快递服务或运输代理服务，可以提供门到门运输服务、门到站运输服务、站到门运输服务、站到站运输服务和其他物流服务	以从事货物运输业务为主，包括货物快递服务或运输代理服务，具备一定规模 可以提供门到门运输、门到站运输、站到门运输、站到站运输服务和其他物流服务 企业拥有一定数量的运输设备 具备网络化信息服务功能，应用信息系统可对运输货场进行状态查询、监控
仓储型物流企业	仓储型物流企业以仓储业务为主，为客户提供货物储存、保管、中转等仓储服务，同时也为客户提供配送、商品经销、流通加工等其他服务	以从事仓储业务为主，为客户提供货物储存、保管、中转等仓储服务，具备一定规模 企业能够为客户提供配送服务以及商品经销、流通加工等其他服务 企业拥有一定规模的仓储设施、设备，并自有或租用必要的货运车辆 具备网络化信息服务功能，应用信息系统可对货物进行状态查询、监控

类型	服务内容	具备条件
综合服务型物流企业	综合服务型物流企业从事多种物流服务业务，可以为客户提供多种物流服务，包括运输、货运代理、仓储、配送等。能够根据客户的需求，为客户制定整合物流资源的运作方案，并为客户提供契约性的综合物流服务	从事多种物流服务业务，可以为客户提供运输、货运代理、仓储、配送等多种物流服务，具备一定规模 根据客户的需求，为客户制定整合物流资源的运作方案，为客户提供契约性的综合物流服务 按照业务要求，企业自有或租用必要的运输设备、仓储设施及设备 企业拥有一定运营范围的货物集散、分拨网络 企业配置专门的机构和人员，建立完备的客户服务体系，能及时、有效地提供客户服务 具备网络化信息服务功能，应用信息系统可对物流服务全过程进行状态查询和监控

（二）物流客户的定义及分类

1.物流客户的定义

物流客户是指接受物流服务的个人、企业或组织，包括生产商、经销商、零售商以及最终消费者等。物流客户具有多样性、个性化、时效性等特点，对物流服务的需求也呈现出多样化、高品质化的趋势。主要需求包括运输、仓储、配送、信息处理等方面，要求物流服务提供商能够提供安全、快捷、准确、高效的物流服务。

2.物流客户的分类

（1）按时间顺序进行分类

①过去型客户。过去型客户是指过去曾经使用过物流企业运输、仓储、配送等服务或购买过相关物流增值产品的人。这些客户有可能仅合作过一次简单的货物运输项目，也有可能长期频繁地与物流企业在多方面业务上有往来。只要从前有过交易记录，即便他们当下不再有新的业务合作，仍然是物流企业的重要客户资源。

②现在型客户。现在型客户是指正在与物流企业进行物流业务交易的人。哪怕是双方首次对接物流项目，只要正在进行交易，无论是否成交，对方都是企业的客户。

③未来型客户。未来型客户是指将来有可能选择物流企业产品或服务的人。这是一个非常大的群体，有些人现在没有能力成为你的客户，但不表示他将永远如此，也许有一天他会因为条件成熟而成为你的客户。因此，这些潜在客户都是广义上的客户。

（2）按所处的地理位置进行分类

①内部客户。内部客户是指物流企业内部的从业人员，如基层员工、主管，甚至包括股东在内。内部客户完全符合客户的定义，同时具备一般性（外部）客户的特性。对于物流企业来说，他们是具有多重身份的关键群体，更是首先需要满足需求的对象。

常见的内部客户因工作关系可细分为三种：一是水平支援型，彼此独立工作，如遇困难则相互帮助，这种模式常见于物流企业的职能部门之间，如市场部与客服部在处理客户投诉或推广新服务时需要相互协作；二是上下源流型，某位员工的工作承接自另一位员工，而自己的工作完成之后又必须转给下一位员工，在物流运营中，仓库管理员接收货物信息后进行货物入库操作，之后将库存信息传递给调度员安排运输车辆，这就是典型的承前启后模式；三是小组合作型，它是以上两种模式的综合类型，像物流项目团队在执行大型物流项目时，团队成员既需要各自负责特定任务模块，又要相互配合、共享信息，以确保项目顺利完成。

②外部客户。外部客户可以分为显性型客户和隐性型客户。

a. 显性型客户。这种客户是指能为物流企业带来眼前利益的客户，是企业的衣食父母。这类客户必须具备以下条件：其一，具有足够的物流消费能力；其二，对物流服务具有明确的购买需求；其三，了解物流服务的购买渠道；其四，可以为物流从业者立即带来业务收入。他们也是竞争企业极力争取的消费群体。

b. 隐性型客户。除显性型客户之外，其余客户都是隐性型客户。这类客户具有以下特征：其一，目前财力有限，暂时不具备大规模的物流消费能力；其二，可能具有消费能力，但暂时没有物流服务的购买需求；其三，可能具有消费能力，也可能具有购买需求，但缺乏物流服务信息和购买渠道；其四，可能会随着企业发展、市场环境变化或需求的改变而成为显性型客户。

（3）从市场营销角度进行分类

①经济型客户。这类客户是"便宜"的忠实拥护者。他们关心的是如何在物流服务中投入较少的时间和金钱得到最大的价值，往往只关心商品或服务的价格。他们这次选择某物流企业是因为其报价较低，下次可能就会因为另一家企业提供了更便宜的价格而转投别家。

②道德型客户。这类客户觉得在道义上有义务光顾社会责任感强的物流企业，忠诚度非常高，但若要吸引此类客户，企业需要具有良好的声誉。

③个性化客户。这类客户需要在物流服务过程中获得人际关系上的满足感，例如得到物流服务人员的认可、友好的交谈以及个性化的关怀。

④方便型客户。这类客户选择物流服务的重要标准是"方便"，且愿意为个性化服务额外付费。

（4）从物流客户角度进行分类

从物流客户角度进行分类是物流领域应用最广泛的一种分类方法，物流客户层次如表 1-7 所示。

表 1-7　物流客户层次表

客户层次	占客户总数比重	档次	利润比重	目标性
一般客户（常规客户）	80%	低	5%	客户满意度
合适客户（潜力客户）	15%	中	15%	客户价值
关键客户（顶级客户）	5%	高	80%	财务利益

①一般客户。物流企业通常通过给客户让利来提高客户的满意度。这类客户主要希望

从企业那里获得直接优惠和满意的客户价值。他们是前文所介绍的经济型客户，追求实惠。这类客户占企业客户总数的 80% 左右，但给企业带来的利润仅占 5% 左右。

②合适客户。这类客户希望从良好的企业关系中获得价值，从而获得附加的收益。因此，他们常常与物流企业结成"战略联盟"，这些联盟是物流企业与客户关系的核心。这类客户占企业客户总数的 15% 左右，并创造 15% 左右的利润。

③关键客户。这类客户除了希望从企业获得直接利益外，还希望获得诸如社会利益等间接利益，从而获得一种精神满足。他们是企业比较稳定的客户，虽然数量少，约占客户总数的 5%，但企业 80% 左右的利润来自他们。

从物流客户角度进行分类的主要原因在于：任何一个企业的资源都是有限的，因此不可能为所有客户提供同等满意度的产品或服务。企业应以有限资源来满足关键客户和合适客户的需要，以求得最大化的客户价值与最大化的企业价值的平衡。

（5）从物流业务角度进行分类

①基础物流型客户。这类客户主要围绕仓储、运输、配送等基础物流环节提出业务需求。生产制造企业需要仓储空间来存放原材料、半成品和成品，并依靠运输配送将产品运往各地经销商或客户；电商企业则借助仓储进行货物存储和周转，依赖高效配送来满足消费者的收货期待。这些企业都非常注重物流成本、效率和服务的可靠性，以确保自身业务的顺畅运行和市场竞争力。

②国际物流型客户。主要涉及跨国物流活动需求者。跨国公司在全球布局生产与销售网络，需要国际货运代理规划复杂的运输路线与方式，协调不同国家间的物流环节；进出口贸易企业专注于商品的跨国交易，在货物进出海关时，对报关报检服务有着严格要求，它们期望国际物流合作伙伴具备丰富的全球业务经验、强大的资源整合能力以及对国际贸易法规的精准把握，以降低风险并提升国际业务运营效率。

③特殊物流需求型客户。因所涉及产品具有特殊性质而产生独特的物流需求。冷链物流客户以食品企业与医药企业为主，食品中的生鲜产品、速冻食品以及医药中的疫苗、生物制品等，都需要全程严格的温度控制与冷链环境维护，从生产源头到消费终端，任何环节的冷链断裂都可能导致产品质量受损，所以对冷链物流的设备、技术与管理要求极高。此外，危险品物流客户如化工企业、军工企业等，其产品具有易燃、易爆、有毒等危险特性，在仓储、运输过程中需要专业的安全防护措施、特殊的运输资质与严格的监管流程，以确保公共安全与环境安全。

④供应链整合型客户。多为大型企业或企业集团。大型制造企业如汽车制造巨头，其生产链冗长，涉及众多零部件供应商与全球销售网络，需要物流企业提供涵盖原材料采购物流、生产物流、成品销售物流以及逆向物流的全链条整合服务，实现供应链的高效协同与成本优化；大型连锁零售企业如全球知名的超市集团，要求物流服务能将采购、仓储、配送至门店等各个环节实现无缝对接，精准控制库存水平，快速响应市场变化，提升整个供应链的响应速度与运营效益，这类客户注重物流企业的综合服务能力、信息技术水平以及供应链规划与优化能力。

一个企业的有限资源如果能为客户提供满意的产品或服务，或能满足一小部分客户的服务需求，就会扩大合适客户和关键客户的范围，使一般客户得到更广泛的服务，从而促进客户整体价值的提高。该分类有利于企业根据关键客户和合适客户的需要进行有针对性的设计、制造和服务，使客户的个性化需求得到满足，从而实现客户价值最大化。

以往客户只能被动地听取介绍，企业通过大众媒体进行广告宣传促销与客户交流，无须考虑每位客户的独特需要，只要在电视和报刊上经常露面就可以树立品牌形象，就能吸引客户消费。但当今社会此种方法已不再适用，因为，客户对服务的时间要求是即时的，对距离的要求为零，并且希望与他们的交流是随时的，也就是说客户在"新经济"时代要求更具针对性、交互性的有效服务信息传递，飞速发展的"新经济"时代对企业的客户服务提出了更高的要求。

需要注意的是，客户的特质不是一成不变的，随着客户与企业交流的加深，客户所属类型会发生变化，而在不同业务往来阶段，客户的特点也各不相同。

二、服务管理概述

（一）服务与服务管理的定义

1. 服务的定义

服务是由一系列或多或少具有无形特征的活动所构成的一种过程，这种过程是在客户与员工、有形资源的互动中进行的，这些有形资源（有形产品或有形系统）是作为客户问题的解决方案而提供给客户的。

2. 服务管理的定义

服务管理是面对服务竞争社会而产生的一种新的管理模式。如果以服务为中心，服务管理可被视为谈判，服务协议的拟定与表述，责权的分配与制衡，以及服务供求双方就能够支持用户业务流程的服务和服务级别而相互评论的过程。如果以用户为中心，服务管理可被视为确立、测量并确保服务目标实现的过程，是提供始终能满足用户要求的服务的过程。服务管理包括对用户预期的界定、满足和对业务协议的不断完善。服务管理可以帮助组织在成功服务方面实现其核心目标。如果以服务提供者为中心，服务管理可被视为一个人和系统的集合。它使组织确保商定的服务级别能被达到，必需的资源能被有效提供。人和系统间存在关联，而系统又可进一步被区分成技术和过程。在服务提供者看来，服务管理是一套严谨而又积极的方法论体系，确保所需级别的服务能按照业务的优先顺序、以合理的成本提供给用户。

（二）服务管理的内涵

企业全部的经营活动都要从满足客户的需要出发，以提供满足客户需要的产品或服务作为企业的义务，以客户满意作为企业经营的目的。

1.建立良好的客户关系

当前社会，各行各业竞争激烈，拥有足够多的客户才能使企业站稳脚跟，而企业真正拥有客户的前提是与客户建立良好的关系，了解客户的心理，主动为客户提供完善、多样的服务，提高客户的忠诚度。那么，全面服务管理可以成为企业销售人员与客户进行良好沟通的筹码，进而了解客户的更多方面，说服客户转化成交，同时也降低了企业的营销成本。

2.提高客户满意度

企业要想让客户满意度提高，就需要满足客户的需求、偏好，甚至提供超预期的服务来提升客户的忠诚度，有效的服务管理要专注于服务客户。因此，企业需要通过更好的服务管理来掌握客户的需求，并制定和及时调整有针对性的营销策略，以提高客户满意度和忠诚度。

三、物流客户服务管理的内涵

（一）物流客户服务及其管理的定义

1.物流客户服务的定义及类型

（1）物流客户服务的定义。在企业视角下，物流客户服务是指物流企业为使客户选择其服务或产品而提供的物流保障活动，并按照货主的要求，为克服货物在空间和时间上的间隔而进行的经济活动。其内容是满足货主的要求，保障供应。它围绕以下三要素展开：拥有客户所期望的产品（产品保证）；符合客户所期望的质量（品质保证）；在客户希望的时间内传递商品（输送保证）。在供应链视角下，物流客户服务是指企业以物流为核心，为促进其产品或服务的销售而进行的与客户之间的互动活动。

（2）物流客户服务的类型

①基本物流客户服务。包括运输、仓储、装卸、搬运、包装、配送、流通加工、信息处理等多个环节。其中运输和仓储是物流的两大支柱，是物流服务的主打产品；包装、装卸、搬运、流通加工是物流作业活动的必要补充，起着衔接运输和储存、方便物流作业的作用；信息处理是贯穿于整个物流服务过程的，起着重要指导作用的活动；配送是一个特定范围内的物流系统，是物流各项功能的集成。

②增值物流客户服务。是指根据客户的需要，为客户提供超出常规的服务，或者采用超出常规的服务方法所提供的服务。比如提供各种有便利性、一站式的让客户非常满意并且愿意一直投入使用的物流服务产品。

③应急物流客户服务。设计物流系统时应着眼于降低客户服务的运营成本，为了使客户得到满意的服务，在缺货、自然灾害、劳动力紧张等突发事件出现时，必须有应急措施来保证物流系统正常高效运作。

④扩展物流客户服务。该服务涵盖了物流咨询、物流教育、物流金融服务等多个方面。

2. 物流客户服务管理的定义

物流客户服务管理是企业为了提升客户满意度和忠诚度，以及实现企业自身可持续发展的战略目标，通过物流系统规划、组织协调、精准控制等一系列管理举措，对物流客户服务所涉及的三个关键维度进行全面整合与深度优化的过程。

（1）物流客户服务是一项工作。物流客户服务是为了满足客户要求而进行的一项特殊活动，包括订单处理、技术培训、零配件供应、退货及投诉处理、产品咨询等具体的活动。订单处理管理借助信息系统优化流程，提升效率与准确性；技术培训管理依客户需求定制课程，强化效果评估；零配件供应管理靠精准库存与供应协同保障及时性；退货及投诉处理管理依靠规范流程，快速响应并解决问题；产品咨询管理依赖专业团队与多渠道平台，提供精准解答与需求挖掘。

（2）物流客户服务是一套完整的业绩评价体系。通常包括产品可得性评价、订货周期和可靠性评价、服务系统的灵活性评价等。产品可得性评价包括存货的百分比、准确满足订货的百分比、送达产品达到销售状态（无货损）的百分比等指标；订货周期和可靠性评价，包括从客户订货到送货的时间、转运时间（从仓库到客户的时间）、订货准备时间（仓库收到订单到发货的时间）、在规定时间内发货的百分比、仓库在规定时间内将订货送达客户的百分比等；服务系统的灵活性评价，包括最低订货数量、特快发货或延迟发货的可能性、订货的方便性和灵活性等。

（3）物流客户服务是一种重要的观念。客户服务是企业对客户的一种承诺，也是企业战略的一个重要组成部分。这与当今企业高度重视质量管理的观念是完全一致的，应该引起高层管理人员的高度重视。企业不能将客户服务狭义地理解为一种活动或一套业绩评价指标，而应将客户服务思想渗透到整个企业，使各项活动制度化。

（二）物流客户服务管理的作用

随着物流概念的成熟，人们越来越认识到物流客户服务管理已成为企业成功运作的关键，是增强企业产品的差异性、提高产品和服务竞争优势的重要因素。

（1）提高客户满意度。物流客户服务管理通过提供高效的配送服务、优质的包装服务和及时的信息服务，确保客户能满意地接收产品和服务。这种满意度建立在客户信任和重复业务的基础上。

（2）提高企业销售收入。优质的客户服务管理能够吸引新客户并保留老客户，从而提高企业的市场份额和销售收入。通过满足客户需求，物流企业能够有效地推动销售增长。

（3）提高企业竞争力。在竞争激烈的市场环境中，优质的客户服务管理可以成为物流企业的独特卖点，帮助公司在竞争市场中脱颖而出。通过提供比竞争对手更好的服务，物流企业能够吸引并保持更多的客户。

（4）提高企业的社会效益和经济效益。有效的客户服务管理不仅可以提高企业的社会效益（如提高公众对物流企业的认可），还可以直接提高企业的经济效益（如降低运营成本、提高运营效率）。

（三）物流客户服务管理的特点

（1）无形性。服务在很大程度上是抽象的和无形的。服务不是物质的东西，而是一种精力的支出，虽然有些服务项目包括一些物质产品（如汽车修理服务的收入中包括汽车零件的价值），但服务的中心内容是向客户提供有价值的活动，并非转移某种产品的所有权。

（2）不确定性。服务的标准不够精确。由于服务是无形的，所以既不能实现大批量生产，其内容也不像有形产品那样标准化。服务的内容也是因人而异，如对某些人来说是满意的服务，另一些人可能并不会满意，服务的质量往往比物质产品变化更大，客户不满意的情况也更复杂。

（3）不可分割性。典型服务的产生和消费是同时完成的，客户参与其中。服务不能存储，提供服务的过程往往也是消费的过程，并且在很大程度上有临时性质。因此，如果服务在可以利用的时候不被购买和利用，它就会消失。

（4）服务提供的个性化需求。越来越多的客户要求提供更多的个性化服务，企业的服务声誉与服务人员的素质有关，如服务人员的个人技能、技巧和态度等。

（5）协同性要求高。物流客户服务涉及企业内部多个部门以及外部众多合作伙伴，从内部而言，市场部门需精准把握客户需求并传递给运营部门，运营部门要与仓储、运输、配送等部门紧密协作，财务部门负责成本核算与资金流管理，客服部门及时反馈客户意见并协调各方资源解决问题。外部则需要与供应商建立稳定的原材料供应关系，与承运商协同确保运输的顺畅与安全，与经销商合作优化产品配送网络。

四、物流客户服务管理的发展趋势

与内部物流系统进行深度整合。物流客户服务管理和企业内部的仓储管理系统（WMS）、运输管理系统（TMS）等核心物流系统将逐步实现深度整合。当前，各系统间虽有交互，但协同程度有限。未来，借助先进的信息技术接口与数据共享协议，客户服务管理系统能实时获取仓储库存详情、运输车辆位置与状态、订单处理进度等关键信息。

线上自助服务正在蓬勃兴起。物流客户服务管理可以利用人工智能技术大力构建线上自助服务平台。随着互联网的普及和电商业务的繁荣，客户期望在物流环节拥有更多的自主性和便捷性。通过该平台，客户能够自主完成一系列操作，如便捷地下单、清晰地查询订单实时状态、灵活地选择货物的提货与配送时间、快速地获取电子物流单据等。

移动化服务已经全面普及。物流客户服务管理也将全面迈向移动化时代。无线互联网技术的迅猛发展以及智能手机、平板电脑等手持设备功能的日益强大，为物流移动服务提供了坚实的技术基础。物流企业将开发功能完备的移动应用程序，使客户能够随时随地利用移动设备开展物流业务操作。

云服务模式已经被广泛应用。在云计算时代背景下，物流客户服务管理采用云服务模式将成为行业主流趋势。传统的物流客户服务管理系统往往面临灵活性不足、建设周期漫长、成本居高不下等诸多弊端。云服务模式下的物流客户服务管理以软件即服务（SaaS）

的形式呈现，企业无须自行搭建复杂的硬件基础设施与软件系统，只需根据实际业务需求租用云服务提供商的资源即可实现。这不仅能显著降低软件许可费用、硬件购置成本、系统升级开销等隐性成本，还能依据业务发展的动态变化灵活调整服务规模。

实现智能化和个性化服务的深度拓展。随着人工智能、大数据、物联网等前沿技术的飞速发展，物流客户服务管理将朝着智能化与个性化的方向深度拓展。借助人工智能算法对海量的客户数据进行深度挖掘与精准分析，企业能够提前预测客户的潜在需求，进而为其量身定制个性化的物流解决方案。

案例分析

中储智运物流星级服务的体验

随着数字化、智慧化技术在物流行业的深入应用，网络货运平台得以迅速发展。在物流行业快速发展的进程中，服务作为关键要素，其重要性日益凸显。物流行业的特殊性决定了其需要高专业度与高参与度的服务支持，以助力客户实现数智化转型。新质科技的赋能为企业发展注入了强大动力。中储智运作为一家数智物流与供应链综合解决方案提供商，建立了"一客五服"的服务模式，持续秉持"以客户为中心"的服务理念，展现责任与担当，助力客户企业快速发展。

中储智运的"一客五服"模式以客户为核心，为货主提供精准一体化的物流服务。具体内容包括：一是负责物流管理事务对接的运输顾问为客户企业提供规范化、信息化及标准化物流管理服务；二是负责货场运力维护的调度专家通过智能调度为客户最大程度地提供充足的运力资源，保障货物运输时效性；三是专业物流客户服务团队免除客户的后顾之忧，24 小时协助客户处理各类业务操作问题并妥善解决疑难问题；四是负责突发情况及货物安全保障事务的风控专家全面保障货物安全抵达；五是确保平台业务结算流程高效、迅捷、合规的结算团队最大程度保障客户权益。

这一模式完整覆盖了"发货、运力、在途、应急、结算"物流五大核心场景，实现了全环节、全流程、全人员的优质物流客户服务管理。

此外，中储智运还面向司机推出多种行之有效的立体式服务，全方位满足司机多样需求，最大程度解决司机面临的各种难题。例如，运费预付服务在运输任务开始前为参与长线运输的司机提供部分费用，解决其在途开销问题。快速结算保障能够进一步提升司机的物流运输体验，确保司机及时获得收入。安全保障服务既为司机提供人身和货物安全保障，确保司机在运输途中遭遇意外事故时能够得到合理的经济赔偿，又设立专门理赔团队，协助司机快速办理理赔手续，简化理赔流程，提高理赔效率，让司机更加安心和有信心。在全国范围内建设司机之家，为司机提供找货、休息、交流的场所，切实改善司机的工作和休息环境。

作为"物流国家队"和行业领军企业，中储智运通过提供极致服务，不断提升服务质量，创新服务模式，为客户及一线服务人员持续提供更加优质、高效的物流服务。

·讨论：中储智运公司为物流客户服务管理创新采取了哪些做法？

本章小结

本章主要探讨了物流客户服务管理的相关内容。首先介绍了物流客户与服务管理的基本内涵。接着，针对物流客户服务管理的定义、作用与特点进行了阐述。物流客户服务管理是指物流企业为达成提升客户满意度与忠诚度、实现企业自身可持续发展的战略目标，采取系统规划、组织协调、精准控制等一系列管理举措，对物流客户服务所涉及的三个关键维度进行全面整合与深度优化的过程。其特点包括无形性、不确定性、不可分割性、服务提供的个性化需求以及协同性要求高。物流客户服务管理能够有效提高客户满意度、企业销售收入、企业竞争力和企业的社会效益与经济效益。物流客户服务管理将会出现与内部物流系统的深度整合、线上自助服务平台的蓬勃兴起、移动化服务的全面普及、云服务模式的广泛应用、智能化与个性化服务的深度拓展等新趋势。

思考题

（1）简述物流客户的基本内涵。
（2）简述服务管理的基本内涵。
（3）简述物流客户服务管理的特点。
（4）试述物流客户服务管理的作用。
（5）试述物流客户服务管理的发展趋势。

第二章 物流客户服务需求及供给

→ **本章导读** ←

在当前快速发展的商业环境中，物流客户服务的需求与供给成为企业赢得市场竞争的关键所在。随着国家对物流产业的持续推动，以及完善县乡村物流配送体系建设、推广绿色物流、全面建设综合运输体系等相关政策的相继出台，物流行业正经历着深刻的变革。通过促进产业融合、调整产业结构、强化物流网络、深化改革以及优化服务等多方面的措施，物流行业能够有效降低全社会物流成本，提升物流服务品质。众多物流企业积极响应政策号召，不断探索新的服务模式和技术手段以满足客户需求。本章通过梳理物流客户服务的需求与供给，利用数智化技术高效整合全链条物流资源，为全球商家和消费者提供了时效更快、成本更优、更绿色环保的服务，展示了企业赢得市场竞争的关键所在。

→ **学习目标** ←

（1）了解生产制造企业内部、第三方物流企业、供应链、新零售的定义与特点。

（2）理解生产制造企业内部、第三方物流企业、供应链、新零售等不同视角下物流客户服务需求、物流客户服务供给以及物流客户服务作用等内容。

（3）掌握物流客户服务需求的价值种类以及物流客户服务供需适配等内容。

→ **本章结构图** ←

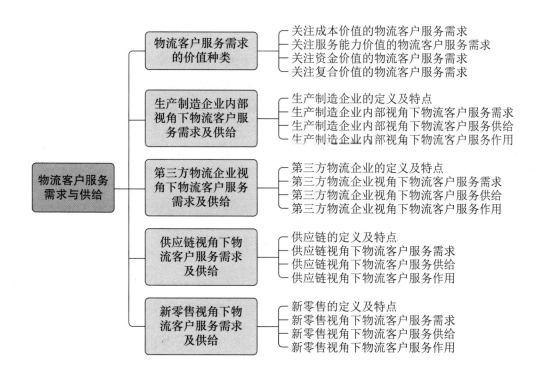

第一节　物流客户服务需求的价值种类

物流客户服务需求是指一定时期内社会经济活动对生产、流通、消费领域的原材料、成品和半成品、商品以及废旧物品、废旧材料等的配置作用而产生的对物资在空间、时间和费用方面的要求，物流活动涵盖了运输、库存、包装、装卸、搬运、流通加工以及与之相关的信息需求等诸多方面。物流之所以在世界范围内受到企业的青睐，根本原因就在于其独特的作用与价值能够帮助客户获得诸如利润、价格、供应速度、服务、信息的准确性和真实性及新技术采用上的潜在优势。

一、关注成本价值的物流客户服务需求

客户希望通过与物流企业的合作降低成本。这类客户大多是在市场上已经取得了一定市场份额的企业，他们关注的不是如何大幅提高服务水平，而是如何降低成本。事实证明，企业单靠自己的力量降低物流费用存在很大的困难。尽管从20世纪70年代至90年代，企业在提高物流效率方面已经取得了巨大的进展，但要取得更大的进展将付出更多努力，要想实现新的改善，企业不得不寻求其他途径，例如，选择物流。

购买物流服务能够降低成本，主要表现在以下方面。

（1）固定成本转化为可变成本，降低成本。企业将物流业务外包给物流公司，以支付服务费用的形式获得服务，而不需要自己内部维持运输设备、仓库等物流基础设施和人员来满足这些需求，可以使得公司的固定成本转化为可变成本，其影响对于那些业务量呈现季节性变化的公司来说更为明显。

（2）降低单位运输成本，实现成本优化。由于拥有强大的购买力和货物配载能力，一家物流公司可以通过其自身广泛的站点网络实施共同配送，或者可以从运输公司或者其他物流服务商那里得到比其他客户更为低廉的运输报价，可以从运输商那里大批量购买运输能力，然后集中配载不同客户的货物，大幅度地降低单位运输成本。

（3）减少物流信息系统，投资节省成本。许多物流公司已在信息技术方面进行了大量的投入，所以与合适的物流公司合作，企业就不需要进行物流信息系统方面的投资，就能以最低的投入充分享用更好的信息技术。

二、关注服务能力价值的物流客户服务需求

这类客户关注的是通过物流服务企业的能力，提高自身的服务水平。附加价值较高或刚刚进入市场的产品，对能力的需求往往较强。物流服务不仅仅是简单的货物运输与仓储，

其贯穿于企业运营的各个环节，从原材料的采购供应到产品的交付及售后，都发挥着不可或缺的作用，深刻影响着企业的客户服务体验和市场声誉。

（1）提高客户订货反应能力与缩短交货时间。物流企业凭借其广泛的信息网络和节点网络，能迅速接收客户的订货信息，并加快订单处理流程。例如，当客户在线提交订单后，物流企业的信息系统可即时将订单分配至相应仓库或配送中心，仓库人员快速拣货、包装，配送车辆及时安排发货，从而大大缩短从订货到交货的时间，实现门到门运输，使货物能够快速交付到客户手中，极大地提高了客户满意度，增强了客户对企业的好感和忠诚度。

（2）加强在途货物监控与保障配送安全。物流企业利用先进的信息和通信技术，如GPS（全球定位系统）、物联网传感器等，对在途货物进行实时监控。一旦货物运输过程中出现意外情况，如车辆故障、交通拥堵、恶劣天气影响等，物流企业能够及时发现并迅速采取应对措施，如调配备用车辆转运货物、调整运输路线等，确保订货能够及时、安全地送达目的地，尽可能兑现对客户的承诺，维护企业的信誉和形象，避免因货物延误或丢失等问题给企业带来经济损失和声誉损害。

（3）完善产品售后服务。物流企业除了承担货物的运输和配送任务外，还能负责产品的售后服务工作，包括送货上门、退货处理、废品回收等环节。例如，在客户购买大型家电后，物流企业不仅能将产品安全送达客户家中，还会协助客户进行安装调试，并在客户需要退货时，及时安排上门取件并妥善处理退货流程；对于一些废旧产品，物流企业也能按照环保要求进行回收处理。通过这些完善的售后服务措施，物流企业保证了企业能够为客户提供稳定、可靠的高水平服务，进一步提升客户对企业的认可度和满意度，有助于企业在市场竞争中脱颖而出，提高市场占有率和利润率。

三、关注资金价值的物流客户服务需求

这类客户，一般资金不足或较重视资金的使用效率，不愿意在物流方面投入过多的人力和物力。针对这种需求，物流企业要充分展现自己在物流方面的专业性和投资潜力，提供可垫付货款或可延长付款期限的物流服务项目。

企业如果自己运作物流，就要面临两大风险。

（1）投资的风险。自己运作物流，需要进行物流设施、设备及运作等的巨大投资，而非物流企业内部对物流设施的需求往往是有限或波动的，物流管理能力也不强，因此很容易造成企业内部物流资源的闲置和浪费。如果把这些用在物流上的巨额投资投入企业的核心业务上，可能会产生更大的效益。因此，企业物流投资有着巨大的机会成本。

（2）存货的风险。企业由于自身配送、管理能力有限，为能对客户订货及时做出反应，防止缺货，快速交货，往往采取高水平库存的策略，即在总部以及各分散的订货点处持有大量的存货。一般来说，企业防止缺货的期望越大，所需的安全储备就越多，平均存货数量也就越多。在市场需求高度变化的情况下，大量的存货对于企业来说有着很大的资金风险。因为存货要挤占大量资金，而且随着时间的推移，变现能力会减弱，有着贬值的风险，

所以在存货没有销售变现之前，任何企业都是冒着巨大的资金风险。

物流需求企业如果利用物流的运输、配送网络，通过其管理控制能力，可以提高客户响应速度，加快存货的流动周转，从而减少内部的安全库存量，降低企业的资金风险，或者把这种风险分散一部分给物流企业共同承担。

四、关注复合价值的物流客户服务需求

客户对物流服务的需求是出于多种因素考虑的。物流企业需要综合考虑多种因素后，方可取得一个折中方案。

在专业化分工越来越细的时代，企业业务领域不可能面面俱到，任何企业都要面临自身资源有限的问题。因此，对于那些并非以物流为核心业务的企业而言，将物流运作外包给物流企业来承担，有助于企业专注于自身的核心能力，提高竞争力。这主要表现在：

（1）企业生产经营规模的不断扩大对物流提出了更高的要求，企业本身已很难满足自身的物流需求，只有寻求专业化的物流服务。

（2）企业既要把更多的精力投入生产经营当中，又要注重市场的开拓，资源容易受到限制，许多大型物流企业在国内外都有良好的运输和分销网络，因此希望拓展国际和国内市场以寻求发展的企业可以借助这些网络进入新的市场。

（3）现代企业要在激烈的竞争环境中立于不败之地，越来越需要与其他企业建立良好的合作与联盟的关系。作为面向社会众多企业提供物流服务的物流企业，可以站在比单一企业更高的角度上来处理物流问题，可以与整个制造企业的供应链完全集成在一起，为其设计、协调和实施供应链策略，通过提供增值信息服务来帮助企业更好地管理其核心能力，而且物流企业的客户可能遍及供应链的上下游，通过它可以将各相关企业的物流活动有机地衔接起来，形成一种更为强大的供应链竞争优势，这是个别企业，特别是中小企业所无法实现的。

第二节　生产制造企业内部视角下物流客户服务需求及供给

一、生产制造企业的定义及特点

（一）定义

生产制造企业是指那些专注于将各种资源（包括物料、能源、设备、技术、信息和人力等）通过一系列的生产流程，转化为具有市场价值和使用价值的产品或服务的经济组织。这些产品可能是工业品、大型工具，也可能是面向消费者的生活消费品。图2-1为生产制造企业的流水线。

图 2-1   生产制造企业的流水线

生产制造企业的特征鲜明，专注于对原材料的加工或装配，通过精心设计的制造流程，将原材料转化为具有实用价值和市场竞争力的产品。这一过程中，人工与技术紧密协作，共同推动着生产效率与产品质量的提升。生产制造企业作为产业链和供应链的关键节点，与外部农业、服务业等产业领域相互关联，共同构建了复杂的经济生态系统。

根据生产中使用的物质形态，生产制造企业可细分为离散制造业和流程制造业两大类别。尽管两者在制造工艺与流程上存在差异，但共同之处在于它们都致力于产品的生产与制造，并通过持续优化与创新，不断提升产品的市场竞争力。

生产制造企业不仅是国家创新的重要载体，也是国家安全的坚实保障。它们吸纳了各类技能人员，为社会提供了广泛的就业机会。更为重要的是，生产制造企业的健康发展直接关系到产业链和供应链的稳定与安全，为经济社会的稳定运行与健康发展提供了不可或缺的物质保障。

（二）特点

本书所称生产制造企业指的是国民经济行业分类中的制造业，在国民经济行业分类中，制造业是最大的一类。制造业在国民经济中属于竞争性行业，除烟草加工、盐加工、药品制造等行业外，其他行业一般没有政策性壁垒和资源壁垒。小型生产制造企业是小微企业信贷业务中最常见的一类客户，小型生产制造企业在促进我国经济发展、增加就业机会方面一直起着非常积极的作用。相对于其他行业，生产制造企业具有以下特点。

（1）生产制造企业需要使用生产工具，利用物理或化学的方法对原材料进行加工，在这个过程中，需要操作人员具备一定的职业技能，需要借助一定的生产设备以及建立完善的生产工艺流程。

（2）生产制造企业前期需要一定的固定资产投资，主要为厂房用地的租赁或者购买、厂房的建设及生产设备的投入。

（3）生产的产品为实物产品。区别于服务业、科技业等提供的虚拟产品，生产制造企业通过对原材料进行加工获得实物产品，以实物产品的销售为主营业务。

（4）对资金的需求一般都是短期需求。因季节性因素或者生产经营突发状况，流动资金周转不开，常常临时需要大量资金。

（5）生产过程一般不受自然条件或季节性变化的影响。

（6）产品的用途可以分为两大类，一是用于生产消费，二是用于生活消费。前者生产出的产品为下游企业的生产工具或原材料，后者生产出的产品用于人们的最终消费。

（7）经营周期一般可分为购买原材料、生产产品和销售三个环节。

（8）生产制造企业处于产业链中游，依存于上下游企业。

（三）生产制造企业的物流特点

（1）空间布局的合理性。制造业物流的空间布局尤为重要，因为物流空间布局缺陷将导致物流失去稳定性，从而破坏制造加工流程的持续性。空间布局的合理性要求采用空间结构物流的优化准则和分析方法，即物流空间单元法（就是在平面图上划出有层次的、互不重叠的、不规则的多边形区域，对区域内的物流状态进行优化分析）。

（2）物流过程的复杂性。在制造业生产过程中，撇开复杂的先进设备、加工技术、信息化控制和管理等方面，只从物流角度来看，它包括物质状态转变、物质性质控制和物质流程管制，涉及物质的物理变化和化学变化，各个生产工序之间的关系错综复杂。物流调度常出现多目标冲突，因此制造业的物流过程是非常复杂的。

（3）企业物流组织结构和市场形势的一致性。制造业物流也是一个系统，只有充分发挥物流组织结构的协调性，企业才能在竞争中发展和壮大。我国制造业面临的形势是：买方市场形成，经济结构性过剩，制造产业结构性矛盾凸显，战略性结构调整日趋成熟，世界范围内的市场竞争日趋激烈，企业的发展需要物流组织结构与这种形势同步，满足目前数字经济时代的要求。

二、生产制造企业内部视角下物流客户服务需求

企业物流就是从企业生产所需要的原材料采购及供应，到生产出合格产品及送达到客户或销售商手中的物流过程，如图 2-2 所示。

图 2-2　生产制造企业物流流通过程

生产制造企业物流服务的核心理念是以集中采购为主、零部件加工为核心，为企业产品出口搭建平台，引导仓储、运输、配送企业发挥协同作用，提高社会资源的综合利用效果，降低企业间的互动成本，面向全球工业企业提供延伸和成套服务的系统工程。制造业物流的发展，有效地促进了信息流、商流、物流、资金流的整合。

通过分析，根据生产企业的任务，企业对物流的需求集中在采购物流、生产物流、回收物流、销售物流、第三方物流及物流信息反馈等环节。

（一）采购物流服务需求

生产企业在生产前，必须根据产品的物流需求计划，向市场上的物料供应商采购必需的物料、备件、辅料、包装材料等，根据生产计划和交货期，提前安排采购物料的运输，以满足企业生产的需要。采购物流包括采购与运输两大主要操作过程，是商流和物流的统一。

（二）生产物流服务需求

企业的生产物流活动是指在生产工艺中的物流活动。一般是指：采购料件投入生产后，经过下达订单、领料，送达各车间加工，以半成品的在制状态，从一个生产单位（仓库）进入到另一个生产单位，依照预定的生产工序进行生产、存储，通过运输设备和工具，从某个工序内流入再从某个工序内流出，体现了采购料件的实物形态的物流流通过程。

（三）回收物流服务需求

生产企业的不良品的退货、回收返修以及循环使用的包装材料从客户方退返供货厂商的实物流动过程，即企业在制造、采购、营销的经营中总会出现一些废弃料件和边角余料，这些东西的回收是需要伴随物流活动的。如果退货物流处理不当，就会破坏整个产品环境，影响产品的质量，占据较多的存储空间，造成浪费。

（四）销售物流服务需求

企业在销售过程中，将产品的所有权转给用户的物流活动，是产品从生产地到用户的时间和空间的转移，是以实现企业销售利润为目的的，是包装、运输和储存等环节的统一。

（五）第三方物流服务需求

经营者为了凝聚精力搞好核心产业，将原本的自营物流业务活动，以契约方式外包给专业的第三方物流服务公司，同时依靠企业信息系统与物流公司保持密切沟通，以实现对物流全过程的监督和管控。所以第三方物流又叫合约物流。

（六）物流信息反馈服务需求

随着数字化转型加速，企业对物流信息服务需求日益多元化与精细化。企业既需要实时、精准的货物追踪与运输状态监控，以保障供应链透明度，也要通过数据分析实现物流路径优化、成本管控，提升整体运营效率。最终达到资金流、商流、信息流和物流的"四流合一"，实现提升物流供应链核心竞争力的目标。

三、生产制造企业内部视角下物流客户服务供给

（一）生产物流服务供给

1. 生产物流服务供给的内涵

生产物流服务供给一般指生产制造企业内部的生产工艺物流服务供给。主要服务包括原材料、外购件等投入生产后，经过下料、发料，运送到各加工点和存储点，以在制品的形态，从一个生产单位（仓库）流入另一个生产单位，按照规定的工艺过程进行加工、储存，借助一定的运输装置，从某个工序内流入，又从某个工序内流出，始终体现着物料实物形态的流转过程。

生产物流是企业物流的关键环节，从物流的范围分析，企业生产系统中物流的边界起于原材料、外购件的投入，止于成品仓库。它贯穿生产全过程，横跨整个企业（车间、工段），其流经的范围是全厂性的、全过程的。物料投入生产后即形成物流，并随着时间进程不断改变自己的实物形态（如加工、装配、储存、搬运、等待）和场所位置（各车间、工段、工作地、仓库）。

从物流属性分析，企业生产物流是指生产所需物料在时间和空间上的运动全过程，是生产系统的动态表现。换言之，物料（原材料、辅助材料、零配件、在制品、成品）经历生产系统各个生产阶段或工序的全部运动过程就是生产物流。

从生产工艺角度分析，生产物流是指企业在生产工艺中的物流活动，即物料不断地离开上一工序，进入下一工序，不断发生搬上搬下、向前运动、暂时停滞等活动。这种物流活动是与整个生产工艺过程相伴而生的，实际上已构成了生产工艺过程的一部分。

2. 生产物流服务供给的特点

（1）实现价值。企业生产物流和社会物流的一个最本质的不同之处，即企业物流最本质的特点，主要不是实现时间价值和空间价值的经济活动，而是实现加工附加价值的经济活动。

企业生产物流一般是在企业的小范围内完成，当然，这不包括在全国或者全世界范围内布局的巨型企业。因此，生产物流空间距离的变化不大，在企业内部的储存和社会储存的目的也不相同，这种储存是对生产的保证，而不是一种追求利润的独立功能，因此，时间价值潜力不高。

企业生产物流伴随加工活动而发生，实现加工附加价值，也即实现企业主要目的。所以，虽然物流空间、时间价值潜力不高，但加工附加价值很高。

（2）功能导向。企业生产物流的主要功能要素也不同于社会物流。一般物流的功能的主要要素是运输和储存，其他是作为辅助性或次要功能或强化性功能要素出现的。企业物流的主要功能要素是搬运活动。许多生产企业的生产过程，实际上是物料不停地搬运的过程，在不停搬运的过程中，物料得到了加工，改变了形态。即使是配送企业和批发企业的企业内部物流，实际也是一个不断搬运的过程，通过搬运，商品完成了拣选、分货、配货

工作，完成了大改小、小集大的包装转换工作，从而形成了可配送或可批发的形态。

（3）物流过程工艺性高。企业生产物流是工艺过程性物流，一旦企业生产工艺、生产装备及生产流程确定，企业物流也因而成了稳定的物流以及工艺流程的重要组成部分。由于这种稳定性，企业物流的可控性、计划性便很强，一旦进入这一物流过程，选择性及可变性便很小。对物流的改进只能通过对工艺流程的优化来完成，这方面和随机性很强的社会物流有很大的不同。

（4）物流运行具有伴生性。企业生产物流的运行具有极强的伴生性，往往是生产过程中的一个组成部分或一个伴生部分，这决定了企业生产物流很难与生产过程分开而形成独立的系统。

在总体呈现伴生性的同时，企业生产物流中也确有与生产工艺过程可分的局部物流活动，这些局部物流活动有本身的界限和运动规律，当前企业物流的研究大多针对这些局部物流活动而言。这些局部物流活动主要是：仓库的储存活动，接货物流活动，车间或分厂之间的运输活动等。

（二）加工物流服务供给

1. 加工物流服务供给的内涵

加工物流服务供给是指在物品从生产地到使用地，也就是从生产领域向消费领域流动的过程中，企业基于一定价格水平，为实现增加物品附加价值、满足客户需求、促进销售以及维护产品质量、提高物流效率等目的提供的物流服务。具体表现为企业对物品施加包装、切割、计量、分拣、刷标志、拴标签、组装、剪切、套裁、弯管、打孔等简单加工作业，并提供相应数量的包含此类加工操作的物流服务的行为，它是物流服务供给的一种特殊形式。

2. 加工物流服务供给的特点

（1）个性化。与传统物流服务相比，加工物流服务供给更加注重个性化，以运输、仓储等标准化服务为基础，能够根据不同客户的需求定制"全程一体化"或"环节性"服务。这种服务遵循标准化流程，灵活满足各类客户的独特需求，实现了两者的有机结合。

（2）无形性。加工物流服务供给只能以资源或能力要素的形式存储，而不能以现实的产品储备待用，因为物流服务是一种无形产品，供给与需求的满足是在同一个运动过程中实现的。例如，运输就是运输能力的表现过程，运输能力只能以燃料、车辆、道路、人员等要素形式存储。

（3）强完整性。运输、仓储、包装、流通加工等多种功能活动有机协调配合，各要素相互关联，缺一不可，任何单一要素都无法构成完整的加工物流服务供给，必须形成综合能力体系，才能有效满足客户多样化的需求。

（4）弹性小。物流资源特别是运输、装卸、搬运资源的获得成本高，资产专用性强，不易移作他用，所以加工物流服务供给对价格的弹性较小。

（5）短缺性。受投资大、周期长以及自然条件和偶然性因素制约，即使总体供给充足，局部仍可能出现供不应求的短缺状况。

（6）对象特定性。加工对象是进入物流过程的商品，具有商品属性，与生产加工的原材料等对象相区别。

（7）加工简易性。大多进行如包装、分拣等简单加工行为，而非复杂加工，是对生产加工的辅助与补充，不会取代生产加工。

（8）价值提升性。在于完善商品使用价值并适度提高其价值，由物流工作人员结合物流需要组织，加工单位通常是企业或物流公司，与生产加工的价值创造和实施主体有所不同，且有时加工是为了满足自身运输需求，这一点与直接面向消费者的加工目的存在差异，体现其独特的价值实现路径和服务目的。

（三）销售物流服务供给

1. 销售物流服务供给的内涵

销售物流服务供给一般是指生产制造型企业向客户提供及时而准确的产品输送服务以满足客户的时间和空间需求的过程。

2. 销售物流服务供给的特点

销售物流服务供给活动能够提供时间和空间效用来满足客户需求，是企业物流功能的产出或最终产品。无论是面向生产的物流服务，还是面向市场的物流服务，其最终目的都是提供某种满足客户需求的服务。服务是使产品产生差异性的重要手段。这种差异性为客户提供了增值服务，从而有效地将自己与竞争对手区分开来。尤其是在竞争产品的质量、价格相似或相同时，如果销售物流服务供给活动提供了超出基本服务的额外服务，就能使本企业的物流产品和服务在竞争中比对手胜出一筹。因此，提高客户服务水平可以增加企业销售收入，提高市场占有率。

（1）提高客户满意程度。客户服务是由企业向购买其产品或服务的人提供的一系列活动。它的内容一般包括三个层次：一是产品能提供给客户基本效用或利益，这是客户需求的核心内容；二是产品的形式能向市场提供实体和劳务的外观，它包括产品的质量、款式、特点、商标及包装；三是增值产品，这是客户在购买产品时得到的其他利益总和，是企业出售产品时附加上去的东西，它能给客户带来更多的利益和更大的满足，如维修服务、咨询服务、交货安排等。

一般来说，客户关心的是购买全部产品，即不仅仅包括产品的实体，还包括产品的附加价值。销售物流服务就是提供这些附加价值的重要活动。良好的销售物流服务能提高产品的价值和附加价值，更能提高客户的满意程度。

（2）服务质量、留住客户和公司利润率相关性高。服务质量、留住客户和公司利润率之间有着非常高的相关性，这是因为：留住客户就可以留住业务；分摊在客户中的销售、广告费用较低；为老客户服务的成本较低；满意的客户还会提供中介，即介绍新客户；满意的客户会愿意支付溢价。相反，一个对服务提供者感到不满的客户将被竞争对手获得。物流领域高水平的客户服务能吸引客户并留住客户。对于客户来说，频繁地改变供应来源会增加其物流成本及其风险性。

（3）降低物流总体成本。物流管理要求以最小的物流成本实现最大的时间和空间效用。企业在降低物流成本的同时，往往会影响所提供的服务水平。

四、生产制造企业内部视角下物流客户服务作用

面对激烈的市场竞争，企业开始关注客户服务，去主动靠近客户，客户服务成为企业竞争力的重要表现，作为客户服务主要组成部分的物流客户服务成为生产制造型企业提升竞争力的关键。物流客户服务是企业为了满足客户的物流需求，开展一系列物流活动的过程，物流的本质是服务，它本身并不产生空间效用和时间效用，而是创造商品的形质效用。生产制造型企业的物流客户服务管理的核心是在成本有效的范围内，向客户及时有效地提供物品和服务，以客户满意为首要目标，在经营战略中确立物流客户服务的标准，通过物流服务差异化途径保证企业整体服务的高水平。

（一）提升以商品整体为核心的企业有形及无形服务能力

在当今竞争激烈的市场环境下，物流服务已成为生产制造企业提升综合实力的关键驱动力，对于提升以商品整体为核心的企业有形及无形服务能力具有不可忽视的重要作用。高质量的物流服务能够帮助企业快速提高客户的满意度，当客户对企业提供的物流服务满意度改善后，这将直接影响到客户对企业的依赖度和忠诚度，从而提高企业的市场覆盖率和边际盈利水平。从有形方面来看，高效精准的物流配送是企业与客户之间的重要纽带。当物流服务能够确保货物按时、完好无损地送达客户手中时，客户对企业的满意度会显著提升。相较于制造企业自营物流，专业第三方物流企业具有明显的优势。它们整合技术、人力、设施等优势资源，构建起强大的信息跟踪网络，极大地提高了企业的反应速度，大幅缩短生产企业的订货至交货周期，让企业在市场竞争中抢占先机。在无形层面，第三方物流企业的门到门运输服务、先进的货物监控技术以及高水准的增值服务，如上门提送件、售后服务、逆向物流等，都为客户带来了优质体验，增强了客户对企业的信任和依赖，为企业的持续发展提供了有力支撑，实现了从有形到无形服务能力的全面提升。

（二）合理配置优势资源，辅助企业核心业务发展

在生产制造企业的运营中，因企业拥有的可利用资源是有限的，而且每项资源的利用率不一样，企业很难保证把每一项工作都做到最好。事必躬亲有时也会阻碍工作的进度。因此，企业把自己不擅长的功能模块业务委托给第三方物流企业，形成战略合作关系，在物流业务上简化与众多客户的复杂的多边关系，变成直接与第三方物流企业对接的一对一关系。这样有利于企业腾出时间和节省大量的投资，以有限的精力和资源专注在公司的核心业务上，继而实现企业资源的优化配置。

（三）利用高品质物流客户服务降低下游客户维护成本

物流成本包括固定物流资产投资、运输、仓储、装卸、搬运、配送、其他增值服务等营运费用，以及为了协调和管理物流经济活动而开支的管理成本、人力成本和相关的信息处理成本等。采用自营物流的生产制造业公司，它的平均物流费用将占到商品总成本的40%。如果生产制造企业将物流业务外包给第三方物流企业发展合约物流，那么这不仅可以降低固定资产投资，还可以削减聘用物流业务人员的人力成本，减少存储费用和物流营运费用。此外，更重要的是，这种方式也转移了物流风险。

（四）优化企业自身库存管理，降低商品积滞风险

基于物流经济和行业明显的规模化效应，物流业务经营活动大都需要投入较大额度的物流固定资产，比如车辆、仓库、系统、办公设备、厂房等，这些专用资产和设备一旦投入就要考虑收回成本，因为这些设备再退出时的再利用价值非常低，从而导致了非常大的规模化经济损失。试想如果生产制造企业自营物流，光是这些设备和软件等的投资就是一笔不小的数目。但是生产企业如果将企业的物流业务整体或部分外包给第三方物流企业，形成供需契约关系，不但可以降低企业关于这些物流资产及设备的投资风险，还能够借助于第三方物流企业的专业管理能力提高企业产品的运输分销能力。通过提高货物流转的频率和速度，可以加快资金周转，改善现金流量，减少内部安全库存量，从而提高企业的核心竞争力。

第三节　第三方物流企业视角下物流客户服务需求及供给

一、第三方物流企业的定义及特点

（一）第三方物流企业的定义

第三方物流（Third-Party Logistics，3PL）自 20 世纪 80 年代中期起在欧美发达国家兴起。根据国家标准《物流术语》的定义，第三方物流是指由供方与需方以外的第三方物流企业提供物流服务的业务模式。第三方物流企业（Third-Party Logistics Enterprise）则是专门从事第三方物流服务的企业或经济组织，它们提供部分或全部的物流功能服务，作为外部物流服务的提供者。关于第三方物流企业的概念，学术界普遍有广义和狭义两种理解。从广义上讲，第三方物流企业是相对于自营物流而言的，它们提供单一、组合或全部的物流功能服务。这包括了传统的第三方物流企业，如提供运输、仓储、配送、流通加工、包装、货代、邮政等单一或部分物流服务的企业，同时也涵盖了能够提供综合系统化物流服务、包括供应链物流服务在内的全程一体化和定制化物流服务的现代第三方物流企业，即

狭义上的第三方物流企业。第三方物流企业的基本运作体系如图 2-3 所示。

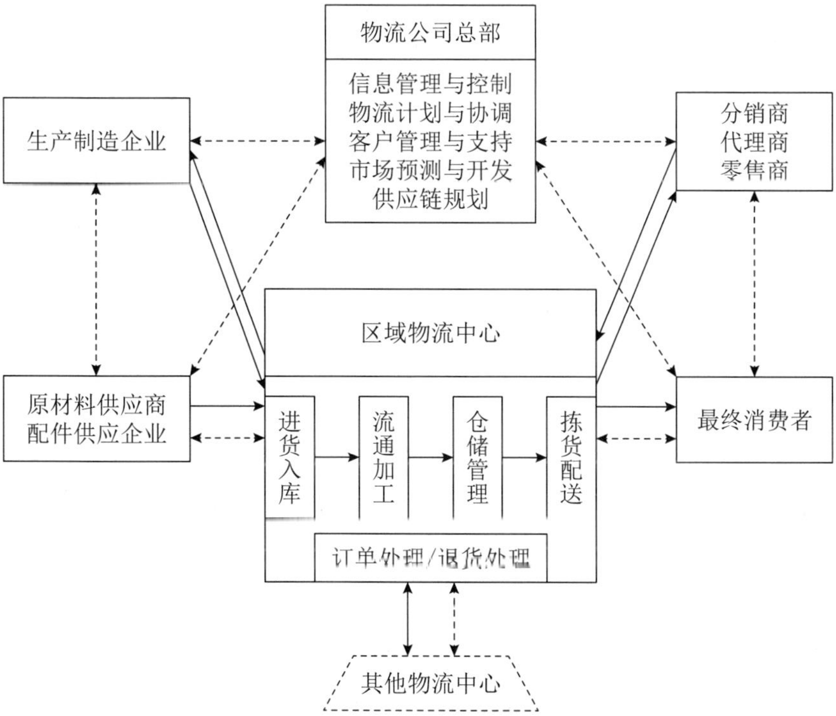

图 2-3　第三方物流企业的基本运作体系

（二）第三方物流企业的特点

当前大多数第三方物流服务企业是以传统的"类物流"业为起点发展起来的，如仓储业、运输业、空运、海运、货运代理和企业内的物流部等，这些企业还不能算是真正的第三方物流企业。根据现代第三方物流企业的概念，狭义的第三方物流企业应具备以下六个特点。

（1）系统化。第三方物流企业能够从系统角度，提供现代化、一体化的物流服务，即可以向客户提供包括供应链物流在内的全程物流服务和特定的、定制化服务的物流活动。具体的服务项目不仅包括传统的物流基本功能如仓储、运输等服务，更包括各种增值物流服务和高级物流服务。

（2）信息化。信息技术的发展是第三方物流出现的必要条件。具体表现为物流信息的商品化、物流信息收集的数据化和代码化、物流信息处理的电子化和自动化、物流信息传递的标准化和实时化、物流信息储存的数字化等。信息化能够更好地协调生产与销售、运输、储存等各个环节的联系。常用的技术有 EDI（电子数据交换）技术、实现资金快速支付的 EFT（电子资金转账）技术、条形码技术、电子商务技术及全球定位系统等。

（3）合同化。物流经营者根据合同条款规定的要求提供多功能直至全方位、一体化的物流服务，并用合同规范所有服务活动及过程。第三方物流联盟也是通过合同形式明确各参与者之间的关系。

（4）个性化。第三方物流是一种独立于厂家、商家之外的具有专有资产的经济实体。具有专门的物流设施、信息技术、人力资源和长年的客户关系网络。由于物流需求方的业务流程和要求各不一样，因此第三方物流服务应按照客户的业务流程来定制，提供针对性强的个性化服务和增值服务。

（5）伙伴化。客户同第三方物流服务商之间不是偶然、一次性的物流服务购销活动，而是采取委托—承包的形式，建立合作伙伴或战略伙伴关系的长期物流活动。同时，第三方物流服务的用户与经营者之间的战略联盟要求彼此公开更多信息，打破传统的业务束缚，从"业务关系"转变为"伙伴关系"。这种关系达到双赢，是系统可靠性提高、服务改善以及运作更高效的保证。

（6）增值化。从为客户创造价值的角度出发，其提供的服务类型不是一般性物流服务，而是具有增值性的现代化物流活动。包括设计物流系统、EDI能力、报表管理、货物集运、选择承运人、货代人、海关代理、信息管理、仓储、咨询、运费支付和谈判等。

二、第三方物流企业视角下物流客户服务需求

（一）第三方物流客户服务需求的定义

第三方物流的发展适应企业逐步集中力量于核心业务的大趋势，减少一些其他从属业务的支出，保持企业的合适规模。随着市场竞争的日趋激烈、市场分工的发展，物流管理和服务需要不断更新进步，客户要求的订单满足速度越来越快。市场部门需要将产品覆盖到更远的地域，销售部门要求更快、更频繁地获得全国各地的库存数据，质量部门和人力资源部门也都有自己的要求。所有这些因素都迫使企业在物流管理方面进行巨大的投入，并花费大量的时间。同样的投入，对于不少企业来说，或许放在其最擅长的核心业务上，如新产品开发、市场营销、生产工艺改良等，获得的回报更大。因此，企业开始将目光投向市场，寻求外部物流服务，界定本企业适中的规模，从而产生了对第三方物流的市场需求。

第三方物流企业客户服务需求是指生产或销售等企业为集中精力增强核心竞争能力，而将其物流业务以合同的方式部分或全部委托于专业的物流公司运作的服务需求。因此，第三方物流企业客户服务需求主要来源于客户企业的物流外包。此种外包是一种长期的、战略性的、相互渗透的、互利互惠的业务委托和合约执行方式。

🔗 知识链接：

全球第三方物流行业市场规模在不断扩大，预计未来几年将保持快速增长的态势。根据数据，2022年全球第三方物流行业市场规模达到50138亿美元，2017~2022年均复合增长率为4.6%。欧洲是全球第三方物流行业发展最早和最成熟的地区之一，其渗透率高达50.4%，显示出市场对第三方物流的高度认可和需求。相比之下，我国的第三方物流行业起

步较晚，但发展迅速，2022 年我国的第三方物流渗透率为 46.1%，显示出我国市场对第三方物流的需求也在不断增加。

（二）第三方物流客户服务需求的核心影响因素

根据核心竞争力理论，企业在实施物流外包时应重点关注表 2-1 所示的因素。

表 2-1 根据核心竞争力理论分析的核心影响因素

核心影响因素	内容
专业水平	外包的物流活动须体现承包方的核心能力，并且在能力上应同外包企业互补
定制水平	承包方的能力须具有足够的灵活性和延展性，以满足外包方的特殊要求，从而为客户创造独特的价值
服务水平	承包方必须能够体现客户价值，即具有足够的客户服务水平

根据交易费用理论，企业在实施物流外包过程中应着重考虑表 2-2 所示的因素。

表 2-2 根据交易费用理论分析的核心影响因素

核心影响因素	内容
成本效益	物流外包必须具有成本效益，即市场的交易费用低于企业一体化的费用，成本项目包含物流运作的单位成本、管理费用、运输费用、仓储费用、逆向物流费用、物流管理费以及成本占营业额的比例等
信息技术	为了克服交易不确定性及所导致的信息的不对称、提高交易效率、监督交易主体的行为，要求承包方必须具有很好的信息支持。通过良好的信息传输形成的监督机制，用来制约其中一方的机会主义，减少有限理性带来的不利，预防交易的变故
客户关系	通过建立长期的合作伙伴关系，采用合理的约束和激励措施，减少因交易的不确定性以及交易频率等原因所引发的机会主义行为，提高交易双方的有限的理性，从而降低交易费用并提高交易质量。此外，出于竞争的需要，企业往往要求第三方物流企业具有较高的资产专用程度，这意味着投资的不变成本和可变成本较高，因此企业间交易的连贯性、持久性就显得特别重要
专业水平	承包方的技术和设施的资产专用性要高，即承包方必须是专业的物流机构，能够通过提供多种服务，与多个用户合作，发挥专业企业的优势，实现规模经济和范围经济

（三）第三方物流客户服务需求

第三方物流客户服务需求可分为四类：核心服务、附加值服务、增值服务和高级物流服务。如表 2-3 所示。

表 2-3 第三方物流客户服务需求分类

服务需求	内容
核心服务	核心服务作为基础，确保货物安全、准时送达
附加值服务	附加值服务则围绕提升运输效率与透明度展开，如实时追踪、定制化包装
增值服务	增值服务进一步延伸，包括库存管理、订单处理，助力企业优化运营
高级物流服务	高级物流服务作为顶层需求，融合数据分析、供应链优化咨询等，为企业提供战略层面的供应链解决方案，促进业务增长与竞争力提升

三、第三方物流企业视角下物流客户服务供给

（一）运输服务供给

1. 运输服务供给的内涵

运输服务供给是指在一定时期内，在特定价格水平下，运输生产者愿意并且能够提供的运输服务的数量。运输服务供给主要是企业将产品运送到中间商，再由中间商提供给消费者的服务供给。它包括运输方式选择、时间与路线的确定以及费用的节约。其实质是对铁路运输、公路运输、水运、空运、管道运输等方式的运行、发展和变化，进行有目的、有意识的控制与协调，实现运输目标的活动。

2. 运输服务供给的特点

（1）需要分工协作。运输服务供给能保证劳动过程顺利进行，从而提高劳动生产效率。运输服务供给是相关部门提供的协作性劳动，有程度不同的分工，而有分工就有协作，分工越细，各个部门、环节之间的联系性就越强，协作关系也越密切。运输服务供给需要在计划、发运、接运、中转等活动中对人力、运力、财力和运输设备进行合理组织，统筹使用，调节平衡，以求用同样的劳动消耗（活劳动和物化劳动），运输更多的货物，提高劳动效率，取得更好的经济效益。

（2）在费用中占比较高。在物流服务活动中，运输费在物流服务费用中所占比重最高，是影响物流费用的关键因素。提供优质运输服务、开展合理运输，不仅关乎物流时间，也影响物流费用。节约运输费用有助于降低物流费用和整个商品流通费用，提高企业经济效益，增加利润。

（3）遵循"及时、准确、经济、安全"的原则。及时是指根据产、供、运、销情况，及时将货物从产地运至销地，缩短货物在途时间，满足工农业生产和人民生活需求；准确是指在货物运输过程中，防止差错事故，确保货物准确无误地送达；经济是指采用最经济、合理的运输方案，充分利用各种运输工具和设施，节约人力、物力和动力，降低货物运输费用；安全是指确保货物在运输过程中不发生霉烂、残损、丢失、燃烧等事故，保障货物安全抵达目的地。"及时、准确、经济、安全"是物流运输的"四原则"，需综合考虑，不可忽视或片面强调某一方面。

（二）仓储配送服务供给

1. 仓储配送服务供给的内涵

仓储配送服务供给是指为客户提供仓储、运输、配送、包装一体化的供应链解决方案并降低物流成本的综合物流服务。

2. 仓储配送服务供给的特点

（1）服务综合性强。仓储配送服务供给涵盖货物存储、分拣、包装、运输等多个环节，能为客户提供一站式物流解决方案。一站式服务包括订单预处理、执行计划、完成库内作

业、发运配送等环节，以高效地满足客户的作业需求。

（2）设施与技术要求高。需要配备专业的仓储设施，如大型仓库、货架系统、温控设备等，以满足不同货物的存储要求；同时，需要依赖先进的信息技术，如仓储管理系统（WMS）、物流追踪系统等，实现货物的精准管理与实时监控，确保仓储配送过程的高效与准确，提高服务质量和客户满意度。

（3）具有规模效应。随着仓储配送业务量的增长，单位成本会逐渐降低。大规模的仓储中心可以集中存储更多货物，优化运输路线和资源配置，提高车辆装载率和配送效率，从而在人力、物力、运输等方面实现成本的分摊与节约，提升整体经济效益，增强市场竞争力。

（三）物流金融服务供给

1. 物流金融服务供给的内涵

物流金融服务供给主要指在跨境物流业务运营过程中，通过开发和应用各类金融产品，有效组织和调剂物流领域中的货币资金运动。这些货币资金运动包括物流过程中的存款、贷款、投资、信托、租赁、抵押、贴现、保险、有价证券发行与交易，以及金融机构办理的各类涉及物流业的中间业务等。国际物流金融是一种创新型第三方物流服务产品，为金融机构、供应链企业及第三方物流服务提供商之间的紧密合作搭建平台，实现"共赢"。它为物流产业提供资金融通、结算、保险等金融服务，伴随着物流产业的发展而兴起。物流金融服务供给包括仓单质押、动产质押、保兑仓、开证监管等多种类型，具体如表2-4所示。

表 2-4　物流金融服务供给类型

供给类型	内容
仓单质押	由于仓单质押业务涉及仓储企业、货主和银行三方的利益，因此要有一套严谨、完善的操作程序 （1）首先货主（借款人）与银行签订《银企合作协议》《账户监管协议》，仓储企业、货主和银行签订《仓储协议》，同时仓储企业与银行签订《不可撤销的协助行使质押权保证书》 （2）货主按照约定数量送货到指定的仓库，仓储企业接到通知后，经验货确认后开立专用仓单；货主当场对专用仓单作质押背书，由仓库签章后，货主向银行提出仓单质押贷款申请 （3）银行审核后，签署贷款合同和仓单质押合同，按照仓单价值的一定比例放款至货主在银行开立的监管账户 （4）贷款期内实现正常销售时，货款全额划入监管账户，银行按约定根据到账金额开具分提单给货主，仓库按约定要求核实后发货；贷款到期归还后，余款可由货主（借款人）自行支配
动产质押	债务人或者第三人将其动产移交给债权人占有，并将该动产作为债权的担保。债务人不履行债务时，债权人有权依照本法规定以该动产折价或者以拍卖、变卖该动产的价款优先受偿。前款规定的债务人或者第三人为出质人，债权人为质权人，移交的动产为质物 动产质押指的是出质人以银行认可的动产作为质押担保，银行给予融资。可以将其分为逐笔控制和总量控制两类

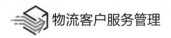

续表

供给类型	内容
保兑仓	"保兑仓"是指以银行信用为载体，以银行承兑汇票为结算工具，由银行控制货权，卖方（或仓储方）受托保管货物并对承兑汇票保证金以外金额部分由卖方以货物回购作为担保措施，由银行向生产商（卖方）及其经销商（买方）提供的以银行承兑汇票为载体的一种金融服务 企业向合作银行缴纳一定的保证金后开具承兑汇票，由合作银行承兑，收款人为企业的上游生产商，生产商在收到银行承兑汇票后开始向物流公司或仓储公司的仓库发货，货到仓库后转为仓单质押。如果融资企业无法到期偿还银行敞口，则上游生产商负责回购质押货物
开证监管	开证监管是指银行为进口商开具立信，进口商利用信用证向国外的生产商或出口商购买货物，进口商会向银行缴纳一定比例的保证金，其余部分则以进口货物的货权提供质押担保，货物的承运、监管及保管作业由物流企业完成

知识链接：

在国际上，北美（美国和加拿大）以及菲律宾等地拥有较为全面的物流金融规范体系。以美国为例，其物流金融的主要业务模式之一是面向农产品的仓单质押。仓单既可以作为向银行贷款的抵押，也可以在贸易中作为支付手段进行流通。美国的物流金融体系是以政府为基础的。早在1916年，美国就颁布了美国仓库存贮法案（US Warehousing Act of 1916），并以此建立起一整套关于仓单质押的系统规则。这一体系的诞生，不仅提高了整个农业营销系统的效率，降低了运作成本，同时也成为家庭式农场融资的主要手段之一。

2. 物流金融服务供给的特点

（1）物流金融服务在国民经济核算体系中，具有不可替代的杠杆作用，可以提高流通服务质量、降低物资积压与消耗、加快宏观货币回笼周转。

（2）物流金融服务是在供应链中由第三方物流企业提供的一种金融与物流集成式的创新服务，其内容包括物流、流通加工、融资、评估、监管、资产处理、金融咨询等，不仅能为客户提供高质量、高附加值的物流与加工服务，还为客户提供直接或间接的金融服务，以提高供应链整体绩效和客户的经营和资本运作效率等。物流金融服务的提供商可以通过自身或与金融机构的紧密协作关系，为供应链上的企业提供物流和金融的集成式服务。

（3）在第四方物流出现后，物流金融服务才真正进入了"金融家族"的概念。随着物流活动逐渐演变成一种金融交易的衍生活动，物流金融服务也变成了一种特有的金融业务工具的复合概念，具备金融与物流的交叉属性。

（4）物流金融服务是国际物流与金融业务相互需求与作用的产物。从供应链的角度看，生产制造型企业在发展的过程中面临的最大威胁是流动资金不足，而存货占用的大量资金使得生产制造型企业可能处于这种困境。开展物流金融服务是各方互利的选择，但是，依旧会产生不可回避的风险包括信用风险、市场风险、操作风险等。

（5）在传统的物流金融活动中，国际物流金融组织被视为进行资金融通的组织和机构；

现代物流金融理论则强调：国际物流金融组织就是生产金融产品、提供金融服务、帮助客户分担风险，同时能够有效管理自身风险以获利的机构，国际物流金融组织盈利的来源就是承担风险的风险溢价。

（四）跨境物流服务供给

1. 跨境物流服务供给的内涵

跨境物流服务供给是指将商品从一个国家或地区通过海运、空运、陆运等运输方式运送到另一个国家或地区，并涉及货物的包装、运输、清关、仓储、配送等一系列物流环节的过程。跨境物流服务供给包括跨境运输、跨境电商物流等服务。跨境运输是指以海关关境两侧为端点的实物和信息有效流动和存储的计划、实施和控制管理过程。跨境电商物流则是在电子商务环境下，依靠互联网、大数据、信息化与计算机等先进技术，使物品从跨境电商企业流向跨境消费者的跨越不同国家或地区的物流活动。

2. 跨境物流服务供给的特征

（1）跨境物流服务距离较远，且面临出口国和进口国两重海关，需要进行较复杂的检验检疫等清关商检活动，货物破损、丢失等风险相对较高，时间长且成本高。此外，跨境物流服务还受不同国家或地区的经济、文化、风俗、政治、政策、法律、宗教等环境因素差异的影响。

（2）跨境物流服务供给是一种集产品、物流、信息流、资金流于一体的主动性服务，需要具有更高的敏捷性和柔性，强调整合化和全球化能力，同时更注重IT（信息技术）系统化和信息智能化。物流服务往往影响着消费者的整个购物流程和时效体验，除了完成物品位移活动外，还需要为客户提供更多的增值服务。

（3）跨境物流服务供给竞争集中于东南沿海地区。环渤海地区、长三角、珠三角等东南沿海地区经济发达，跨境运输需求旺盛，加之该地区海运、空运等基础设施较为完善，因此，对货源的争夺和对运力资源的争夺最为激烈。

（4）跨境物流服务供给竞争通常表现为某一区域市场的企业之间的竞争，例如长三角区域跨境物流企业之间的竞争；或者对某一行业客户资源的争夺，例如对电子制造行业的客户资源的争夺，而跨地区、跨行业的竞争较少。

（5）跨境物流服务的供给功能正在逐步扩展，其中包括提供多式联运（如海空联运）和运输方案优化设计（如满足客户其他不同需求）、提供综合物流服务等增值服务。

（五）国际货运代理服务供给

1. 国际货运代理服务供给的内涵

国际货运代理服务供给是指第三方物流企业接受进出口货物收货人、发货人和其他委托方或其代理人的委托，以委托人的名义或者以自己的名义，组织、办理国际货物运输及相关业务，提供国际货物流通领域的物流增值服务的行为。以国际货运代理业务为主要服务的企业被称为国际货代。国际货运代理协会联合会（FIATA）对其规定的定义是：国际货运代理是根据客户的指示，并为客户的利益而揽取运输的人，其本身并不是承运人。国际货运代理也可以依照这些条件，从事与运送合同有关的活动，如储货（含寄存）、报关、验收、收款等。

2.国际货运代理服务供给的特点

（1）服务范围涵盖了国外提货、国外报关、订舱、包装、国内清关、国内仓储和国内派送等多个方面。

（2）服务对象包括发货人、海关、承运人及具体的班轮公司、航空公司等。

（3）服务内容包括以最快最省的运输方式，安排合适的货物包装，选择货物的运输路线；向客户建议仓储与分拨；选择可靠、效率高的承运人，并负责缔结运输合同；安排货物的计重和计量；办理货物保险；货物的拼装；装运前或在目的地分拨货物之前把货物存仓；安排货物到港口的运输，办理海关和有关单证的手续，并将货物交给承运人；代表托运人/进口商承付运费、关税和税款；办理有关货物运输的任何外汇交易；从承运人那里取得各种签署的提单，并将它们交给发货人；通过与承运人和货运代理在国外的代理联系，监督货物运输进程，并使托运人知道货物去向；向承运人及时订舱，议定对双方公平合理的费用，安排适当时间交货，以及以发货人的名义解决和承运人的运费账目等问题；引进集运和拼箱服务；如果发货人或收货人有特殊要求，货代也可以在出运地和目的地从事提货和交付的服务，提供门到门的服务。

（六）进出口通关服务供给

1.进出口通关服务供给的内涵

进出口通关服务供给主要是指具备资质的第三方物流服务企业为进出境货物的收发货人及其货运代理人、进出境货物的所有人以及进出境运输工具的负责人向海关办理进出口手续提供进出境单证和申请进出境的货物、运输工具和物品呈报等服务的过程。

2.进出口通关服务供给的特点

（1）进出口通关服务需要具备资质的报关员提出货物申报、填写进出口货物报关单、提供法定单证（如进出口货物许可证、检验检疫证）、随附货运及商业单证（如装箱单、提货单等）并办理减免税、免验等手续。

（2）进出口通关服务需要接受海关对进出口货物的查验及缴纳税费等，包括派员会同海关查验货物；负责搬移、开箱及验毕后恢复原状；随时答复或提供海关征税部门的问题或所需文件；凭海关开具的缴款通知书到指定银行缴纳关税和国内税；凭单据取货或装船出运等。

四、第三方物流企业视角下物流客户服务作用

（一）提高生产制造型企业的核心竞争力

随着社会化分工的加快和社会专业化程度的提高，企业纷纷将非核心业务外包出去而

将主要资源集中于核心业务，这样可以充分发挥专业化分工的优势，提高核心竞争力。对于大部分企业而言，物流属于非核心业务。然而，外包物流可以使企业集中于核心业务，将有限的资源用于核心业务，从而使企业资源得到更加有效的利用。此外，第三方物流企业的核心经营能力也可以使企业拥有更强的竞争优势。

（二）降低生产制造型企业的经营成本

物流企业为了应对供应链下游需求的变化，必须备有一定量的存货，这必将增加存货成本和仓储投资。第三方物流企业如果利用其物流设施和管理技能提供增值服务，就能减少企业库存，在降低成本的同时增强对市场的反应能力。随着制造技术的不断发展，企业降低生产成本的空间已经很小，而在降低流通费用方面却有较大的空间，第三方物流企业正是凭借其规模经济优势和成本优势，使客户节省与物流有关的人力、管理和运营费用，减少资金占用。

（三）提高物流专业化服务水平

企业对运输和物流的需求具有多样性，第三方物流以个性化物流服务为目标的物流运作模式能够根据用户的特殊要求进行"客户化定制"，提供个性化的解决方案。通过第三方物流，服务的灵活性得以实现。它们建立了覆盖范围广阔的物流系统，可以为不同行业的不同企业提供多种方式的服务，以满足客户的特殊要求。同时，企业在进入新市场时，可以借助第三方物流企业在当地的经验、知识、网络和业务关系来更快、更好地开拓新市场，满足新市场用户的需求。

（四）增强市场应变能力

将物流职能交于第三方管理可增强企业对市场变化的应变能力。当需求变化和技术进步时，第三方物流企业能够不断更新设施、信息和管理技术，根据环境变化进行调整，增强其灵活性，而非物流企业往往无法与之相比。企业可以根据市场需求的变动与第三方物流企业进行合作，以减少投资，提高企业对市场的灵敏度。对于季节性生产而言，灵活性显得更为重要。由于需求的季节性，生产往往提前于消费季节，因此对仓储等物流活动的需求也是季节性的。使用第三方物流可以及时调整企业生产和销售，具有季节方面的灵活性。

（五）加速产品和服务投放市场的进程

为了在时间上获得竞争力，产品和服务必须要快速推向市场。第三方物流企业凭借其物流网络，能够帮助客户加速这一进程，从而赢得时间优势。比如广州到湖北的物流，通过强化信息交流，提升仓储、运输等环节的速度，缩短交货期，能够迅速将产品送达需求地。然而，物流外包虽然有益处，但也存在一定的风险。企业需明确定位自身核心竞争力，综合考虑供应链位置、竞争环境及经济因素等，权衡利弊后决定是否外包及如何选择物流商。选择时要从物流网络、价格、质量、声誉、管理水平等方面考量。企业外包决策复杂，需与第三方物流企业建立战略伙伴关系，长期磨合，共同整合资源参与市场竞争，从而更好地发挥物流客户服务在加速产品和服务投放市场中的作用。

第四节　供应链视角下物流客户服务需求及供给

一、供应链的定义及特点

（一）供应链的定义

供应链是指围绕核心企业，从配套零件开始，制成中间产品以及最终产品，最后由销售网络把产品送到消费者手中，将供应商、制造商、分销商直到最终用户连成一个整体的功能网络结构。供应链管理的经营理念是从消费者的角度出发，通过企业间的协作，谋求供应链整体最佳化。成功的供应链管理能够协调并整合供应链中所有的活动，最终实现无缝连接的一体化过程。国家标准《物流术语》将其定义为生产与流通过程中，涉及将产品或服务提供给最终用户的上游与下游企业所形成的网络结构。

供应链的概念是从扩大生产概念发展而来的，它将企业的生产活动进行了前伸和后延。日本丰田公司的精益协作方式中就将供应商的活动视为生产活动的有机组成部分而加以控制和协调。哈里森（Harrison）将供应链定义为："供应链是执行采购原材料，将它们转换为中间产品和成品，并且将成品销售到用户的功能网链。"美国的史蒂文斯（Stevens）认为："通过增值过程和分销渠道控制从供应商到用户的流就是供应链，它开始于供应的源点，结束于消费的终点。"因此，供应链就是通过计划（Plan）、获得（Obtain）、存储（Store）、分销（Distribute）、服务（Serve）等活动而在客户和供应商之间形成的一种衔接（Interface），从而使企业能满足内外部客户的需求。

我们可以把供应链描绘成一棵枝叶茂盛的大树：生产企业构成树根，独家代理商则是主干，分销商是树枝和树梢，满树的绿叶红花是最终用户；在树根与主干、树枝与树干的一个个节点，蕴藏着一次次的流通，遍体相通的脉络便是信息管理系统。

🔗 知识链接：

供应链上各企业之间的关系与生物学中的食物链类似。在"草—兔子—狼—狮子"这样一条简单的食物链中（为便于论述，假设在这一自然环境中只生存这四种生物），如果我们把兔子全部杀掉，那么草就会疯长起来，狼也会因兔子的灭绝而饿死，连最厉害的狮子也会因狼的死亡而慢慢饿死。可见，食物链中的每一种生物之间是相互依存的，破坏食物链中的任何一种生物，势必导致这条食物链失去平衡，最终破坏人类赖以生存的生态环境。同样道理，在供应链"企业A—企业B—企业C"中，企业A是企业B的原材料供应商，企业 C 是企业 B 的产品销售商。如果企业 B 忽视了供应链中各要素的相互依存关系，而过分注重自身的内部发展，生产产品的能力不断提高，但如果企业 A 不能及时向其提供生产原材料，或者企业 C 的销售能力跟不上企业 B 产品生产能力的发展，那么我们可以得出这样的结论：企业 B 生产力的发展不适应这条供应链的整体效率。

随着 5G 移动网络不断迭代，供应链已经进入了移动时代。移动供应链利用无线网络实现供应链管理移动化的技术，将原有供应链系统上的客户关系管理功能迁移到手机上。移动供应链系统具有传统供应链系统无法比拟的优势。移动供应链能够集 5G 等移动技术、智能移动终端、VPN（虚拟专用网络）、身份认证、地理信息系统（GIS）、Web Service、商业智能等技术于一体，使业务摆脱时间和场所局限，随时随地与公司进行业务平台沟通，有效提高管理效率，推动企业效益增长。

（二）供应链的特点

1. 供应链的时代性

供应链能够实现大范围的、系统的、优良的服务，网络经济时代的信息技术，尤其是互联网这个公众平台的形成，使信息跨越过去封闭的界限进行传递，也使信息共享成为可能，这是把供应链从过去两个环节之间的短链延伸成跨越整个社会再生产的长链，这就是供应链的时代特点。

2. 供应链的远程性

供应链的出现和经营运作的远程化有关，经济全球化的专业分工向国际分工深化，一个产品从原材料开始，到抵达用户为止，原材料来自全世界、生产协作企业分布于全世界、用户需求遍布全世界，这就需要有新的远程化的供应方式。

3. 供应链的复杂性

由于供应链具有远程性，供应链的构筑在每一个环节都要根据横向择优的原则，选择多个协作企业，整个供应链不但有很长的链节，而且有多个节点。供应链所涉及的人文条件、地理条件、法律条件、技术条件等各方面的差异，使之成为一个空前复杂的系统。

4. 供应链的择优性

供应链不是传统认识中所形成的"建立牢固的供需关系""固定产需衔接"方式，也不是在流通领域广泛应用的固定的连锁关系，而是一个随时在择优、优化的系统。供应链的节点企业，不是"从一而终"，而是根据自己的核心竞争能力，不但允许作为这一条供应链的某一节点，同时也允许作为另一条供应链的节点。供应链的各个节点，也要根据供应链目标的转变、服务方式的改变而改变，往往以更适合的企业来更换、代替。供应链的这种择优性，就决定了它是一条处于动态之中的、不断发展的"链"。

5. 供应链的虚拟性

供应链是以网络信息技术为纽带建立起来的，是虚拟经济的一个典型应用。供应链实际上是一个虚拟的大企业，是协作的组织，这个协作的组织具有相对稳定性，但不是一个有确定机构、确定组织和确定经营目标的大企业，这是供应链的虚拟性。供应链虚拟性的一个最大优势，是它可以通过组织协作的方式，依托信息网络的支持，使这个"虚拟组织"总是保持着很高的竞争能力，因为供应链的参与企业，都是以核心竞争能力的优势进入供应链的，供应链的动态性又使得构筑供应链的企业不断地"优胜劣汰"，不断更新，以保证供应链总是由具有强大核心竞争力的企业构筑而成。

二、供应链视角下物流客户服务需求

（一）增加增值的物流客户服务需求

一切能够简化手续、简化操作的物流服务都是增值性服务。在提供电子商务的物流服务时，推行"一条龙"门到门服务、提高操作和作业提示的完备性、免费培训、免费维护、省力化设计或安装、提供代办业务、设置单一接触点、24小时营业、自动订货、传递信息、物流全过程追踪等服务。

（二）降低成本的物流客户服务需求

企业需要提供不断降低物流成本的物流服务。为此，企业必须考虑采用供应链管理办法，建立系统各方相互协作、相互联合的物流服务网络，并采取物流共同化计划，通过采用先进的物流技术与设施设备，推行物流管理技术，从而提高物流的效率和效益，降低物流成本。

（三）延伸功能的物流客户服务需求

企业物流强调物流服务功能的恰当定位、完善化、网络化，除了一般的储存、运输、包装、流通加工等服务外，我们的功能已经扩展到市场调查与预测、采购及订单处理、物流管理咨询、物流方案的选择与规划、库存控制策略建议、货款回收与结算、教育与培训、物流系统设计与规划方案的制作等多个方面。

（四）强化支持的物流客户服务需求

企业为了向生产经营活动提供快速、全方位的物流支持，必须强化、完善和健全物流服务网络体系，实现物流服务网络的系统性和一致性，以保证整个物流网络优化。企业只有形成物流服务网络才能满足现代物流的需要。

三、供应链视角下物流客户服务供给

根据协调运作生产、供应活动、销售活动和物流活动的机能的差异性，可以把生产制造供应链物流客户服务供给归纳成五种模式：批量物流、订单物流、准时物流、家庭物流和冷链物流。

（一）批量物流客户服务供给

批量物流客户服务供给的基础是对客户需求的预测，生产企业的一切经济活动都是基于对客户需求预测而产生的。在预测前提下，生产企业的经济活动都是批量运营的，如批量采购、批量生产和批量销售，这也必然伴随着批量物流。

（二）订单物流客户服务供给

订单物流客户服务供给的基础是客户的订单，生产企业的经济活动是基于客户订单而产生的。在实行订单物流客户服务供给的前提下，生产企业的经济活动都是围绕订单展开的，根据订单进行采购、生产和销售，而物流也是根据客户订单产生的经济活动而形成的。订单物流主要表现为两种模式：一是以最终消费者的订单为前提的订单驱动模式，如戴尔模式；二是以渠道顾客的订单为前提的订单驱动模式，如海尔模式。海尔式订单物流最大的特点是拥有"一流三网"的物流体系。"一流"是订单流，海尔通过客户的订单进行采购、制造等活动，海尔的客户主要是海尔专卖店和营销点，所以海尔采用的是渠道顾客订单驱动的供应链物流模式。

（三）准时物流客户服务供给

准时物流是订单物流的一种特殊形式，是建立在准时制管理理念基础上的现代物流方式。准时物流能够在精确测定生产线各工艺环节效率的前提下，按订单上准确的计划消除一切无效作业与浪费，如基于均衡生产和看板管理的丰田模式。

（四）家庭物流客户服务供给

家庭物流客户服务供给主要为以日用品商品等为代表的家居产品，从前端的原材料提供商，到中间的制造厂家，再到经销商、卖场与电商平台等流通企业以及安装、物流等末端服务商提供的物流客户服务。随着定制化生产、智能制造、全渠道发展成为趋势，家庭物流客户服务供给的特点也逐渐显现，如表 2-5 所示。

表 2-5　家庭物流客户服务供给的特点

服务供给特点	具体体现
服务供给类型	家居企业属于劳动密集型企业，搬运作业多，需要大量的工人，工作环境艰苦，重复性劳动多。工人劳动强度大，招工难，离职率高，这是家居物流企业普遍面临的难题
物流管理对象	物流管理对象具有多样性，尤其是整体家居、定制家居概念的出现，使产品线拉长，种类多、品牌多、SKU（最小库存单位）多，物流管理运作难度大
营销渠道与物流终端	"线上＋线下""直营＋加盟＋代理"等营销渠道多样，卖场、门店、工地、消费者等物流终端复杂，货物配送量及配送环节多

服务供给特点	具体体现
货物运输	货品超大超重，包装形态各异：如床垫、沙发、石材、玻璃等超大超重，门窗、管材、装饰材料、电线电缆等包装形状各异，货品的存储和运输难度大。特别是定制产品、半成品种类多、外形大而不规则，如何选配车型、科学配装成为提高运输装载率的关键
库存管理	定制家具按单生产，物料JIT（准时生产）采购与配送难度大，物流通路更为复杂，物流时效性、柔性化增强，管理难度大；自有库存、VMI（供应商管理库存）、渠道库存并存，库存管理和控制困难，无法实时掌握库存情况，库存周期长，资金周转率低
搬运作业	搬运作业越来越要求使用绿色、环保、无污染设备；需多班倒作业；产品重量大，要求搬运设备能高负荷作业等
物流服务信息系统	信息系统不健全，不合格产品追溯难，产品合格率提升困难

（五）冷链物流客户服务供给

1. 冷链储藏服务供给

冷链储藏服务供给是指专门针对易腐坏、对温度和环境条件敏感的产品，如生鲜食品（肉类、海鲜、水果、蔬菜等）、医药制品（疫苗、生物制剂、药品等）以及部分高端化工产品等，提供从生产加工环节结束后，在整个储存过程中维持特定低温环境的服务体系。这一服务供给涵盖了专业的冷藏仓库设施，这些设施配备有精确的温度控制系统、湿度调节设备以及良好的隔热保温材料，以确保储存空间内的温度稳定在产品所需的适宜范围，例如0~4℃适合大多数新鲜蔬菜的短期储存，-18℃以下能长期保存肉类和海鲜等。同时，冷链储藏服务供给还包括严格的库存管理流程，对货物的入库时间、批次、保质期等信息进行详细记录和精准管控，遵循先进先出等原则，保证产品在储存期限内的品质不受损。此外，专业的人员操作与维护也是其中的重要部分，他们负责监控设备运行状态、定期检查货物状况、及时处理突发的温度异常等问题，从而保障冷链的完整性和产品的质量安全，满足市场对于各类低温敏感产品的储存需求，并确保这些产品在后续的流通环节仍具备良好的品质和使用价值。

2. 冷链运输服务供给

冷链运输服务供给是一种专门针对对温度有严格要求的货物，在运输过程中提供持续、稳定低温环境保障的服务形式。其服务对象主要包括生鲜农产品（如肉类、水产、果蔬等）、医药制品（如疫苗、生物制剂、血液制品等）、部分高端食品（如巧克力、奶酪等）以及化工原料中的某些温敏性物质等。冷链运输服务供给涵盖了专业的冷藏运输设备，如冷藏车、冷藏集装箱等，这些设备具备良好的隔热保温性能和精确的温度调控系统，能够根据货物的特性将运输环境温度控制在特定的区间内，比如鲜活水产品通常需要在0~4℃的低温环境下运输，以保持其新鲜度和品质；同时，还涉及运输路线的优化规划，以确保运输时间最短、效率最高，减少货物在途时间，降低温度波动风险；此外，专业的操作人员会对运输过程中的温度进行实时监测和记录，以便及时发现并处理可能出现的温度异常情况，保证货物在整个运输链条中始终处于规定的低温条件下，从而确保货物的质量、安全和有效性，满足市场对于此类温敏性货物的运输需求，保障从生产到消费环节的无缝冷链衔接，维持货物的最佳品质状态。

四、供应链视角下物流客户服务作用

（一）服务集成与资源整合

供应链视角下的物流客户服务可以通过服务集成为客户整合物流资源，从产品角度来看，可以借助技术功能和相应的配套机制对上下游各项协作进行有效保证；从服务角度来看，物流客户服务双方均对服务理念及价值形成认同，才能确保上下游主体形成良好协作关系。

（二）下游客户参与物流服务管理

下游客户将需要运输以及仓储的具体物品向物流服务提供商进行提交，并由客户对运作形式提出具体要求，对运作模式进行确定。客户能够参与物流服务管理过程，受客户参与的影响，物流服务呈现出较强的异质性。在客户参与的相关环节，需要物流服务提供商对服务流程及对象进行规范，实现对标准化物流服务产品的有效开发，促进自助服务，实现物流客户服务的良性循环。

（三）物流服务提供商与客户实现价值共创

供应链视角下的物流客户服务需要物流服务提供商针对客户开展调研，并结合自身服务经验，对服务市场进行分析，据此提供相应的物流服务方案。客户的身份是物流服务的合作生产者，对物流服务的供应链进行参与。物流服务提供商能够准确把握客户需求，客户与物流服务提供商进行互动，实现对价值的共同创造。

（四）多元参与主体能够实现利益共享

供应链视角下的物流客户服务多元参与主体凭借各自具备的核心能力要素，在服务生态系统中相互协作、竞争并形成各自的优势。物流客户服务提供商可以通过资源优化与协作等，促进物流服务关键资源的高度共享，注重对战略服务资源的选择，并将之导入客户相应的价值创造的具体过程中，通过多元主体能力互补，实现服务水平的大幅度提升，进而实现利益共享。

（五）服务信息共享

供应链视角下的物流客户服务管理有助于借助先进的信息技术，实现服务水平的大幅度提高。信息共享机制能有效巩固供应链多元主体的合作关系，借助信息共享，能大幅度提升其原有信息的知识价值，并形成知识储备，对供应链实际运作绩效进行有效增强。

第五节　新零售视角下物流客户服务需求及供给

一方面，在零售行业发展的历史过程中，先后出现了几种典型业态，包括百货商店、连锁商店、超级市场、便利店等。另一方面，电子商务网络零售的经营模式也不断更迭变化，除了传统的电商零售模式，社交性销售的拼购模式、直播带货等新模式也占据越来越大的市场份额。随着网络零售交易规模增速的连续放缓，阿里巴巴、腾讯等各大互联网巨头开始依托大数据、人工智能等技术手段对传统线下零售生态进行赋能，布局新零售资源，零售行业进入了以数据驱动及渠道融合为特征的新零售时代。从线上走向线下，与实体零售商实现合作，传统零售企业在受到电商冲击的同时也获得了转型的空间，两者之间的边界日益模糊，从而形成了目前新零售的市场竞争格局，新零售的崛起改变了原有的零售物流业生态。

一、新零售的定义及特点

（一）定义

2016年，新零售的概念被首次提出。新零售（New Retailing）即企业以互联网为依托，通过运用大数据、人工智能等先进技术手段，对商品的生产、流通与销售过程进行升级改造，进而重塑业态结构与生态圈，并对线上服务、线下体验以及现代物流进行深度融合的零售新模式。

新零售的产生主要有两个方面，一是，经济增速放缓、消费者需求发生改变、互联网经济展开竞争，我国的线下零售企业生存空间被挤压严重，需要寻找新的突破方向；二是，大量的新技术在互联网经济中得到了应用，比如虚拟现实、增强现实、大数据和云计算等，这些技术将为新零售实际应用扫清障碍，增加消费场景和消费方式，解决购物的距离问题，实现全球购物。新零售的发展历程如图2-4所示。

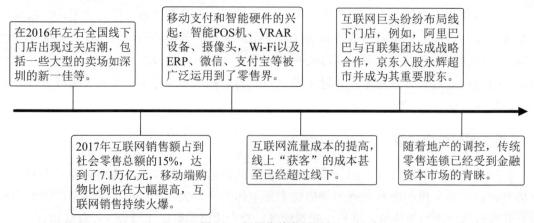

图 2-4　新零售的发展历程

🎵 知识链接：

《零售业创新提升工程实施方案》节选

1. 总体要求

坚持以习近平新时代中国特色社会主义思想为指导，完整、准确、全面贯彻新发展理念，按照"全面部署、试点探索"思路，聚焦零售商业设施改造提升，健全工作机制，创新工作方式，强化支持政策，通过推动场景化改造、品质化供给、数字化赋能、多元化创新、供应链提升，实现零售业高质量发展。

通过每年确定一批零售业创新提升试点城市，完成一批存量零售商业设施改造，推广一批经验成熟的典型案例，到2029年，初步形成供给丰富、布局均衡、渠道多元、服务优质、智慧便捷、绿色低碳的现代零售体系。

2. 主要任务

（1）推动场景化改造。发挥运营主体作用，围绕强化功能定位、优化内外环境、增设人性化服务设施、提升风貌特色，在确保房屋质量安全的前提下，推动百货店和购物中心开展"一店一策"改造，向运营要效能。鼓励融合型商业，打造购物、餐饮、社交、娱乐等"一站式"服务的新地标，满足全方位消费需求。创新时尚型商业，发展首发经济，引入全球知名品牌，支持首店、首展、首秀，培育"年轻力""她经济""文艺范"等。倡导策展型商业，创新演艺、展览、文化、动漫等多元体验场景，丰富消费内容。培育主题式商业，鼓励商业与科技、自然、艺术、体育、公园等联动，巧改造、微更新，形成特色空间，满足社交、亲子等消费需求。完善社区型商业，发展社区型购物中心、便民商业中心，丰富便利店、菜市场等基本保障类业态，以及娱乐、健身等品质提升类业态，推进完整社区建设，加强适老化、适幼化改造，打造一刻钟便民生活圈，举办便民生活节。

（2）推动品质化供给。坚持以消费者为中心，诚信经营、品质当先、服务至上，优化商品和服务体验供给。鼓励汽车、家电、家装厨卫等传统消费品"以旧换新"，培育智能家居、数码产品、智能穿戴、大健康、美妆、宠物等新的消费增长点。推广国货"潮品"，发展主题文创、特色非遗、旅游纪念产品，推动老字号增品种、提品质、强品牌，进商圈、进步行街、进交通枢纽、进景区。支持设立老年服务和母婴用品专区专柜，丰富养老照护、日用辅助、健康促进、益智玩具等用品。鼓励提供去"皮"称重、送装一体等专业化、人性化的售前售后服务，以附加服务提升商品力和性价比。鼓励优质商品进口，利用国际展会、外商合作、跨境电商等渠道招引全球品牌，对接全球优质供应商实施跨境直采，引进"一带一路"共建国家优质商品。

（3）推动数字化赋能。推动实体零售与数字经济深度融合，形成新质生产力，提升零售效率。鼓励零售企业联合供应商推广基于全球统一编码标识（GS1）的商品条码体系，促进数据全链互通、采集交换顺畅。鼓励应用数字技术优化标准流程，赋能开店布局、进销存管理、物流配送、防伪溯源等环节，推动信息系统等智能化升级，提升送装拆收一体、退换货、评价反馈等售后服务体验。创新"以大带小"模式，推动技术赋能、平台赋能和生态赋能，为上下游提供数字系统、培训、营销、支付等关键环节的共性数字化解决方案，实现快速响应与高效运营。探索利用人工智能、虚拟现实、增强现实等技术，打造云逛街、云购物、云体验等数字消费新场景，提供智能停车、智能送货、智慧节能、智慧安防等服务，推广智慧商店、网订店送（取）、无接触交易、自助结算、自动售货等模式，让消费更便捷。

（4）推动多元化创新。顺应消费趋势变化，创新多元零售业态，繁荣零售市场。鼓励百货店适当调增餐饮、娱乐、亲子等业态比例，探索深度联营、自采自营，从卖商品转向卖服务体验、解决方案、生活方式。鼓励利益共享、风险共担，让商户灵活选择固定租金、销售分成方式，提高店铺效能。鼓励大型超市、仓储会员店发挥优势，兼营批发业务，为周边小商户供货。鼓励超市、便利店推广"数字赋能＋连锁经营"，发展"一店多能"，搭载便民服务项目，提升客流、坪效和场地利用率。鼓励发展精品店、集合店、快闪店、品牌折扣店等新业态，培育"小而美""专而精"特色店铺。鼓励国货"潮品"进市内免税店，传播中华优秀传统文化。支持到店与到家协同发展，推广线上线下融合的即时零售（平台下单＋就近配送，门店下单＋即时配送），探索"店仓一体""预售＋集采集配"等新模式。支持以标准化促进高质量发展，从绿色商场等重点标准切入，确定一批覆盖主要零售业态的优秀实践案例，促进绿色消费、健康消费。

（5）推动供应链提升。鼓励大型零售企业发挥优势作用，加强供应链协同，优化流通渠道，高效衔接供销，促进降本增效。支持全供应链共管共享库存，推广集采集配、统仓统配、供应商直配、自动补货等模式，减少多级库存、重复运输及不必要的逆向流通，让信息多跑路、商品少跑路。鼓励企业之间开展同业或异业联盟，发展自有品牌，通过联合研发热销产品、联合采购拓量、精选品类增加单品采购量等方式降本增效。支持将托盘（周转箱）作为供应链的物流单元、交接单元、数据单元，推广"全链不倒托（箱）"循环共用模式，促进效率提升。支持提升商品力，推广源头直采、订单生产、农超对接，发展"净菜"进城，利用冷链温控数据服务生鲜农产品销售，延长保鲜期，实现优质优价。鼓励家具、服装等领域打造"生产＋平台＋消费者"的平台型供应链，开展"个性定制＋柔性生产＋及时物流"，提供绿色家具全屋定制解决方案。鼓励分销商（批发商）发挥渠道、专业等优势，为零售商提供供应链一体化解决方案。

（二）特点

相比于传统电商，新零售最大的优势就是极大地改善了消费者的消费体验，为消费者提供了更高质量的服务。同时，新零售又是一种完全不同于传统零售的业态形式。具体来说，就是以现代信息技术，诸如大数据、物联网、人工智能等为工具，从而为消费者提供更精准的消费信息，更亲身的消费体验，这样能够让消费者的购物需求得到更好的满足；同时将分别处于线上与线下的人、商品和场景三要素密切地联系在一起，从而构成了一个全新的商业业态。具体来说，新零售具有以下显著特点。

（1）渠道一体化：商家能同时对接网店、微店、实体店、加盟店等，打通各类零售渠道终端，实现数据深度融合。

（2）经营数字化：构筑多种零售场景，沉淀商品、会员、营销、交易、服务等数据，为运营决策提供数据依据。

（3）卖场智能化：引入智能触屏、智能货架、电子价签、智能收银系统等物联网设备，增强卖场体验感，提升购物便捷性。

（4）商品社会化：组建商品共享联盟，售卖现货、预售货、他家货等，结合现代物流，去库存、降成本。

（5）更优质的服务：在新零售商业模式下，活动的开展都是以消费者为中心的。所以消费者可以根据自己的意愿，选择从网络上寻找自己的目标商品，还能够借助各种现代科技对商品有更全面的认识；也可以去实体店对商品展开直接的接触和感受。这样的一种方式，不但让消费者的消费效率得到极大提升，而且让消费者获得更大的满足；更重要的是，零售商对于消费者的吸引是从内容、形式、服务等全方位展开的，在这样的一个个性化的购物场景中，消费者感受到更加真实的购物体验，享受到新零售模式下的优质服务。

（6）更高效的物流配送：传统电商模式中的商品配送，往往跨越千山万水，才能将商品送到千里之外的消费者手中，所以物流配送效率自然就难以保障。而新零售模式的关键，就是要实现线下实体店与线上平台一体化。这种模式下，线上平台会在线下大量开设实体店，商家从线上平台下单以后，商品从离消费者最近的实体店发出，从而实现一种"网上下单、门店发货"的模式，其效率得到了极大提升，可以实现 1 小时到货，甚至可以达到分钟级配送。所以说，更高效的物流配送也是传统电商无法实现的优势。

（7）更智能的数据使用：新零售商业模式离不开大数据、云计算、人工智能等技术的支持，该模式建立的基础就是海量信息。并且新零售模式中所使用的海量信息，并非仅仅来自商品，更重要的是来自消费者。通过对大数据的分析，企业不但能够找出不同商品之间的关联，进而对商品的储备量、销售量等做出非常准确的估算；更重要的是能够通过对消费者信息的收集和分析，进而找出消费者的需求，并且以平台为依托将商品向消费者做精准推送，这样不但能够赢得更多的消费者，而且对消费者来说也提升了购物效率，获得了更好的购物体验。

二、新零售视角下物流客户服务需求

在新零售视角下，商业模式、相关技术和用户购物需求都发生了巨大变化，在上游的驱动下，下游消费者的物流服务需求也发生了巨大的变化。"新零售"模式下，物流需要能够及时响应客户需求，为每一个消费者提供一对一的服务，具有货品数量小、配送面大、服务范围广等特点，因此新零售视角下的物流客户服务主要体现在时间性、个性化和可靠性三个方面，如表 2-6 所示。

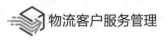

表 2-6　新零售视角下的物流客户服务体现

需求	需求项目	需求描述
时间性	发货周期	多久发一次货
	取货等待	消费者在取货时需要等待的时间
	退货等待	消费者在退货时需要等待的时间
	"爆仓"延迟	物流服务商在爆仓之后延迟的时间
	订单响应时间	用户下单之后，物流服务商多久对客户订单进行处理
	发货响应时间	订单处理之后与物流服务商发货之间的间隔时间
个性化	配送工具个性化	物流服务商可以用多种交通工具和设备进行灵活配送
	配送时间个性化	根据用户的需求在约定的时间进行配送，而不是单一地由配送服务商制定配送时间
	配送人员个性化	由于用户可能对每一个配送服务人员的服务都很满意，因此在下一次配送时，用户可以指定配送员进行配送
	配送包装个性化	目前有很多的配送物品都是通过第三方进行配送的，因此物流服务商可以根据用户的需求制定专属的配送包装
可靠性	物流服务范围	物流服务商配送能力范围
	配送地点准确性	配送商配送服务人员配送地点的准确性
	发货准确性	配送服务商物品配送是否正确
	货物完好性	配送服务商配送物品是否完好、符合客户的质量要求
	配送规范性	配送服务商在配送过程中的配送流程和规范是否正确
	退换货可靠性	配送服务商是否能够提供良好的退换货服务

三、新零售视角下物流客户服务供给

（一）以消费者为中心的新零售物流客户服务供给

1.内涵

以消费者为中心的新零售物流客户服务供给是在创新驱动发展战略的引领下，随着新技术、新模式、新业态不断涌现，以消费者体验为中心、以数字化为核心驱动力、实现线上线下相结合所提供的物流客户服务。

2.特点

随着消费者的消费习惯走向多元化、随意化，消费体验走向智能化，"以消费者为中心"的思想必将重塑零售业格局，并引导商业业态、商业模式、供应链、商业流通等走向更高效的形态。以消费者为中心的新零售物流客户服务供给具备如表 2-7 所示的特点。

表 2-7　新零售物流客户服务供给的特点

特点	特点描述
高效便捷	对于消费者来说，不仅购买的商品本身十分重要，购买的场景、过程等体验同样被看重，消费者希望能够在任何时间和场景中都享受到高效便捷的购物体验

续表

特点	特点描述
个性化	消费者的个性化需求要求零售市场的参与者能够更加理解消费者，为不同的消费者提供所需的商品和服务，并最终打造千人千面的体验
独特体验	消费者不仅需要像"双十一""618"这样的大众消费节日，他们同样也需要独特的体验来纪念和分享人生中的特别时刻

（二）以客户为中心的新零售物流客户服务供给

1. 内涵

新零售对消费品、消费行为、消费场所进行了重新的定义和塑造，在这种新的趋势下，消费端对包括物流在内的整体消费体验有了更多元、更具象化的升级需求，包括以消费者为中心的消费模式、品质更好的消费商品、体验更佳的消费过程、更高的性价比以及更快的物流。因此，以客户为中心的新零售物流客户服务供给是从客户需求出发，掌握客户数据，重塑生产链，满足客户个性化和定制化需求的物流服务提供过程。

2. 特点

传统模式的 B2C（企业对消费者）以生产企业为中心，推行大规模、标准化流水线生产，经过研发、采购、生产、销售、服务等环节，只在终端环节面向用户，供应链缺乏协同，容易导致产能过剩等问题。电商模式的 B2C 通过互联网直达客户（例如淘宝、京东商城等），利用规模集中化的平台节约中间成本，使消费者选择更多样、更便捷，平台能够基于消费者数据推导生产、采购和研发需求，但这种模式的本质仍然是"卖库存"。而新零售模式下，生产者直接由底层数据驱动自动化加工，满足消费者个性化需求，这就需要极好的物流客户服务供给做配合。因此，在新零售的模式下，生产者将能够满足低至单件起订的消费者需求，实现最大程度的个性化定制，同时由新零售平台协调原料商、设计公司、研发机构、工厂各类设备、自动发运机共同操作，通过高效便捷的物流服务最大程度实现自动化。

（三）数字化新零售物流客户服务供给

1. 内涵

数字化是新零售的核心驱动力，能够重塑产业生态链。在这一过程中，传统的由内至外的供应链顺序将被颠覆，企业的研发、生产、营销、物流等活动都将以客户数据作为驱动力和决策依据，要求企业对全价值链进行数字化的改造，包括对大数据、新技术、新平台、新金融和新制造等的全面升级，这将重塑供应链各环节，具备创新能力的企业将占领先机。因此数字化新零售物流客户服务供给是从数字化的角度出发，基于行业全链条的大数据实现物流客户服务供给向智能化、自动化优化升级，并利用智能化设备实现智能仓储、智能运输、智能物流等全方位服务的过程。

2. 特点

在推进新零售发展的过程中，供应链物流作为联系线上线下的重要纽带，将促使电商

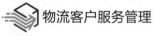

与线下实体商业由原先的相互独立甚至冲突，走向混合、融合，推动以强化客户体验以及效率提升为主的新零售模式发展。因此，数字化新零售物流客户服务供给的特点如表 2-8 所示。

表 2-8　数字化新零售物流客户服务供给的特点

特点	特点描述
大数据	敏锐捕捉用户需求，形成客户洞察，引导后续的计划、消费和生产
新技术	AR 技术等新技术可以帮助传统零售商进行销售、运营升级改造。无人机、智能机器人等帮助传统零售商提高供应链效率和水平
新平台	智能物流和数字化供应链缩短流程
新金融	供应链新金融，形成闭环支付
新制造	智能制造新产品，基于需求的柔性生产管理，供应链物流成为升级关键

四、新零售视角下物流客户服务作用

（一）提高零售企业销售收入

物流服务消费主体是企业盈利的重要影响因素。企业通过精准把握消费主体需求，提供高效、灵活的物流解决方案，缩短产品送达时间，优化消费主体体验，从而提高消费主体黏性与满意度。这种以消费主体需求为导向的服务模式，不仅能够促进消费主体复购，还能通过口碑传播吸引新消费主体，拓宽市场，最终实现销售收入的持续增长。

（二）提高消费主体满意程度

消费主体服务是指企业向购买其产品或服务的人提供的一系列活动。从现代市场营销观念的角度来看，对满足消费者需求来说，消费主体服务具有 3 个层次的含义，即核心产品、形式产品、延伸产品。

消费主体所关心的是购买的全部产品，即产品的实物价值和产品的附加价值。而物流的消费主体服务就是提供这些附加价值的重要活动，它对消费主体的满意程度产生重要影响。良好的消费主体服务会提高产品的价值，提高消费主体的满意程度。因此，许多物流企业都将消费主体服务作为企业物流的一项重要功能。

（三）物流消费主体服务方式的选择对降低流通成本具有重要作用

低成本战略历来是企业竞争中的主要内容，而低成本的实现往往涉及商品生产、流通的全过程，除了生产原材料、零部件、人力成本等各种有形的影响因素外，物流消费主体服务方式等软性要素的选择对成本也具有相当大的影响力。

（四）创造超越单个企业的供应链价值

物流服务作为一种特有的服务方式，一方面以商品为媒介，将供应商、厂商、批发商及零售商有机地组成一个从生产到消费的全过程流通体系，推动了商品的顺利流通；另一方面，通过自身特有的系统设施［POS（销售点系统）、EOS（电子订货系统）、VAN（增值网络）等］不断将商品销售、库存等重要信息反馈给流通管道中的所有企业，并通过不断调整经营资源，使整个流通过程不断协调地应对市场变化，进而创造出一种超越流通管道内单个企业的供应链价值。

（五）留住消费主体

消费主体是企业利润的源泉。在现代市场经济下，消费主体及其需求是企业建立和发展的基础。如何更好地满足消费主体的需求，是企业成功的关键。过去，许多企业都将工作重点放在新消费主体的开发上，而对如何留住现有消费主体研究较少。实际上，留住消费主体的战略更为重要。因为老消费主体与公司利润率之间有着非常高的相关性，保留住老消费主体可以保留住业务，同时分摊在消费主体销售以及广告上的成本都较低，特别是满意的老消费主体会转化为业务中介。因此，"不能让老消费主体投向竞争对手"已成为企业的战略问题。

（六）打造全渠道物流系统，提升用户体验水平

在智慧新零售时代，提升用户的体验水平已经是当下零售行业的重要任务。所以，与零售业共存的物流业也要围绕这一要务不断改革创新，以满足新时代用户的各种需求。物流与各个零售企业要达成合作关系，各个物流企业都有其各自的特点，零售企业可以根据物流企业的特点选择其合作伙伴，以此来满足用户的个性化消费的需求。通过构建全渠道物流系统，各种物流信息可以在全渠道物流系统中进行快速响应、共享信息，为用户提供更加便捷、及时的物流体验，并有效提升物流系统的智能化、系统化、时效性，提高投递效率，为用户提供更加智慧化的服务。

综上所述，新零售商业模式是零售业未来发展的必然趋势，能通过线上与线下渠道的有效融合，同时利用各种先进技术，为消费者提供更高质量的购物服务。当然新零售商业模式距离成熟还有一段时间，这也需要不断地完善和补充，从而切实有效地改善消费者的购物体验。

新零售打通了产业链条中的数据壁垒，对人、货、场的关系进行了重新定义，对物流支撑体系提出了全新的要求，由此孵化和带动了全新零售物流服务的诞生和发展。新型的零售物流服务企业必须考虑全渠道物流需求的整合，提供全新的物流服务产品，提升服务水平，同时降低库存和配送成本，提高整个供应链的效率，助力零售企业更好地满足消费者的购物需求并提升服务体验。

案例分析

盒马鲜生的物流客户服务需求及供给

盒马鲜生隶属阿里巴巴集团新零售平台，以销售生鲜商品为主，依托数据和技术驱动，集超市、餐饮和菜市场功能于一体。客户可通过门店或线上应用下单，3000 米范围内可享 30 分钟送达服务。盒马鲜生通过全程可追溯机制保障生鲜农产品质量安全，加工类产品采用"生熟联动"模式，提供堂食与外卖打包服务，并实行无条件退款政策。

1. 盒马鲜生的新零售客户需求

为了满足客户在购物过程中的核心诉求，盒马鲜生的新零售服务会面临物流客户服务方面的诸多挑战。一是客户对生鲜农产品特别是急需食材的快速配送需求，二是客户对生产农产品的新鲜、无损、品质上乘等商品品质保障需求，三是客户对商品配送进度和位置信息的实时跟踪需求，四是能够提供配送时间预约、更改配送地址等服务的个性化配送需求。

2. 盒马鲜生物流客户服务管理创新

为了有效满足客户需求，盒马鲜生积极探索并实施了一系列创新举措，全方位提升物流服务水平，以便更好地满足客户的多样化需求。

（1）高效物流配送体系：利用移动互联网、大数据及自动化设备，深入分析库存、订单分布与消费数据，实现"人、货、场"精准匹配。构建从商品源头到终端配送的完整供应链物流体系，在门店附近设置前置仓，根据大数据分析提前存储热门商品，缩短配送距离，提高配送效率。

（2）数智冷链技术应用：投入大量资源研发与应用冷链物流设备和技术。仓储环节配备精准调控温度的冷藏冷冻设备，运输过程配备专业冷链车辆和保温箱，运用智能监控系统实时监控温度、湿度等指标，及时预警并采取措施，确保生鲜商品品质。

（3）物流信息系统建设：打造完善的物流信息系统，实时获取并整合订单状态、商品位置、运输进度等信息，通过盒马 APP（应用）反馈给客户。客户可随时查看商品配送环节、距离及预计送达时间，增强购物体验的确定性和舒适感。

（4）个性化配送服务：关注客户个性化需求，优化内部配送管理流程和技术系统。提供预约配送时间功能，客户可根据自身需要选择收货时间段；客户需要更换配送地址时，可通过客服或 APP 操作，后台工作人员及时处理并协调安排。

（5）售后服务保障：建立便捷高效的售后服务保障体系。客户遇到生鲜商品质量问题或订单不符等情况，可通过多种客服渠道反馈。售后团队迅速响应，核实情况并采取退换货、补偿等措施，保障客户权益，提升品牌信任度和满意度。

3. 实施成效

盒马鲜生通过一系列创新举措，重塑物流客户服务需求与供给模式。2023 年 10

月 13 日，盒马鲜生宣布启动供应链调优项目，降低 5000 多款商品的成本，提升价格竞争力。通过垂直供应链建设和自有品牌开发，降低成本，提高商品品质与品牌影响力。快速配送服务等物流系统优化提升了客户消费体验。此外，盒马鲜生在成本控制、折扣化改革、配送成本核算与管理以及技术创新和数字化应用方面做出努力，巩固了其在新零售市场的领先地位，满足了市场对高效、便捷和个性化服务的需求，展现了前瞻性和领导力。

· 讨论：盒马鲜生为了满足客户需求采取了哪些物流客户服务管理创新的做法？

本章小结

本章探讨了物流客户服务的需求与供给。首先明确物流客户服务需求的定义，并阐述其包含的成本价值、服务能力价值、资金价值及复合价值等价值种类。从生产制造企业内部视角看，物流需求集中在采购、生产、回收、销售物流及第三方物流管理、物流信息反馈等环节；供给方面则涵盖生产、加工、销售物流服务供给，这些物流客户服务各有其内涵与特点，且强调了该视角下物流客户服务的作用。在第三方物流企业视角下，围绕企业定义、特点、客户服务需求、供给及作用展开论述，突出其在提升竞争力、降低成本、提高服务水平、增强市场应变能力及加速产品和服务投放进程方面的作用。供应链视角下，物流客户需求涵盖增加增值、降低成本、延伸功能与强化支持；生产制造供应链物流服务供给有批量、订单、准时、家庭和冷链物流五种模式，能促进服务集成、资源整合，实现价值、利益及服务信息共享。最后，从新零售视角分析，介绍了其定义、物流客户服务需求、供给及作用。

思考题

（1）简述物流客户服务需求的价值种类。

（2）简述供应链的定义和特点。

（3）简述生产制造企业内部视角下物流客户服务的作用。

（4）试述第三方物流视角下物流客户服务需求的定义和核心影响因素。

（5）试述供应链视角下物流客户服务供给模式。

（6）试述新零售视角下物流客户服务的作用。

第三章 物流客户服务管理数智系统

本章导读

数字经济浪潮席卷全球，正以前所未有的力量重组全球资源要素，重塑全球经济版图，并深刻改变着全球竞争格局。物流行业的数智化转型已成为不可逆转的趋势。强化智慧物流基础设施布局，明确数智化客户服务在降本增效中的作用，搭建并运行物流客户服务管理数智系统成为推动物流行业转型的重要手段。众多头部物流企业纷纷先行先试，依托大数据、人工智能等数智技术搭建客户服务管理平台，旨在精准把握客户在物流时效、服务质量等方面的多样化诉求。本章依托大数据、人工智能等数智技术搭建客户服务管理平台，精准分析客户在物流时效、服务质量等方面的多样化诉求，从而优化物流产品与服务。

学习目标

（1）了解物流客户服务管理数智系统的相关内容、物流客户服务管理数智技术的类别与特点，剖析数智技术在物流客户服务管理流程中的影响；

（2）理解物流客户服务管理数智系统架构及跨技术融合创新等；

（3）掌握物流客户服务管理数智系统的运行及基于数智技术的客户需求分析与服务优化能力等。

本章结构图

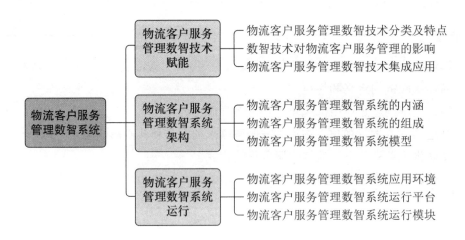

第一节　物流客户服务管理数智技术赋能

一、物流客户服务管理数智技术分类及特点

人工智能、大数据、区块链、物联网及云计算等技术的飞速发展，给企业带来了规模巨大、类型繁多、价值密度低、需要快速处理的数据，也引起了世界各国的广泛关注。物流客户服务管理数智技术能够通过对物流客户市场信息收集整理、针对不同客户需求提供个性化服务以及对客户数据进行实时分析来提高服务质量。

（一）人工智能技术

人工智能技术是一门研究、开发用于模拟、延伸和扩展人类智能的技术科学，旨在开发能够执行推理、学习、决策等类人智能行为的智能体。其核心特点包括：学习能力，即人工智能技术通过大量的数据和算法，使系统能够不断学习和改进自己的性能，例如机器学习算法可以从海量的数据中自动发现规律和模式，从而对新的数据进行准确的预测和分类；适应性，即人工智能能够根据环境的变化和新的任务要求，自动调整自己的策略和行为，它不像传统的程序那样固定不变，而是具有很强的灵活性和适应性；高效性，即在处理大量复杂的数据和任务时，人工智能往往能够比人类更快速、更准确地完成，它可以在短时间内分析海量的信息，为决策提供有力支持；智能化交互，即人工智能还可以实现与人类的自然语言交互，理解人类的语言和意图，并给予相应的回应，使得人与机器之间的沟通更加便捷和高效。

（二）大数据技术

大数据技术在物流客户服务管理中的应用，是指对物流过程中产生的海量数据进行收集、存储、分析和处理，包括客户信息、货物运输数据、仓储数据等，通过挖掘这些数据的价值，为客户提供更精准、高效的服务，实现对物流全流程的精准把控。结合区块链技术，可确保数据的真实性和安全性，防止数据被篡改。能快速分析客户需求变化，优化物流方案，提升服务质量和效率。

（三）区块链技术

区块链技术是一种分布式账本技术。它由一系列数据区块组成，每个区块都包含一定时间内的交易信息。区块链技术具有去中心化、不可篡改、安全可靠等特性。在区块链中，数据被存储在多个节点上，没有单一的控制中心。交易一旦被记录，就难以被篡改，从而保证了数据的真实性和完整性。同时，区块链通过加密技术确保交易的安全性，为数字经济的发展提供了新的解决方案。

📎 **知识链接：**

"区块链＋物流"建设面临的挑战

区块链智能合约为创建、签署和履行协议提供了一种全新方式。BiTA（全球区块链货运联盟）联合创始人克雷格·富勒（Craig Fuller）表示，围绕交通费用的纠纷每天锁定约 1400 亿美元。此外，平均一张发票需要 42 天的时间才能完全结清。通过区块链开发的智能合约是物流过程中自动生成法律协议的一种安全方法。最著名的平台是 Hyperledger Fabric 和 Sawtooth，在这些平台上，智能合约可以监视流程中的每一步，并检查代码中列出的规则，以确保每一份合约都能得到完全履行。这些智能合约可以为供应链两端的实体提供可靠性，并允许较小的参与方参与这个过程。众所周知，对于小型初创企业来说，在没有重要的参考资料或强大声誉的支持下进入供应链是非常困难的，智能合约可以通过确保合同能够完成来帮助缓解这个问题，从而进一步提升效率、节约成本。但是，在"区块链＋物流"的建设上，目前也面临诸多挑战。一是数据准确与安全问题。比如，智能合约漏洞、共识机制和私钥保护、算力攻击、密码学算法等技术安全问题，要求区块链团队需要具备极强的人才优势和技术优势，才能打通技术与应用场景的业务逻辑，通过引入尖端技术解决方案，提高问责性，保证供应链中每个环节数据准确，同时确保数据安全。二是区块链平台大规模商业应用投入风险。目前出现了很多物流巨头试水物流区块链，但能否找到技术与业务的结合点，能否拥有大规模商业应用的价值，成为判断其成功与否的重要标准。企业无论是主导建设区块链平台，还是参与现有的区块链平台，都要付出巨大投入，因此需要考虑现有产业生态环境，慎重做出选择。三是存在数据垄断导致数据黑洞的风险。区块链技术是防篡改、匿名的，但是如果区块链的开发者、主导者想要篡改数据，是否可以做到？虽然很多区块链平台的建立者声称自己是中立平台，但作为平台的主导者和知识产权拥有者，往往在主导过程中也形成了"中心"角色，从而可以垄断行业数据。如何从行业监管的角度加以规范，如何从技术角度避免垄断发生，确保企业业务数据的安全性，都是未来将面临的挑战。四是行业监管重构风险。物流业数字化发展到一定程度之后，必将改变原有的流程，或者进行流程再造。特别是涉及国际贸易的供应链业务，承运人、港口、码头、物流商等各个服务主体的服务都将不再是传统模式，服务的边界将非常模糊，出现你中有我，我中有你的业态，从而给行业监管带来新挑战。

（四）物联网技术

物联网技术是将各种信息传感设备与互联网结合起来而形成一个庞大网络的技术。它通过射频识别、红外感应器、全球定位系统等信息传感设备，按约定的协议，把任何物品与互联网相连接，进行信息交换和通信，以实现智能化识别、定位、跟踪、监控和管理。物联网技术让万物互联成为可能，极大地提高了生产效率，改善了生活质量，推动着社会向更加智能化的方向发展。

（五）云计算技术

云计算技术是一种基于互联网的计算方式，它将计算资源、存储资源、软件服务等以虚拟化的形式提供给用户。在云计算环境中，用户无须关心底层硬件设施的具体情况，只需通过网络即可随时随地获取所需的计算服务。云计算具有高效性、灵活性、可扩展性和可靠性等优势。它能够快速响应业务需求的变化，实现资源的动态分配和优化利用，为企业和个人带来便利和效益。

（六）其他技术

其他技术包括物流客户服务管理过程中所运用的一系列关键技术手段。如 GPS 技术可以实时定位货物位置，为客户提供准确的物流信息；数据库技术能够收集、存储客户交易资料及信息，并通过统计分析工具了解客户需求变化，从而制定服务策略。这些技术使物流服务更加精准、高效。GPS 技术确保货物运输的透明度和可追踪性，满足客户对货物状态的关注需求。数据库技术可以帮助企业实现个性化服务，提高客户满意度。同时，两者结合可以更好地适应市场变化，为物流企业提供有力支持。

二、数智技术对物流客户服务管理的影响

（一）数智技术推动"物流商流合一"的客户服务营销模式升级

数智技术与物流集成设施设备同等重要，都是物流客户服务管理的重要资源与生产要素。借助数智技术，企业可以实时掌握目标市场变化情况、挖掘潜在机会、开拓市场、抢占时机，做出智慧决策。数智技术赋能物流可以助推"物流商流合一"的客户服务营销管理模式升级，即销售和物流云端一体化，将网络平台上的商品交易信息即商流信息与线下的仓储、运输、配送等物流信息汇聚在云端平台上，对这些数据和信息进行统一的整合，从而有利于减少物流瓶颈对电子商务的制约，进而可以减少或避免物流盲区，保证线上贸易销售活动与线下物流服务一站式完成。"物流商流合一"云端构建模式对比，如表 3-1 所示。

表 3-1 "物流商流合一"云端构建模式对比表

模式类型	实施主体	合作方式	典型案例
企业自建模式	电子商务企业	独立建设运营	阿里巴巴智能物流骨干网（菜鸟网络）
战略合作模式	电商＋物流企业	跨行业协同共建	阿里巴巴 × 日日顺大件配送体系
物流延伸模式	物流企业	自建终端服务网络	顺丰便利店"嘿客"

（二）数智技术赋能"物流超市化"客户服务模式变革

利用数智技术赋能，建成基于 GIS 的协调监测管理的物流超市，运输线路、运输能力、仓储、包装、分拣、配送、货运、融资、信息咨询、客户定制等物流数据，即为物流超市中的商品。借助大数据、云计算等技术对物流超市中的货源、运能、线路、仓储等数据进

行统一整合，通过高效地处理所有客户订单数据、物流数据和反馈信息，并对其进行深度分析，更好地了解客户的偏好和需求，提供更加个性化的服务，如优化配送路线，根据实时交通数据和客户位置信息规划出最合理的配送路径，提高配送效率，缩短客户等待时间，等等。例如，京东物流通过对客户购买历史、浏览记录等数据的分析，为客户推荐可能感兴趣的商品，并在客户下单后，利用大数据优化配送方案。在配送过程中，客户可以实时查看物流进度，极大地提升了客户的服务体验。

（三）数智技术促进物流客户服务精准高效化发展

1. 数智技术促进物流运输配送等单项业务管理模式优化

数智技术的应用可以通过数据分析选择物流运输配送等路径，优化方案，降低成本。一是通过对大数据的分析，可以提高资源有效利用率，规范和监督运输人员的行为，规划车辆路线，制定机器维修保养周期，进而使物流企业效益增加。二是通过分析追踪交通运输事故的原因并调整路径和优化方案，持续改进。例如，UPS是将大数据分析应用到运输管理方面的典范，它利用ORION（On-Rood Integrated Optimizationand Navigation）数据分析工具，引导运输人员找到最有效的运输线路。三是利用数智技术优化特殊商品物流方案。例如，在冷链商品的运输过程中，需要实时关注冷链商品在途运输的温度，根据运输的路况、交通拥挤状况调整和优化原有的运输方案；在运输时效性强、易腐易烂商品的过程中，大数据分析技术可以预测商品质量是否有发生变故的可能。

2. 数智技术推进物流客户服务决策管理模式精确化

数智技术可以应用于物流客户服务的决策管理中，包括物流资源的配置决策、竞争环境的预测分析与决策、物流客户服务的供给与需求匹配决策等方面。

（1）物流资源的配置决策。物流市场上的存储资源和运输资源的动态性和随机性都很强，物流企业就需要实时关注市场的变化情况。通过对庞大的数据进行分析，挖掘出市场当前的需求信息，进而对现有的资源进行配置，并对获取的数据和信息持续进行分析，同时对原有的配置方案进行改进，进而实现对物流要素的合理利用。

（2）竞争环境的预测分析与决策。为实现公司利益最大化，不仅要分析本公司的数据，而且要对竞争对手的数据进行分析。从微博、论坛、互联网等平台获取竞争对手庞大的、海量的多元数据，然后利用数智技术进行分析处理，预测竞争对手的行为和动向。根据预测结果，制定出更为科学的决策方案。

（3）物流客户服务的供给与需求匹配决策。物流需求存在季节性和不平衡性的特点，企业需要获取特定时期、特定区域的物流供给与需求数据，利用数智技术进行分析处理，作出科学的物流客户服务供给与需求匹配的决策。

（四）数智技术打破数据孤岛，提升物流客户体验

在物流客户服务管理过程中接入区块链等数智技术，促使供应链参与方纳入区块链系统中，打通全链数据，确保数据可信度并实现交易订单、发票、交货证明等数据实时追踪，

解决物流数据孤岛问题，改变物流调度效率低下局面的同时，区块链分布式账本储存多方数据，用于协调多个物流供应商间的物流，加快货物的流动速度，并保证货物安全，避免丢包爆仓，提升整体效率，进一步提高用户体验。此外，物联网通过传感器、射频识别技术、全球定位系统等技术，实时采集任何需要监控、连接、互动的物体状态数据或过程动态信息，采集其声、光、热、电、力学、化学、生物、位置等各种需要的信息，通过各类可能的网络接入，实现物与物、物与人的泛在连接，实现对物品和过程的智能化感知。借此，我们能够快速准确地识别和分析物品，提高拣选和分发的效率和准确率，降低物流投入成本，提高资金利用效率，高效地捕捉有效信息，从而有效地抑制管理风险的出现，确保企业可持续健康发展。

三、物流客户服务管理数智技术集成应用

（一）人工智能技术赋能物流客户服务智慧升级

人工智能技术的快速发展推动物流行业从劳动密集型向技术驱动转型。人工智能技术需要建立行业数据共享机制，以打破数据壁垒和跨企业数据孤岛，提升 AI 效能。边缘计算可以通过 AI 模型部署到物流终端设备（如叉车、手持终端），实现实时决策。此外，还可以通过人机协作实现 AI 辅助人类决策（如仓库 AR 拣货指引）。集成 AI、5G、6G 及物联网技术能够提升智能物流网络的实时响应能力和全局优化水平。物流领域及智慧客户服务中的应用如表 3-2 所示。

表 3-2 人工智能技术在物流行业应用全景表

应用领域	技术模块	技术描述	典型案例
仓储管理	智能分拣与搬运	AGV/AMR（自主移动机器人）通过计算机视觉和路径规划算法实现自主导航搬运	亚马逊 Kiva 机器人
	视觉识别	AI 摄像头结合深度学习快速识别包裹信息	京东"亚洲一号"无人仓
	预测性补货	基于历史数据和市场预测动态调整库存	Walmart AI 库存系统
	空间优化	AI 算法分析货物参数并智能分配存储位置	仓库智能储位系统
运输与配送	路径优化	结合多目标优化算法进行实时路况分析	UPS ORION 系统（年均节省 1 亿英里）
	自动驾驶	L4 级自动驾驶卡车长途运输	Waymo Via、图森未来
	无人机配送	"最后一公里"偏远地区投递	Amazon Prime Air、顺丰无人机
	多目标优化	综合成本、时间、碳排放等方面进行全局优化	智能调度平台
供应链管理	需求预测	LSTM（长短时记忆网络）模型分析销售趋势与外部数据	Zara 敏捷供应链
	风险管理	AI 监控供应链中断风险与供应商评估	港口拥堵预警系统
	异常检测	实时监控自然灾害等突发事件	供应链应急系统
	供应商评估	NLP（自然语言处理）分析非结构化数据	智能供应商评级系统

应用领域	技术模块	技术描述	典型案例
客户服务	智能客服	NLP 处理物流查询	FedEx AI 客服（降低 30% 人工量）
	语音助手	语音交互包裹追踪	智能语音物流助手
	个性化服务	动态配送时间窗推荐	DHL MyWays 系统
绿色物流	碳排放优化	低碳路径算法降低能耗	DHL GoGreen 项目
	包装优化	智能包装材料计算	Packsize 按需包装
创新应用	数字孪生	物流网络虚拟仿真优化	马士基数字孪生
	区块链 +AI	智能合约自动化清关	IBM-Maersk TradeLens

（二）大数据技术赋能的数据加工增值与物流客户满意度提升

大数据在物流企业客户管理中的应用表现为客户的需求预测、潜在客户挖掘、客户评价与反馈处理、客户物流服务满意度处理、老客户忠诚度处理等。传统物流客户服务管理模式中，数据来源多为 CRM（客户关系管理）系统中的存储数据。通过对数据进行"加工"，可以实现数据的"增值"。通过对不断增长的数据进行"加工"，物流企业可以产生显著的财务价值。借助这些大数据，并对此进行增值处理，就可以为用户提供个性化服务，为业务运营提供智能化支持。因此，在掌握庞大的数据信息后，提高对数据的"加工能力"，筛选出有价值的信息，实现数据的"增值"，才能体现企业实施大数据战略的意义。大数据技术的应用则可以促使企业多方获取客户数据，并通过信息共享掌握相关运作信息。京东物流数据显示，基层工作人员要完成节日期间所有货物的配送至少需要步行 5 亿公里，而京东无人送货车和无人机的投入使用让整体配送时间大大缩短。在物流运作过程中，每一个物流环节的信息呈爆炸式增长，使得常规的物流信息数据收集、分析和处理工具的能力难以满足企业和客户对节点的信息需求，这就需要利用数据分析处理平台筛选出有价值的信息，并帮助物流企业做出正确的决策。

知识链接：

2025 年，低空经济已成为中国经济增长的新引擎，京东物流作为行业先锋，正式宣布全面上线低空经济物流网络。依托新一代 JDX20 "京鹊"无人机和成熟的低空配送体系，京东正在重塑城市与乡村的物流格局，让"即时配送"真正走进现实。这不仅是一场技术革命，更是一场商业模式的颠覆——未来，你的快递可能不再由快递员送达，而是从天空精准降落至你家门口。

京东低空物流：技术突破与商业落地

京东物流的低空经济布局并非一朝一夕，而是基于长期的技术积累与场景适配。2025 年初，京东正式发布新一代 JDX20 "京鹊"物流无人机，这款机型采用全封闭流线型设计，最大载重 10 千克，飞行时速可达 98 公里，覆盖半径 24 公里，能在中雨、中雪、6 级大风等恶劣天气下稳定运行。相较于传统地面配送，无人机物流的最大优势在于"点对点"直达，大幅减少中间环节，尤其适用于城市拥堵区域和偏远山区。京东的低空物流网络已在南京、上海、西安、广州等多个城市试点运行，并逐步向全国推广。以农村市场为例，京东的JDX50"京燕"无人机已在山区等交通不便地区实现常态化配送，解决了"最后一公里"难题。而在城市端，JDX20"京鹊"可适配固定货仓、自动装卸货箱、索降等多种配送模式，甚至能在无降落场地的环境下完成精准投递。这种灵活性使得京东的低空物流体系能够覆盖更复杂的商业场景，如紧急医疗物资配送、生鲜冷链运输等。除了硬件升级，京东还构建了智能化的低空物流管理系统。通过5G通信、AI路径规划和毫米波雷达避障技术，无人机可实时感知障碍物并调整航线，确保飞行安全。京东的智能调度平台能够根据订单密度、天气状况和空域管理政策，动态优化配送路线，最大化提升效率。这一系列技术创新，让京东在低空经济领域占据了先发优势，也为未来的规模化运营奠定了坚实基础。

低空经济的万亿市场：京东如何抢占先机

低空经济并非仅限于物流，而是涵盖无人机配送、eVTOL（电动垂直起降飞行器）载人运输、低空旅游、城市管理等诸多领域。中国民航局预测，2025年我国低空经济市场规模将达1.5万亿元，2035年有望突破3.5万亿元。面对如此庞大的市场，京东的战略布局极具前瞻性——它不仅聚焦物流，还与地方政府合作，推动低空经济基础设施（如起降点、空管系统）的完善，构建完整的产业生态。京东的低空物流模式已经得到了政策层面的支持。2024年底，国家发展改革委成立"低空经济发展司"，旨在推动低空经济的规范化与产业化。同时，多个省市（如广东、江苏、四川）已经出台了低空经济扶持政策，旨在加快低空飞行服务保障体系建设。京东凭借其成熟的无人机技术和丰富的运营经验，成为各地政府优先合作的企业之一。例如，在宿迁、西安等地，京东已与地方政府共建低空物流示范区，探索"无人机＋仓储＋配送"的一体化模式。在商业模式上，京东的低空物流不仅服务于自身电商体系，还向第三方开放。未来，中小商家、同城即时配送平台甚至个人用户，都可以通过京东的低空物流网络实现高效运输。这种开放生态的构建，将进一步扩大京东在低空经济中的市场份额。此外，京东还在探索"低空＋应急物流"模式，例如在自然灾害发生时，利用无人机快速投递救援物资，以提高社会应急响应能力。

未来展望：低空经济将如何改变我们的生活

低空经济的崛起，绝不仅仅是物流行业的变革，它还将深刻影响城市交通、商业服务甚至社会管理方式。想象一下，未来几年，城市上空可能形成"空中物流高速公路"，无人机和eVTOL飞行器在不同高度层有序飞行，实现"人货分离"的高效运输体系。京东作为先行者，正在积极推动这一愿景的落地。从消费者角度看，低空物流意味着更快的配送速度和更低的成本。传统快递可能需要数小时甚至一天才能送达，而无人机配送可将时间压缩至30分钟以内。尤其是在生鲜、医药等时效性强的领域，低空物流的优势更加明显。此外，由于无人机配送减少了地面交通拥堵情况和人力成本，整体物流费用有望下降，最终让消费者受益。从城市管理角度看，低空经济将优化城市空间利用。传统物流依赖地面交通，而低空物流则开辟了"第三维度"的运输通道，缓解道路压力。同时，无人机在巡检、消防、环保监测等领域的应用，也将提升城市治理的智能化水平。例如，京东已与部分城市合作，利用无人机进行电力巡检和森林防火监控，大幅提高了公共安全效率。

2025 年,京东低空经济的全面上线,标志着中国物流行业进入"空中时代"。这不仅是一场技术革命,更是一次商业生态的重构。未来,随着政策支持、技术进步和市场需求的持续增长,低空经济将成为中国经济的新增长点,而京东无疑站在了这一浪潮的最前沿。从无人机配送,到智慧城市管理,再到应急物流,低空经济的想象空间无限广阔。或许在不久的将来,我们抬头望向天空时,看到的不仅是飞鸟和云彩,还有穿梭往来的无人机,它们正悄然改变着我们的生活方式。

(三)区块链技术助力物流客户服务管理数字化与标准化发展

区块链本质上可以视为一个共享数据库,存储于其中的数据或信息具有不可伪造、全程留痕、可以追溯、公开透明、集体维护等特征。在物流客户服务管理过程中,区块链技术具有全程留痕和可追溯的特性,能够准确记录物流的每一个环节,客户可以随时查询货物的位置和状态,从而提高了客户对物流服务的信任度。不可伪造的特性有效地确保了物流信息的真实性,从而避免了虚假信息误导客户的情况发生。公开透明的特点使得物流过程更加规范,各参与方都能监督物流运作,减少纠纷。集体维护的特性能够让物流数据更加安全可靠,降低数据丢失和被篡改的风险。区块链技术为物流客户服务管理带来了更高的透明度、安全性和可靠性,有力地提升了物流服务的质量和客户满意度。区块链的特点使其能够在整个物流网络中实现信息的全面传递,并且能够检验信息的准确程度。利用自动筛选过滤模式,建立信用资源,双重提高交易安全性,并提高物流管理便利程度,便于在智能物流的分散用户之间实现用户拓展,提高了供应链管理的智能化程度,为智能物流客户服务节约时间和成本。区块链物流客户服务的应用情境如表 3-3 所示。

表 3-3　区块链物流客户服务的应用情境

应用领域	主要参与方	启动时间	核心技术	服务客户	运营数据	行业影响
航运物流平台	马士基与 IBM 合资	2018 年 1 月	区块链分布式账本	达飞海运、地中海航运、赫伯罗特、ONE 等	覆盖全球 60% 左右的集装箱运力(2019 年)	实现运输数据实时共享,推动行业数字化转型
运输行业联盟	BiTA 区块链联盟	2017 年成立	区块链标准制定	京东物流、毕马威等 500 家企业	成员年收入超 1 万亿美元	建立运输业区块链技术规范体系
物流技术创新	全球物流企业	持续演进	智能合约应用	国际航运公司、科技企业	单证处理效率提升 85%	构建透明可追溯的供应链体系

1. 区块链助力电子数据交换,实现物流客户服务管理数字化及标准化

区块链可以通过国际贸易提单等电子单证的交换应用,实现国际供应链"商流、物流、信息流、资金流"四流合一,形成线上交易通道的堆叠模式。当物流过程中出现问题,货主、海关、承运人、保险公司都可以提供可靠的电子证据,从而清楚界定各方承担的责任,提高付款、交收、理赔的处理效率。国际贸易所涉及的各种法律文书都可以采用类似提单信息交换的区块链解决方案,实现安全、可靠、互认的传输。依托承运人、港口、码头、

海关、第三方物流公司、保险公司、货主等构成的生态圈，利用平台的数据和服务，可以形成新的收入来源。

2. 区块链推动物流去中介化，优化客户服务，挖掘利润新增长点

区块链的去中心化运作模式，不仅能绕过一些中间机构，而且将简化运作流程、提高运作效率、节省运作成本，例如承运人利用互联网的平台模式直接面对客户，可以减少货代等中间环节，提升对中小客户的服务效率，挖掘新的利润增长点。

🔗 **知识链接：**

盐田国际 × 国家区块链平台，深圳首个海铁联运区块链场景落地

1. 政策引领，数字赋能

为响应国家"一带一路"倡议和航运贸易数字化发展的政策，2025年4月，盐田国际联合政府与行业伙伴，成功落地深圳首个"海铁联运 - 重箱出口"区块链场景，为智慧港口建设树立了新标杆。

2. 核心成果，行业标杆

（1）海铁联运场景落地，对接国家航运贸易数字化平台。

实时上链：集装箱操作信息实时同步（盐田发车/到达、内陆装/卸车、盐田进/出闸、查验/放行、装船等），让数据实时同步、清晰可查。

自动下链：报关状态无缝回传，构建起信息互联互通的新生态，提升数据流转效率。

客户价值：盐田国际的"海铁联运平台"签约客户可实时追踪更多物流节点，提升服务透明度与效率。

（2）技术安全双保障，筑牢数据安全防线。

分层隔离技术：保障码头核心数据安全。

区块链 DID 平台：企业身份认证与加密传输，确保数据不可篡改。

3. 展望未来，共建丝路新通道

①"一单制"新模式：未来将实现全程物流"一单到底"，提升客户物流效率。

②场景持续扩展：探索供应链金融等新场景，深化航贸生态合作。

盐田国际以数字赋能全球航运，未来会持续提升码头数字化、智能化、绿色化水平，拥抱新质生产力，接入更多国际物流数据，全力打造更高水平的国际航运枢纽，助力深圳加快建设具有全球重要影响力的物流中心。

（四）云计算与物联网集成赋能物流客户服务管理动态优化

电子商务的发展对物流行业的发展提出了更高的要求，引入云计算与物联网等技术能够为用户提供更好的服务，用户可以在智能终端上随时查询物流位移动态，有效提高用户的满意度。结合实时反馈的物流数据，管理人员可以掌握和分析物流客户服务管理的成果，及时调整和优化服务方案，实现物流客户服务自动化和智能化管理，给予客户高品质物流服务。电子商务延伸出的 O2O（线上到线下）、新零售等模式，也为物联网技术创设新的运用场景。由于物流行业具有复杂度高、规模大、要求高等特征，电商物流中心智能化、自动化程度直接反映了整个物流行业的水平，因此，电商企业渐渐尝试与投入建设无人仓。例如，2017 年，京东、神州数码与斑马技术共同合作建立了"物联网＋电商物流联合实验室"，重点改善三大场景：提高拣选、复核打包的效率，实现托盘和笼车资产可视化智能管理，寻找视觉和数据分析在物流中的应用。

知识链接：

1. 智能快递柜的应用

根据整个系统架构分析，快递柜控制服务为整个系统的核心部分，它负责分别与手机终端、快递柜终端及数据库服务器建立连接，进行数据交互。快递柜控制服务程序采用触发式上线机制，即在没有任何投递或者取件操作时，系统为空闲状态，为了避免资源浪费，采用触发式上线机制：当用户操作的时候，通过扫码触发系统上线，建立通信通道；没有操作的时候，采用轮询方式，间隔固定周期监测终端是否在线，并返回终端状态。快递员通过手机 App 下单，将请求发到服务器端，在服务器端查找数据库得到快递柜相关信息，将开门指令发到快递柜控制端，快递柜控制程序执行开门命令并将开门状态返给服务器端，服务器端更新数据库并将开门信息反馈给用户。

2. 车联网＋物联网

车联网利用物联网技术，已经能够透明化、可视化管理整个运输过程，合理优化与配置货运资源，提高运输与装载效率，实时跟踪与追溯管理货物。物联网技术的使用，能够全方位、科学合理地融合货运资源、车辆资源、卡车司机资源和卡车后市场消费信息。简而言之，车联网是当前物流运输的基本配置。运用最新物联网技术，不仅能够进一步提高仓储管理效率，在即时通信、算法优化等方面有更深入的发展，还能够有效控制运输成本、提高客户体验。

3. 智能制造＋物联网

目前，智能制造步伐加快，制造业对物流智能化、自动化与信息化等需求日益严格，要积极引入物联网技术，特别是传感器、智能控制技术。智能制造不仅要求物流系统智能化，还要求与生产线相匹配，实现无缝对接，实现信息系统的互联互通。

第二节　物流客户服务管理数智系统架构

一、物流客户服务管理数智系统的内涵

（一）物流客户服务管理数智系统的含义

物流客户服务管理数智系统是利用先进的数智技术，通过市场营销、销售、服务等活

动自动化，使企业能更高效地为客户提供满意周到的服务，以提高客户满意度、忠诚度为目的的一种管理系统。客户服务管理数智系统既需要先进的管理理念，又需要新型数智化技术做支撑。随着人工智能等数智化技术的不断发展，物流客户管理数智系统已经从单纯的销售工具逐渐演变为企业数字化转型的核心引擎。因此，物流客户服务管理数智系统是依托大数据、物联网、区块链及人工智能等技术，具备 AI 深度渗透、跨平台整合、数据安全、全链条实时服务等特点，围绕物流客户服务需求，涵盖从订单处理到客户数据分析等服务，打通上下游、提升企业的运营效率和服务质量的科技型数据化物流客户服务平台新生态，其核心要素如表 3-4 所示。

表 3-4 物流客户服务管理数智系统核心要素分析表

技术基础	核心特点	服务范围	功能目标
大数据	AI 深度渗透	订单智能分单	提升运营效率
物联网	跨平台整合	运输动态追踪	优化服务质量
区块链	数据安全	异常智能预警	强化数据安全
人工智能	全链条实时服务	客户画像分析	贯通供应链条

系统定位：基于智能技术的全链路服务平台新生态，实现从订单处理到售后服务的全流程数字化管理，建立物流企业与客户的数据交互中枢

（二）物流客户服务管理数智系统的主要特征

物流客户服务管理数智系统依据先进的管理思想，利用先进的信息技术，帮助企业最终实现客户导向战略，这样的系统具有如下特征。

1. 智能化

物流客户服务管理数智系统不仅能够实现销售、营销、客户服务等商业流程的自动化，减少大量的人力物力的投入，还能为企业的管理者提供各种信息和数据的分析整合，为决策提供强有力的依据。同时，客户服务管理的商业智能对商业流程和数据采取集中管理，大大简化软件的部署、维护和升级工作；基于互联网的客户服务数智化管理系统，使用户和员工可随时随地访问企业，减少大量的交易成本。客户服务管理数智系统与其他企业管理信息系统集成后，将使商业智能的价值得到更大的发挥，为企业发现新的市场机会、改善产品定价方案、提高客户忠诚度从而提高市场占有率提供支持。

2. 集成性

物流客户服务管理数智系统解决方案具有强大的工作流引擎，能够动态协调和无缝连接各部门、各系统的任务。客户服务管理数智系统与其他企业信息系统的集成，可以最大限度地发挥企业各个系统的组件功能，实现跨系统的商业智能，全面优化企业内部资源，提升企业整体信息化水平。

3. 先进性

物流客户服务管理数智系统涉及种类繁多的信息技术，比如数据仓库、网络、多媒体等许多先进的技术。同时，为了实现与客户的全方位交流和互动，要求呼叫中心、销售平

台、远端销售、移动设备以及基于互联网的电子商务站点有机结合，这些不同的技术和不同规则的功能模块要结合成统一的客户服务管理数智系统，需要不同类型的资源和专门的技术支持。因此，客户服务管理数智系统具有高技术的特征。

4. 综合性

物流客户服务管理数智系统包含了客户合作管理、业务操作管理、数据分析管理、信息技术管理四个子系统。这些子系统综合了大多数企业的销售、营销、客户服务行为的优化和自动化要求，并运用统一的信息库进行有效的交流管理和执行支持，使交易处理和流程管理成为综合的业务操作方式。

（三）物流客户服务管理数智系统的功能

物流客户服务管理数智系统需要具备系统登录、物流客户信息管理、物流客户业务管理、物流客户服务管理、物流客户挖掘管理、物流客户流失管理、辅助管理等功能，如表 3-5 所示。

表 3-5　物流客户管理系统功能实现

功能模块	核心功能	关键功能点
系统登录	基础访问控制	用户认证、权限验证、安全登录
物流客户信息管理	全生命周期管理	新增 / 修改 / 删除物流客户信息、数据审核机制、数据批量导入导出、权限分配
物流客户业务管理	业务流程数字化	业务记录管理（新增 / 查询 / 统计 / 修订）、消费明细登记、业务分析报表生成
物流客户服务管理	全渠道服务支持	在线预约咨询、服务评价反馈、服务记录管理（时间 / 对象 / 评价）、长期跟踪服务
物流客户挖掘管理	数据智能分析	数据清洗处理、神经网络 / 决策树建模、物流客户分类（潜在 / 流失 / 高价值）、精准营销策略
物流客户流失管理	风险预警防控	流失预测模型、流失概率分析、挽留策略制定、服务质量提升方案
辅助管理	系统运维支持	市场调查管理（创建 / 执行 / 分析）、用户权限设置、任务通知系统、数据库维护（备份 / 更新 / 配置）

二、物流客户服务管理数智系统的组成

物流客户服务管理数智系统主要由四个子系统组成，分别是数智技术支持子系统、物流业务操作管理子系统、物流客户合作管理子系统、数据分析管理子系统。这些子系统组成的物流客户服务管理数智系统的基本结构和应用体系如图 3-1 所示。

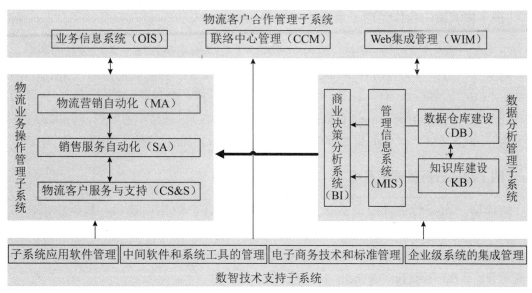

图 3-1　物流客户服务管理数智系统的基本结构和应用体系

（一）数智技术支持子系统

物流客户服务管理数智系统中，需要底层数智技术支持子系统做支持，在数智技术支持子系统中，物流客户服务管理的各功能模块和相关系统运行需要由先进的技术、设备、软件来保障，因此，数智技术支持子系统是企业前台各部门进行各种业务活动的基础，也是物流客户服务管理数智系统中最为基础与重要的部分，主要包含以下几个方面。

（1）子系统应用软件管理，如数据库管理系统（Data Base Management System，DBMS）、电子软件分发系统（Electronic Software Distribution，ESD）等。

（2）中间软件和系统工具的管理，如中间软件系统（Middleware System）、系统执行管理工具（System Administration Management）等。

（3）电子商务技术和标准管理，如 Internet 技术及应用、EDI 技术及标准、通信标准管理等。

（4）企业级系统的集成管理，如物流客户关系管理（CRM）与企业管理信息系统的集成，乃至整个企业应用集成（Enterprise Application Integration，EAI）方案，以实现将企业的物流客户关系管理应用与供应链管理系统（Supply Chain Management，SCM）及企业资源计划系统（Enterprise Resource Planning，ERP）等系统紧密地集成。

（二）物流业务操作管理子系统

物流业务操作管理子系统主要是为实现基本商务活动的优化和自动化，其中涉及三个基本的业务流程：市场营销、销售实现、客户服务与支持。因此，物流业务操作管理子系统的主要内容包括物流营销自动化（Marketing Automation，MA）、销售服务自动化（Sales Automation，SA）和物流客户服务与支持（Customer Service&Support，CS&S）。

（三）物流客户合作管理子系统

物流客户合作管理子系统主要是为实现客户接触点的完整管理，客户信息的获取、传递、共享和利用以及渠道的管理而建立的，具体涉及企业不同职能部门的关系信息体系、联络中心（电话中心）、移动设备、多元渠道的信息集成、处理等问题，因此，主要的内容有业务信息系统（Operational Information System，OIS）、联络中心管理（Contact Center Management，CCM）和 Web 集成管理（Web Integration Management，WIM）三个方面。

（四）数据分析管理子系统

物流客户服务管理涉及商业决策分析智能化的客户数据库建设、数据挖掘、知识库建设等工作，因此其内容包括数据仓库（DateBase warehouse，DB）建设、知识库（KnowledgeBase，KB）建设，依托管理信息系统（Management Information System，MIS）及商业智能（Business Intelligence，BI）等。

三、物流客户服务管理数智系统模型

（一）模型描述

在分析物流客户服务管理数智系统组成的基础上，从"过程—技术—对象—任务"等与客户接触的视角分析物流客户服务管理数智系统模型，物流客户服务管理数智系统需要围绕"产品研发—营销—销售—服务—质量管理"的全过程，依托物流客户服务管理软件、数据仓库技术数据挖掘技术、呼叫中心技术等数智技术，面向物流客户和市场，完成接触活动管理、业务功能实现及客户全生命周期管理多维任务，如图 3-2 所示。

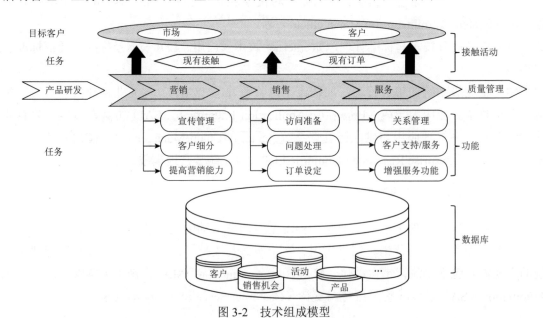

图 3-2　技术组成模型

（二）主要任务

1. 接触活动管理

物流客户服务管理需要集成各种接触活动。企业必须协调这些沟通渠道，保证物流客户能够采取其方便或偏好的形式随时与企业交流，并且保证来自不同渠道的信息完整、准确和一致。接触活动是企业与物流客户的沟通、交互等活动，主要的方式有：数字营销、社交营销、移动销售（Mobile Sales）、面对面的沟通以及其他营销渠道等。

2. 业务功能实现

物流客户服务管理的业务功能实现主要围绕市场营销管理、销售管理、物流客户服务与支持三个方面展开。

3. 物流客户全生命周期管理

物流客户全生命周期管理主要是依托物流客户数智技术支持子系统，将物流客户数据库作为所有物流客户服务管理过程的转换接口，全方位地提供物流客户和市场信息，帮助企业根据物流客户生命周期价值来区分各类现有物流客户并精准定位目标物流客户群，结合最新信息和结果制定出新策略，在最合适的时机以最合适的产品满足物流客户服务需求，降低成本，提高效率，塑造物流客户忠诚度。

物流客户服务管理的主要任务如表 3-6 所示。

表 3-6　物流客户服务管理的主要任务分析

任务名称	核心要素	功能实现	关键方法 / 技术
接触活动管理	整合多渠道交互系统 维护客户沟通一致性	多渠道整合管理 信息一致性维护 实时响应机制	数字营销平台 社交媒体工具 移动销售系统 线下沟通网络
业务功能实现	全流程业务覆盖 服务支持体系	市场营销策略制定 销售过程管理 客户服务支持	CRM 系统集成 智能分析工具 自动化服务平台
全生命周期管理	数据驱动决策 精准价值挖掘	客户数据建模 价值分层管理 动态策略优化	数智技术平台 客户数据库系统 生命周期价值模型 智能预测算法

第三节　物流客户服务管理数智系统运行

一、物流客户服务管理数智系统应用环境

（一）网络安全和数据安全

在物流客户服务管理数智系统中，数据安全是首要保证，系统将采取多种措施如数据

加密、对客户服务数智化管理系统的身份进行验证、对客户服务数智化管理系统的用户权限进行设置，以及建立系统使用安全日志等方式来预防网络安全和客户数据的风险。

（二）功能可扩展

物流客户服务管理数智系统的功能是针对当前用户需求而设置的，随着公司业务发展和客户管理方式的变化，客户管理系统的相应功能可以进行扩展，以适应公司管理和服务的需求发展。

（三）系统运行稳定

由于系统是 B/S（浏览器／服务器）结构且对外开放，所以需要长时间不间断地运行，系统的数据管理和网络访问能确保用户随时访问系统，同时，能对用户的一般性错误操作有纠错能力，确保物流客户服务管理数智系统有良好的性能，确保物流客户服务管理数智系统能平稳运行。

（四）兼容性良好

物流客户服务管理数智系统在设计时，能预留接口，与公司其他数据管理系统的数据兼容，实现公司各个信息化管理系统的数据共享。

二、物流客户服务管理数智系统运行平台

（一）物流客户服务管理数智系统的运行目标

1. 物流客户服务平台化

物流客户服务管理数智系统的核心价值在于提供优质的客户体验，因此需要具备高度成熟的平台与技术支持来实现产品和服务优化。

2. 智能移动客户服务普及化

随着智能时代的来临，新型技术与移动设备的出现可以为产品销售和物流客户服务团队访问物流客户服务管理数智系统提供便利，数智系统的功能更为丰富，并呈现多层次的互动体验，摆脱时间和场所局限，实现公司业务平台与客户等多方实时沟通，有效提高管理效率，推动企业效益持续增长。

3. 社交型物流客户服务数智化

为了更加贴近用户对应用和功能的需求，在线物流客户服务管理数智系统需要能够与 SNS（社交网络服务）等新的互联网交付模式融合，社交型客户服务数智化管理系统借助多种工具和平台，实现与客户关系、渠道关系的同步化、精确化发展，实现客户资源最大化及沟通便捷化。

4.市场细分下物流客户服务专业化

物流客户服务管理数智系统需要针对高中低端市场实现行业化解决方案的细分。高端市场更需要个性化的定制服务，中低端市场的物流客户服务管理数智系统更倾向于产品化，需要在专业化、平台化的基础上，形成融合多种现代元素的多元化管理。

（二）物流客户服务管理数智系统运行平台搭建

基于数据挖掘技术的物流客户服务管理数智系统可以采用数据挖掘技术并以 ASP.NET 为系统开发工具，同时，采用 B/S 网络结构 SQL Server（结构化查询语言服务器）数据库来实现。系统平台搭建主要针对物流客户服务管理的功能实现进行设计，包括物流客户数据的统计与分析、客户业务管理、客户跟踪服务，分析客户发展趋势并预警以及借助管理系统设计个性化服务等，如图 3-3 所示。

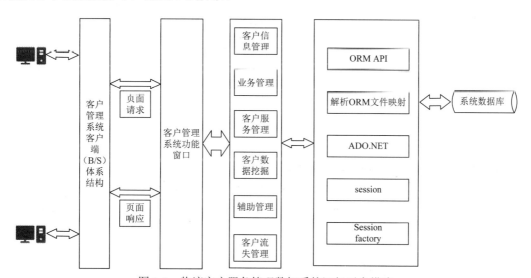

图 3-3　物流客户服务管理数智系统运行平台搭建

三、物流客户服务管理数智系统运行模块

物流客户服务管理数智系统的各功能模块涵盖多个功能需求，其设计应用模式如图 3-4 所示。

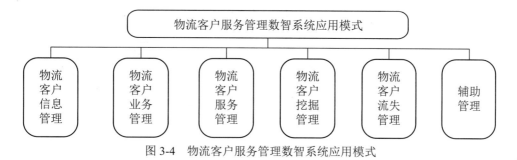

图 3-4　物流客户服务管理数智系统应用模式

（一）物流客户信息管理

物流客户管理模块的运行需要实现新增客户、客户数据保存、注册审核、客户信息修改、数据导入和数据导出等功能，如图 3-5 所示。

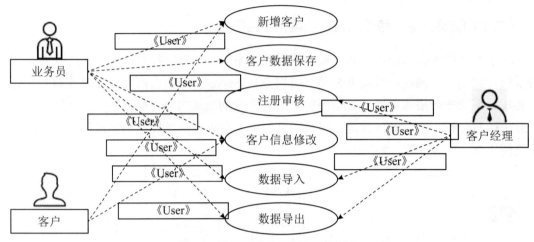

图 3-5　物流客户信息管理运行模块

（二）物流客户业务管理

物流客户业务管理运行模块需要实现新建业务记录、增加业务记录、修改业务记录、查询业务记录、统计业务记录和导出业务记录等功能。此外，在业务管理模块，物流客户服务管理需要与物流咨询、物流作品展示、客户评价与用户（User）感受等实现数据和功能关联。

（三）物流客户服务管理

物流客户服务管理运行模块需要实现客户预约、客户咨询、客户评价、客户评价反馈、服务记录管理、服务跟踪管理等功能，如图 3-6 所示。

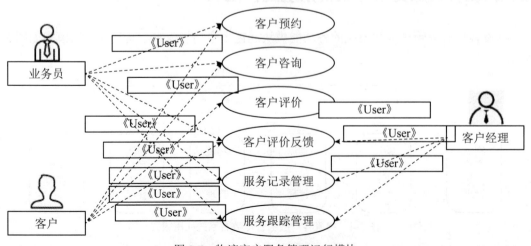

图 3-6　物流客户服务管理运行模块

（四）物流客户挖掘管理

物流客户挖掘管理需要实现数据仓库建立、数据清洗、数据预处理、客户挖掘模型建立、客户细分、结果输出等功能，还需要对客户数据进行汇总和存储，并对汇总后的客户数据进行预处理，确定使用的客户数据字典的完整性和一致性，需要实现对物流客户数据的转换，建立物流客户潜在客户分析模型等，分析出潜在客户、流失客户和有价值客户等不同分类，实现有针对性的客户服务策略，如图 3-7 所示。

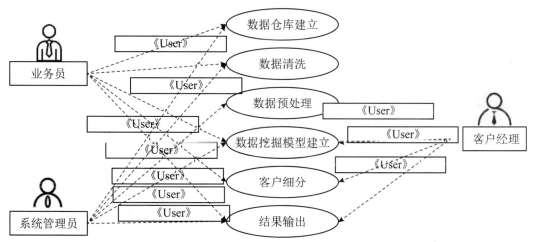

图 3-7　物流客户数据挖掘管理运行模块

（五）物流客户流失管理

物流客户流失管理需要结合 AI、大数据、物联网等技术实现分析模型建立、数据输入、流失分析、结果输出和跟踪服务等功能，通过数据挖掘技术中的决策树算法，建立客户流失分析模型，将客户数据输入到系统中，为客户流失分析提供数据来源，对客户数据进行分析，获得客户流失分析报表。同时，根据客户流失模型分析结果，能够制定精准营销措施，吸引并留住客户，确保客户不流失，如图 3-8 所示。

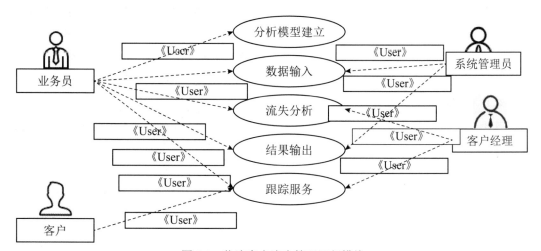

图 3-8　物流客户流失管理运行模块

（六）辅助管理

辅助管理需要实现调查管理、账号权限管理、工作日志管理、任务管理、消息通知管理和系统设置等功能，需要实现新建调查、调查执行、数据导出等功能，后台管理员还需要对所有账号进行集中统一的管理，包括密码修改和找回管理等，实现对用户类型的设置和权限分配，同时，详细记录业务员工作情况，为公司管理提供数据参考，实现对公司任务的分配与发送、任务查看等功能，实现公司各类通知和消息的建立、发布等功能，需要实现物流客户服务管理数智系统的数据库备份设置、数据库更新设置、网络访问设置等功能，如图 3-9 所示。

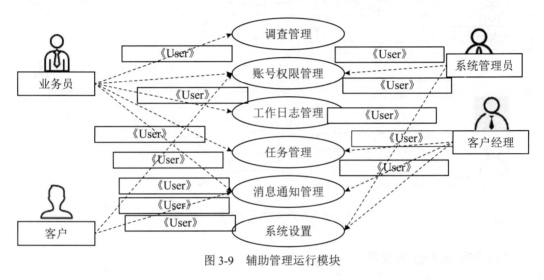

图 3-9　辅助管理运行模块

案例分析

东航物流客户服务平台系统数智化建设

为了强化自身优势，发展高品质服务，全面提升航空物流地面服务综合服务商的核心竞争力，东航物流对公司未来的战略发展、公司治理、IT 能力等提出更高的要求。由于数智技术进步和业务拓展，面向企业的内部与外部客户，原有系统的数智程度难以满足为其提供高效服务和卓越体验的要求，亟须进行数字化与智慧化转型。因此，为满足发展需求，公司不断加大物流数智信息建设等层面的投入，并于 2021 年底正式启动客户服务平台系统项目建设。

基于"开放＋安全＋综合＋可靠＋扩展"的原则，公司利用开放式技术架构及技术组件进行业务应用开发，充分发挥技术优势，有效赋能企业服务运营，满足服务发展与转型需要。该项目建设主要是围绕服务线上化和应用智能化展开。服务线上化主要是面向内外部各类客户群体的交互交流、业务操作与流转运行进行数字化、线上化、综合化与一体化的服务支撑与实现，通过线上办公，降低成本投入，提高企业业务效率与服务能力。应用智能化主要是通过信息共享、数字协作、智慧派工、智能分配等信息智能化应用，提高企业内外部客户的使用体验满意度与服务保障能力，加快企业数智化技术应用与转型发展。

企业将涵盖 To B、To C 外部用户群体客户分为直接客户、散客用户、地面操作代理、运输销售代理、航空公司、鉴定机构、三方平台、海关、局方监管方等，对客户进行分层级服务与管理。在企业运作过程中支持多区域、多层级、多类别、多服务的模式。利用更加精准丰富的服务管理体系，为公司数智化运营提供多层面支撑及服务。同时，为保障公司新业务的拓展，逐步提供产品化、模块化、多样化服务，打造一站式服务平台，满足快速推出新兴服务的需要并配合保障新兴业务的推广落实。通过引入人工智能、物联网、大数据等技术，全面升级公司系统技术架构，搭建支持运营业务高速发展的分布式架构设计，打造一套经过实践检验的企业级服务管理平台，促进微服务等深入应用，为实现核心技术与管理能力数智化发展，提供一站式综合服务提供有力支持，推动企业降本增效转型发展。

· 讨论：请结合案例分析，服务线上化和应用智能化的实现对数智管理系统优化物流客户服务流程、提升服务效率和质量产生了哪些具体影响？

— 本章小结 ·

本章主要探讨物流客户服务管理数智系统相关内容。首先，介绍了物流客户服务管理数智技术的分类，指出数智技术对物流客户服务管理的影响以及物流客户服务管理数智技术的集成应用。其次，为深入了解物流客户服务管理数智系统架构，从物流客户服务管理数智系统内涵、物流客户服务数智化管理系统组成以及物流客户服务数智化管理系统模型三方面进行阐述，指出物流客户服务数智化管理系统是以提高客户满意度、忠诚度为目的，利用先进数智技术，通过市场营销、销售、服务等活动自动化，使企业能更高效地为客户提供满意周到服务的一种管理系统，具有智能化、集成性、先进性以及综合性的特征。最后，从物流客户服务管理数智系统的应用环境、运行平台以及运行模块等方面明确物流客户服务管理数智系统的运行流程。

— 思考题 ·

（1）简述数智技术对物流客户服务管理的影响。

（2）简述物流客户服务数智化管理系统的主要特征。

（3）简述物流客户服务管理的主要任务。

（4）简述物流客户服务管理数智系统的应用环境。

（5）试述物流客户服务管理数智系统的运行模块。

第四章　物流客户服务战略管理

── **本章导读** ────────────

物流客户服务战略是企业战略的重要组成部分，专注于通过提供卓越的客户服务来强化企业的市场竞争力。为了实现降低成本、提升效率、增强国际竞争力等目标，企业必须将物流客户服务管理提升至战略高度，并利用大数据、区块链等前沿技术来优化运营流程，进而提升客户服务质量。一些领先企业已在物流客户服务战略管理方面进行了积极的探索。针对无人配送、网络货运等新兴业态，他们采用智能仓储、自动分拣装卸设备等技术，解决了物流客户服务过程中遇到的信息系统复杂、服务管理不规范等问题。本章将深入探讨物流客户服务战略管理，明确不同战略管理类型的适用场景及其对企业运营的重要作用和深远意义。

── **学习目标** ────────────

（1）了解物流客户服务战略管理的环境、战略理念与战略分类。

（2）理解战略制定的外部环境、行业环境以及企业内部环境分析过程。

（3）掌握物流客户与服务管理的内涵、作用和特点，掌握物流客户服务市场定位、战略计划与战略实施过程。

── **本章结构图** ────────────

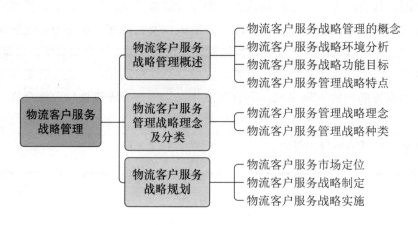

第一节　物流客户服务战略管理概述

一、物流客户服务战略管理的概念

战略一词最早源于军事理论，可追溯到两千四百多年前春秋时期军事家孙武的《孙子兵法》，他在这本书中虽未明确提出战略一词，但泛称的"谋""计""画""策""筹""韬""略""运筹""方略""将略""韬略"等，都被后人认为是战略概念的原型。进入20世纪中期，在企业管理领域，甚至在城市管理和国家管理领域，战略这个词的使用开始盛行起来。企业管理和公共管理的实践者和理论家也给战略下了各种各样的定义。例如，德鲁克将战略定义为："一个组织的战略是由这样一些决策共同构成的，它们是确定或反映了组织目标的决策，规定组织从事业务或服务范围的决策，确定组织将要成为何种经济或人力组织的决策，关于组织将要为其股东、雇员、客户和社会所做的经济或非经济贡献的决策。"因此，战略在管理学领域汇总可以理解为企业为了适应未来环境的变化，寻求长期生存和稳定发展而制定的总体性和长远性谋划。

因此，物流客户服务战略管理是指物流企业为了寻求持久竞争优势，实现最终客户价值最大化，以为客户提供竞争优势、增加供应链利益的手段，通过分析企业内外环境而制定的总体性和长远性的谋划。这一概念包括三层含义：一是从目的上讲，物流客户服务战略维护企业长期的竞争优势，以维持企业可持续发展；二是从手段上讲，物流客户服务战略主要通过为客户提供更好的服务，降低客户经营成本来获得客户长期持久的合作；三是从性质上讲，物流客户服务战略具有全局性、重要性和长期性，关系到企业的生死存亡。

二、物流客户服务战略环境分析

现代企业的生产经营活动日益受到外部和内部环境的影响。企业要进行战略管理，首先必须全面、客观地分析和掌握内外部环境的变化，以此为出发点来制定企业战略目标以及战略目标实现的具体步骤。因此，物流客户服务战略制定是根据客户的特征、企业内部条件与外部环境，充分考虑物流客户服务目标，明确自身定位，选择合适的物流客户服务战略类型。

（一）外部环境分析

企业与其外部客观的经营条件、经济组织以及其他外部经营因素之间处于一个相互作用、相互联系、不断变化的动态过程。这些影响企业成败，且非企业所能全部控制的外部因素就形成了外部环境，包括宏观环境及行业环境。

1. 物流客户服务管理战略制定的宏观环境分析

（1）政治法律环境。一个国家或地区的、影响企业经营行为的制度、方针政策以及法律法规等，具有直接性和不可逆转性。

（2）经济环境。构成企业生存和发展的社会经济状况，包括经济要素的性质、水平、结构、变动趋势等，涉及国家、社会、市场和自然等领域。经济环境中的宏观经济水平与结构等会受到国家经济政策的影响。

（3）社会文化环境。社会文化环境包括一个国家或地区的社会性质、价值观、人口状况、教育程度、风俗习惯、宗教信仰等多个方面。

（4）企业科技环境。企业科技环境是指企业所处环境中的科技要素以及与该要素直接相关的社会现象的集合。包括社会科技水平、科技力量、国家科技体制、科技政策与立法等，如新材料、新工艺、新设备的应用等。

2. 物流行业环境分析

（1）行业经济特性。一个行业的经济特性和竞争环境以及变化趋势往往决定该行业未来的利润前景。由于组成行业的产品有着众多相同的属性，企业会为争取同样的客户而展开激烈的竞争。物流行业的经济特性体现在市场规模、市场范围、市场需求增长速度、行业在成长周期中目前所处的阶段、竞争者和客户的数量与结构、供应链的情况、分销渠道种类、产品技术变化的速度、产品服务的差异性、市场壁垒情况、产业盈利水平等方面。

（2）行业竞争结构。迈克尔·波特教授将行业中的竞争力划分为五种：同行业竞争者的威胁、潜在进入者的威胁、替代品的威胁、供应商的权力和购买者的权力。

①同行业竞争者的威胁。企业间的竞争是五种竞争中最激烈的。有的行业竞争核心是价格，有的行业竞争核心在于产品或服务特色。一般而言，行业中的竞争者都采取增加产品特色来提高对客户的吸引力，物流行业作为一种服务行业和第三利润源，为客户设计更好的物流方案，尽可能节约成本就可以取得价格竞争的优势。同行业竞争是一个动态变化的过程，企业间对客户服务的重视程度也会随之变化。评估竞争激烈程度的关键是准确判断企业的竞争会给盈利带来多大的影响。如果竞争行动降低行业利润水平，则竞争激烈；如果绝大多数企业可以接受利润水平，则竞争一般；如果行业中绝大多数企业都可以获得超过平均水平的投资回报，则该行业竞争较弱且具有一定吸引力。同行竞争者数量增加、服务需求增长缓慢、行业环境迫使产品降价、客户需求满足机会增多等会使竞争加剧。

②潜在进入者的威胁。这是指新的市场进入者对企业产生的威胁。对于特定的市场而言，新进入者所面临的竞争威胁来自进入市场的壁垒和现有企业对其做出的反应。进入市场的壁垒有以下几种：规模经济、产品或服务的关键技术和专业技能、品牌偏好和客户忠诚度、资源要求、与规模经济无关的成本劣势、分销渠道、政府政策、关税及国际贸易方面的限制。进入市场的壁垒的高低取决于潜在进入者所拥有的资源和能力。除了进入壁垒，潜在进入者所面临的威胁还有现有企业的水平和反应。检验潜在的市场进入者是否强大的最好方法是要看行业的成长和利润前景是否有足够的吸引力来吸引额外的市场进入者，如果有足够的吸引力，则拥有足够资源和技能的潜在进入者就会对现有企业产生威胁，迫使

其采取相应的措施来抵御新进入者。物流企业面临潜在进入者的威胁还受到技术和管理差异的影响。

③替代品的威胁。产品或服务的替代性越强，企业所面临的竞争压力就越大。替代品的竞争压力强度取决于三个方面：替代品价格高低，若价格越低，则竞争压力越大；替代品的质量和性能高低，若质量和性能越高，则竞争压力越大；客户转换成本高低，若成本越低，则竞争压力越大。

④供应商的权力。供应商是一种弱势竞争力量还是一种强势竞争力量取决于其所在行业的市场条件和所提供产品的重要性。如果供应商提供的是标准产品，能够通过开放市场由大量具有生产能力的供应商提供，或者客户的供应转换成本较低，供应商的地位就处于劣势；如果供应商的供应对象是大客户或者提供的产品和服务占客户所需的比重较大，在服务过程中供应商能够为客户提供更为合理的价格、卓越的质量，并对提高客户竞争力和对客户生产起着至关重要的作用，供应商就会取得较大的市场权力。一旦供应商拥有足够的谈判权，在定价、供应的产品质量和性能或者交货的可靠度上有很大的优势时，则具备较高的权力。

⑤购买者的权力。如果购买者能够在价格、质量、服务或其他销售条款上获得谈判优势，那么他们就有一定的竞争力。当购买者的数量较少、掌握供应商信息较多、能够向后整合供应商业务领域的威胁较大时，购买者能够获得谈判优势。

此外，行业特征、吸引力、行业细分、变革驱动因素、发展影响因素、行业机会与威胁、生命周期、客户压力等都会影响企业战略的制定和发展定位。

（二）内部环境分析

物流客户服务战略制定的企业内部环境是指企业能够加以控制的内部因素，一般来说，企业的内部环境包括：财务状况、营销能力、研发能力、组织结构、企业以往战略目标以及企业核心竞争力等。

1. 企业内部要素分析

企业内部条件是由若干要素构成的，如果把企业看作一个投入产出系统，其内部条件包括三要素：一是需要投入的资源要素，二是需要将这些要素合理组织、使用的管理要素，三是资源要素与管理要素相互结合而产生的能力要素，如表4-1所示。

表 4-1　企业内部条件要素分析表

要素类型	构成要素	具体内容
资源要素	人力资源	企业总人数、人员结构
	财务资源	产值、资产负债率、流动比率、固定比率
	物力资源	厂房、设备、基础设施
	技术资源	专利、情报、科研、技术装备
	市场资源	销售渠道、用户关系、商誉和商标
	环境资源	公共设施、地理位置与气候

要素类型	构成要素	具体内容
管理要素	计划	决策系统、信息渠道、计划程序的科学性与目标
	组织	组织结构、组织协调、集权与分权
	控制	控制标准、控制制度
	人事与激励	人事政策、考核晋升制度、职工士气、参与程度
	企业文化	企业价值观、经营哲学、企业精神、职业道德
能力要素	供应能力	供应组织与人员、资金来源与利率、供应商关系、资金利润率
	生产能力	生产规模、工艺流程、生产灵活性、劳动生产率、库存、成本、质量
	营销能力	市场定位、营销组合、销售团队、营销费用、市场占有率
	科研能力	研发组织、科研经费、技术装备、已有成果

对企业资源要素进行分析，本质上是确定企业在竞争市场中能够利用自身资源所获取的地位。通过充分利用企业资源，企业经营活动更加有效合理。同时将管理要素作为相应的手段，通过计划组织将资源与活动有机结合起来，控制监视资源使用情况，利用人事与激励发挥人的主观能动性，树立良好的企业文化与精神，形成团结协调的共识整体。能力要素作为功能性的要素，是区别于作为基础要素的资源要素与管理要素的高层次要素。企业对外部环境的应变能力与竞争能力需要以能力要素为落脚点。在制定物流客户服务管理战略时和进行企业内部条件分析时需要考虑基础性要素与功能性要素的关系。

2. 其他分析

企业内部环境分析除了内部要素之外，还包括企业的经营条件、资源竞争价值、经营能力、潜力挖掘能力及素质、业绩等分析。

（三）企业内外部环境综合分析

进行物流客户服务管理战略设计时，企业应该考虑如何利用自身的优势及环境的机会，规避威胁，并尽量避免由于自身的弱点所带来的不利因素。进行战略分析常用的方法为 SWOT 分析，即对企业内外部环境所形成的优势（Strengths）、劣势（Weaknesses）、机会（Opportunies）、威胁（Threats）进行综合分析，以制定适合本企业实际情况的经营战略和策略。通过对企业的综合情况进行客观公正的评价，识别各种优势、劣势、机会和威胁，开拓思路，正确制定企业战略。

通过对企业内外部环境的分析，搞清楚物流客户服务管理是如何同公司整体业务战略融合在一起的，确认企业的物流客户服务期望与业务目标，同时要考虑现有业务环境以及公司的战略优先层次，针对企业市场发展阶段、面临的紧迫困境、客户的重要选择以及客户分级等制定相应的物流客户服务战略。

三、物流客户服务战略功能目标

（一）物流客户服务战略功能目标设计

1. 物流客户服务目标：实现快速服务，提升客户体验

快速服务是指让客户在最短时间内以最快的速度接受相关的物流客户服务，减少物流上的时间损耗，降低企业或者个人的时间成本，提升客户的服务体验。

2. 选址战略：综合考量，高效为优

在物流仓库选址时，应该充分考虑各种因素，包括成本、时间等，以尽可能减少物流服务时间的花费。

3. 运输战略：便捷可靠，质优价优

运输服务是快速、优质、低价、无忧的物流客户服务的重要组成部分，为了保证运输的快速高效，物流运输服务需要提升货物的流通性及运转速度，保证货物能够第一时间送到客户手中。此外，为了进一步降低运输成本，可以通过物流客户服务合作，例如拼车运输等方式，充分利用运输资源，同时降低企业运输成本，使低价服务的提供成为可能。

4. 库存战略：库存安全，降本增效

从理论上讲，库存是一种闲置资源，会因占用资源而增加企业成本，但是考虑企业运营安全，库存又是无法避免的，它能缩短订货周期，防止原材料短缺与流程中断，保证企业的正常运作与发展。因此，企业会追求"零库存"，使物料处于流动的周转状态，以避免物料积压的情况，从而达到降低成本、增加效益的目的。

物流客户服务战略如图 4-1 所示。

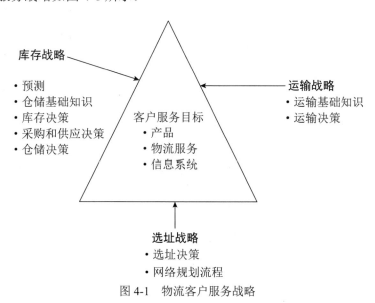

图 4-1　物流客户服务战略

（二）物流客户服务管理功能目标的实现

物流客户服务是将服务提供给利益相关者的过程，这项过程中信息传递要依靠正确的服务战略。服务战略的目的是获取竞争优势，实现物流客户服务管理功能目标需要三个阶段：明确潜在竞争优势，选择竞争优势，有效地向市场表明服务的战略观念。

1. 明确潜在竞争优势

一家企业可通过集中若干竞争优势将自己的服务与竞争者的服务区分开来。竞争优势有两种基本类型：成本优势和产品差别化。

美国战略管理专家迈克尔·波特提出价值链作为辨别潜在竞争优势的主要方法，认为每个企业都是为设计、制造、营销、运输产品等而采取一系列活动的实体。为了弄清某一企业的成本特性和不同的现有资源及潜在资源，价值链将其分解为在策略上相互关联的九项活动。这九项活动又分为五项主要活动和四项支持性活动。

五项主要活动是指材料运至企业、进行加工制作、产品运出企业、上市营销和售后服务这五项依次进行的活动。人、财、物、技术等四项支持性资源都贯穿在这些活动中。所有的部门都需要人力资源管理。企业的先行设施包括由全部主要活动和支持性活动产生的一般管理、规划、财务、法律及政府有关事务所需的日常开支。采购指的是购买每项主要活动所需的各种投入，以促进技术发展。客户服务战略还要寻求本企业服务价值链以外的竞争优势，如探索研究其供应商、配销商和最终客户的价值链。因此，客户服务战略策划可帮助供应商降低成本，从而通过服务产品使供应商从此项节约中受益。客户服务战略策划可以帮助客户更方便、更低成本地从事购买活动，从而赢得他们的服务忠诚度。

2. 选择竞争优势

客户服务战略者通过价值链分析，发现了若干潜在竞争优势。有些优势过于微小，开发成本太高，或者与服务的形象极不一致，可弃之不用。假设经过筛选还剩下四个优势可供采用，在此情况下，服务战略应有一套办法，以便从中选择最有开发价值的优势。

可以将客户服务战略策划划分为四个属性，技术、成本、质量和服务的名次与主要竞争服务作比较。例如，两家企业的技术力量得分相同则意味着双方的技术条件都很好。

3. 有效地向市场表明服务的战略观念

对物流客户服务策划来说，最有意义的是进行投资以改善服务质量。服务对客户来说是至关重要的。该客户服务战略策划如能尽快投资改善服务，也许竞争对手会一时无法赶上。由此可见，这一推进过程有助于客户服务战略策划者选择最佳的竞争优势。

四、物流客户服务管理战略特点

1. 物流客户服务管理战略强调"以客户为中心"

所有的管理活动都要围绕客户满意度展开，从而提高企业的信誉，争取更多的客户。传统的客户服务管理围绕的中心不是客户，而是产品，通过提高产品质量和通用性来提升客户满意度，但在产品需求不断变化的背景下较难实现。因此，物流客户服务管理以客户为本，适应不同客户的需要是顺应当今社会发展的一种正确理念，这也是物流客户服务管理战略的基本特点。

2. 物流客户服务管理战略设计难度较大，业务复杂

由于物流客户服务管理战略"以客户为中心"的基本特点决定了物流客户服务管理不是为某单一客户，而是应得到不同客户的认可，因此，在实际管理实践中，对不同的客户就有不同的方法和技巧。因为同一种方法用在不同客户身上，满意度是不一样的，所以物流客户服务管理比传统的客户服务管理难度更大，所考虑的因素和采用的方式、方法更复杂。

3. 物流客户服务管理战略价值取向不同

物流客户服务管理的价值取向是通过与客户之间的互动，创造产品位移的空间效用和时间效用，而不是传统物流服务的固定的利润获取模式。

4. 物流客户服务管理战略服务对象具有不确定性

物流客户服务管理的对象是客户，企业的客户群是不断变化的，不断有新客户出现又有老客户消失，而每一名客户都有不同的需求和期望值。物流客户服务管理在方式方法上既有共性的一面，又有个性的一面，要求具体问题具体分析，并将共性和个性相结合考虑。

第二节　物流客户服务管理战略理念及分类

一、物流客户服务管理战略理念

物流客户服务管理的所有活动都要从满足客户需要出发，以提供满足客户需要的产品或服务作为企业的义务，以客户满意作为企业经营的目的。物流客户服务质量取决于企业创造客户价值的能力，即认识市场、了解客户现有与潜在需求的能力，并将此导入企业的经营理念和经营过程中。优质的客户服务管理能最大限度地使客户满意，使企业在市场竞争中赢得优势，获得利益。物流客户服务管理需要企业为了建立、维护并发展客户关系进行各项服务工作，包括开发新客户及维护老客户，形成对客户的联系、服务、售后的定期管理闭环。在激烈的商业竞争中，当企业提供的产品在价格、性能、质量、促销手段上区别较小时，物流客户服务管理战略的设计就成为企业战胜对手、获得竞争优势的重要武器。因为，产品、价格和促销手段固然可以为客户带来价值增值，但是，竞争的残酷使得产品和价格、促销手段很容易被竞争对手模仿，而令人满意的客户服务或者是良好的客户抱怨解决方案却可以把一个企业和其他企业明显地区别开来。因此，提供杰出的物流客户服务对企业获得竞争优势起着重要的作用。

物流客户服务管理战略理念涉及所有物流活动或供应链过程，包括营销和物流运作之间的连接面以及企业市场组合中的重点要素。物流客户服务水平是衡量物流系统为外部客

户购买商品所创造的时间和空间效用能力的尺度。客户服务在发展和保持客户的忠诚度和持续满意度方面起着重要的作用。职能部门的服务水平，如市场营销、生产制造等部门，直接影响着企业满足客户需求的能力，并且决定着这些职能部门在日常工作中能否与物流环节进行良好的沟通与交流。而直接提供给客户的服务水平则决定了企业能否留住现有的客户以及可以吸引多少新客户。

在当今的每一个行业，从计算机、汽车到服装，客户都有很大的选择余地，是企业的上帝。虽然获得利润是企业的主要目标，但是企业如果想要获得利润就需要明确自身的战略理念，建立一套能够满足客户需求的服务策略和方案，并能以较为合适的成本实现这些服务策略和方案，成功地吸引并留住客户。研究表明，绝大多数公司 80% 的销售额来自现有的客户，60% 的新客户来源于老客户的推荐。哈佛商学院报告曾显示，客户流失率每降低 5%，企业利润可以增加 25%~95%。由此可以看出，留住客户非常重要。因此，物流客户服务战略理念直接影响着企业经营运作的市场份额和物流总成本，并最终影响其盈利能力。不同国家或地区的物流客户服务战略理念如表 4-2 所示。

表 4-2   不同国家或地区的物流客户服务战略理念

国家 / 地区	物流客户服务战略理念的产生发展
美国	随着美国服务经济（Service Economy）的发展（即美国的经济增长主要归功于提供服务而不是商品制造），物流对国民经济和企业的发展起到更重大的作用，也使大多数物流领域围绕着产品有序流动的组织和管理来发展，服务存在于国际、国内市场中，存在于运输、仓储等物流服务之中，然而目前服务经济发展的服务不只是货物的流动，可能服务的提供者是要流动的，或者被服务者是流动的。另外，服务工厂（Service Factory）概念的产生，企业柔性制造、小批量、多品种的生产方式及客户对物流业快速反应的要求也迫使物流业的服务水平有了进一步的提高。而物流信息系统和电子数据交换（EDI）技术，以及互联网、条形码、全球定位系统（GPS）及无线电射频技术在物流领域中愈来愈广的应用也都是为了满足物流国际化、服务形式多样化和快速反应的要求
欧洲	20 世纪 90 年代以来，欧洲跨国公司在国外建立生产基地，物流企业的需求信息直接从客户消费地获取。采用在运输链上实现组装的方式，使库存量极小化。信息交换采用 EDI 系统，产品跟踪应用射频标识技术。信息处理广泛应用于互联网和物流服务方提供的软件。基于互联网和电子商务的电子物流在欧洲兴起，以满足客户苛刻的物流需求
日本	20 世纪 80 年代至今，日本的生产经营发生重大变革，产品的个性化、多品种和小批量成为新时期的生产经营主流。市场不透明性增加，库存削减意识增强，流通体系的物流管理发生变化。物流的客户服务水平作为竞争的重要手段在日本得到高度重视。20 世纪 80 年代后期，日本倡导高附加值物流
新加坡	物流服务商正在变为客户服务中心、加工和维修中心、信息处理中心和金融中心。根据客户需要增加新的服务是一个不断发展的观念

二、物流客户服务管理战略种类

每个企业需要根据自己的目标、资源、环境和在目标市场中的地位，以满足不同客户需求为中心，制定不同的发展战略。

（一）从总体上划分

从总体上战略可划分为以下几种。

（1）紧缩战略：当企业在原有经营领域处于不利地位，又无法改变境遇时，选择从原领域收缩或退出，收回和聚集资源另寻出路。

（2）稳固战略：企业在原有经营领域处于有利地位，在企业内外条件没有重大变化时，巩固现有市场，维持现状。

（3）竞争战略：企业与对手展开竞争，争夺市场份额，集中企业资源投入主导产品、主要市场上，直至具有相对稳定的市场占有率。

（4）扩展战略：当企业在现有经营领域占领优势，且企业内外部提供了良好条件和机会时，可以积极扩大经营规模或进行多元化、一体化拓展。

企业可以根据自身特点选择其中一种或者多种战略的组合，也可在不同发展阶段进行战略转换或进阶。

（二）从企业战略定位的角度划分

从企业战略定位的角度可分为以下几种战略。

（1）成本领先战略：以为客户提供标准化物流服务为基本定位，包括物流服务品种的相对稳定性，物流客户服务水平的认同性和服务水平的简洁规范。

（2）差异化战略：以为不同的客户提供差异性服务为基本定位，包括服务品种、服务手段、服务水平的不断创新以及为满足客户的特殊需求而向客户提供量身定制的物流服务。

（3）集中化战略：以为特定的客户提供专门的物流服务或为特定的货种提供特殊的物流服务为基本定位。

第三节　物流客户服务战略规划

一、物流客户服务市场定位

物流客户服务市场定位是指企业通过自身的物流服务树立鲜明个性，塑造出与众不同的市场形象，使之在客户心目中占据一定的位置，从而更好地抓住客户、赢得客户。它对于企业的发展具有重要的作用。企业需要了解市场需求和竞争对手的状况以及自身的条件，在此基础上进行物流客户服务市场定位，制定竞争战略。物流客户服务市场定位主要包括确定目标市场和服务功能定位。市场定位过程可按以下步骤进行。

1. 分析客户需求

不仅要了解客户当前的需求，还要了解客户的运行状态、行业特点、外包物流的需求动机、客户需求与本企业所提供物流服务水平之间的差距、服务需要改善或提高之处，发现客户的潜在需求。

2. 与竞争对手比较

了解当前各类细分市场上提供物流服务的竞争对手的数量、规模、实力、服务水平、价格水平等相关信息，比较自身与竞争企业或优秀企业服务水准的差距。

3. 市场细分和选择目标市场

从根本上说，任何一个企业，无论其规模和能力多大，服务如何多样化，都无法满足所有企业的整体需求，而只能满足一部分市场的需求。因此，企业必须将物流市场依据一定的标准进行细分，根据自身的条件来选择一部分客户作为目标市场，确定适当的服务组合策略以更好地满足他们的需求，使企业在激烈的市场竞争中得以生存和发展。物流客户服务需求在地区和行业上都存在着差异，因此可根据地域或行业进行市场细分，对不同地区、不同行业的市场又可根据产品的时效性要求、企业接受服务价格的能力及货物的大小和客户在供应链中所处的位置等因素来进一步划分出子市场。企业要分区域、分行业、分档次，根据细分市场的规模和增长潜力及企业自身的资源条件来选择目标市场，找准切入点，避免盲目求全求大。

4. 优化物流客户服务功能定位并明确核心竞争力

物流客户服务的内容和形式多种多样，基本可以划分为常规服务和增值服务两大类。而同一内容、不同质量档次的服务又有着不同的价格水平。物流客户服务功能定位是要强化或放大某些物流功能，从而形成独特的企业形象。其实质在于通过差异化的服务策略来取得在目标市场上的竞争优势，确定本企业在客户中的适当位置，以吸引更多的客户。因此，企业的物流客户服务定位是企业战略中的重要组成部分，能否制定出有效的物流客户服务战略，往往影响到具体物流客户服务的绩效及由此带来的客户满意度，这对于提高企业的竞争力具有重要的意义。针对不同的目标市场及不同的物流服务项目，企业可以选择管理整个物流过程或者其中几项活动，选择不同的市场定位和策略。各种策略对企业资金、设施、技术、人才等资源的要求是不同的，所形成的竞争力也有较大区别。

如果企业提供多项或综合的物流服务，所需的资源较多，进入壁垒较高，但具有较强的竞争力。具体到不同的企业，应根据市场竞争的状况、自身的资源条件、服务能力及市场的规模和增长潜力等选择最合适的物流市场定位。

📎 知识链接：

第三方物流企业根据企业资产专用性、物流服务功能的整合程度和服务范围，可将企业分为资产型综合企业、资产型功能性企业和非资产型企业等。不同类型的企业可以选择不同的战略定位。大型的资产型物流企业拥有较多的资源优势及物流运作的经验，可选择全面覆盖的定位策略，在立足于自身优势的基础上，为各类企业提供综合的第三方物流服务，包括各种常规服务和增值服务。如中远、中外运、中储等；资产型的功能性物流企业宜采取选择性或市场专门化定位策略，集中资源于若干目标市场，增强基本的服务功能，并开拓对目标客户的专业化、个性化服务；对于大量希望取得竞争优势的非资产型的第三方物流企业，由于资金实力较弱，应加强对社会物流资源的利用能力，将有限的资源集中于某项或几项整合的增值物流服务上，尤其是在目前国内物流企业供应能力普遍较弱的物流总代理、信息咨询、系统规划、集成等服务上，突出重点和优势。需要注意的是，物流企业要重视构造自身的核心能力。再有实力的企业也不可能面面俱到，与工业化社会相适应的第三方物流市场也是一个分工协作的体系，向市场提供专业化服务是物流企业生存发展的必然选择。第三方物流企业必须巩固基本的物流服务，必须拥有深度的专业化技能，突出某一项或某几项服务的能力，成为某一物流领域的专家，构造自己的竞争优势。很多国际著名的第三方物流企业都是从某一物流服务领域发展起来的，这些领域仍是这些企业的核心能力。如 Menlo、Yellow 和 Roadway 公司起源于较大的零担运输企业；Exel、Gatx 和 Usco 是从仓储管理开始的；Ups 和 Fedex 的技能在于小型包裹的限时速递；Ryder 是货运物流专家；Fritz 是货代专家；Con-way 是专门为中小企业提供供应链服务的专家等。客户在选择物流服务供应商时，会考虑与自身个性化需求最接近的物流企业。

二、物流客户服务战略制定

对于企业而言，在不同的时期和发展阶段，其目标是不同的，因此采取的客户服务战略模式也是不同的，不管哪一种客户服务战略都应该包括四个要素：客户选择、价值获取、战略控制、业务范围。这四个要素是互相关联的，在不同的发展阶段，企业的侧重点也是不一样的。

在制定客户服务战略时，首先要了解客户需求，对客户进行细分，对不同类型的客户确定相应的客户服务水平，如订货周期、运输方式、运输特殊要求、库存水平等；同时根据企业自身的服务能力和市场变化不断调整策略。

（一）确定客户服务的理念

客户服务的理念是指根据企业的能力和经营状况明确为客户提供什么样的服务。客户服务的理念包括服务的使命和业务界定。客户服务业务界定的内容包括：企业所提供的服务是什么；客户需要满足的需求是什么；企业的目标客户是什么；客户为什么选择本企业提供服务；企业采取什么样的方式来满足客户的需求；本企业与竞争对手的区别是什么。

（二）分析客户需求

对于企业而言，制定客户服务战略的前提是要确定客户需要什么样的服务以及哪些服务是客户最关注的，既要分析现实客户需求，也要分析潜在客户需求，然后根据企业可以提供的服务水平和客户对于价格、运输方式等的接受程度制定客户服务战略。

（三）分析物流企业客户服务竞争者的情况

竞争对手的客户服务水平和能力基本上可以反映出一个区域的物流市场客户服务的需

求和供应的水准。所以对竞争对手的客户服务情况进行调查分析，有助于企业采取适当的客户服务战略。分析竞争对手的客户服务情况可从收集其相关的信息入手，分析其价格、业务量、营销手段等方面的情况，从而对该物流市场的客户服务需求和供应状况作出评估，以此评估结果作为本企业客户服务战略实施的参考。

（四）针对内外部环境分析企业优势和劣势

针对企业内外部环境分析的优势和劣势如表 4-3 所示。

表 4-3　企业内外部物流优势和劣势

分析维度	具体内容
内部优势	物流人才、物流成本、物流技术、物流设备、物流规模、物流策略和服务形象
内部劣势	物流政策不明确、过时的物流设备、缺乏物流统一管理或较专业物流人才、物流总成本明显高于主要竞争者
外部机会	进入新的细分市场、扩大产品系列以满足客户的潜在需求、进入相关领域搞多元化经营、竞争企业发展态势较弱
外部威胁	成本较低的国外物流服务商的介入、主要竞争对手物流成本的大幅度下降、整个市场的不景气、买方需求和兴趣的改变

（五）分析企业的核心竞争力

企业的核心竞争力（Core Competitiveness）是企业长期形成、蕴含于企业内质中、独具的支持企业可持续性发展的竞争优势，并使企业长时间内能在竞争环境中取得主动的核心能力。核心竞争力的要素包括：核心技术能力、核心生产能力、战略决策能力、营销能力、组织协调能力以及企业文化和价值观等。此外，分析企业核心竞争力时还要考虑企业整体战略，把握未来市场需求。

1. 核心竞争力的特点

与一般企业优势相比，核心竞争力具有五个内在特点。

（1）核心竞争力是一种独特的、高人一筹的、具有特色的竞争优势。它有一种持久的作用力和特有性质，不可能轻易被竞争者模仿。

（2）核心竞争力的培育需要企业经营活动的长期积累，这是一个长期的过程。

（3）核心竞争力是企业多种能力和资源的整合。

（4）核心竞争力的建立取决于企业创新能力和全员广泛参与。

（5）核心竞争力具有长期价值，但需要发展相应的机制来保障和精心培养。

2. 核心竞争力的外在特征

核心竞争力的外在特征表现在以下三个方面。

（1）具备充分的客户价值：能为客户带来长期的关键性利益，客户愿意支付价格的同时能为企业本身带来长期的竞争主动权和较高的超过同行的利润率。

（2）独创性：为企业独有，不容易被竞争者模仿。

（3）延展性：拥有强大的核心竞争力，意味着企业在参与依赖核心竞争力的相关产品和服务市场上拥有选择权，可以支持企业向更有生命力的多领域延伸和扩展，其延展性保证了企业多元化发展战略的成功。

（六）确定适合企业客户服务的基本战略并选择适合企业的战略

在选择客户服务战略时还要考虑以下几方面因素。

（1）物流客户服务政策：物流客户服务政策是在对客户需求调查的基础上制定的，具有明确的服务标准和实施程序，通过声明或沟通，客户对企业能提供的服务有明确的理解。

（2）相应的组织结构：能保证客户服务政策顺利实施，职责明确、行政高效，能以最低的成本为物流系统提供最优的服务。

（3）系统的灵活性：所选择的客户服务战略在实施中应对市场的变化具有一定灵活性，能适时作出调整，即战略在制定时要留有余地。

（4）增值服务：能根据客户的需求提供个性化服务，是提高企业竞争力的重要手段。物流环节可以有多种表现形式，如帮助客户提高库存管理水平的培训活动、确定更为节约的适合运输的包装形式。

（5）运送货物过程中的各种服务：主要有缺货评价标准、订货信息反馈能力、订货周期、加急处理、货物周转、系统准确性、订货便利性。

（6）客户要求提供的后续服务的各种要素：运输的质量保证、服务的跟踪、客户的索赔、投诉和退货、服务的替代等。

（七）评价企业客户服务业绩

企业客户服务业绩管理一般遵守以下原则：市场导向原则、客户满意准则、服务多样化准则、服务灵活性准则、服务一致性准则。客户服务、业绩评价受物流服务的可得性、作业完成水平和客户的满意度等要素影响，通过业绩评价，能确定未来改进的目标，不断提升企业的服务水平。

（八）根据评价后的业绩调整服务战略

一种以质量为中心的管理方式，需要常抓不懈，循序渐进。通过对企业客户服务进行业绩评价，及时发现企业存在的问题，并根据问题调整服务战略，以适当的成本实现高质量的客户服务。这就要求企业树立正确的服务营销理念，提升物流企业的综合实力，为服务品牌提供长期质量保证。

1. 树立正确的服务营销理念

传统营销方式只是一种销售手段，企业对外营销的是具体产品。服务营销与传统营销的根本区别在于在服务营销过程中，企业营销的是服务。马斯洛的需求层次理论认为人的最高需求是尊重需求和自我实现需求，服务营销正是满足了客户这样的需求，而传统的营销方式则主要满足客户在生理或安全方面的需求。在传统营销方式下，客户购买了产品便意味着一桩买卖的完成，虽然它也有产品的售后服务，但只是停留在维修的层面上。而在服务营销领域，客户购买了产品仅意味着销售工作的开始而不是结束，企业关心的不仅是产品的成功售出，更注重客户在享受企业通过产品所提供服务的全程感受。随着社会的进步，收入的提高，客户需要的不仅仅是一种产品，需要的更是这种产品带来的特定或个性化的服务，从而有一种被尊重和自我价值得以实现的感觉，而这种感觉所带来的就是客户对产品服务的忠诚度。所以，服务营销不仅是某个行业发展的一种新趋势，更是社会进步的一种必然产物。

2. 提升企业物流客户服务综合实力，为品牌提供长期服务质量保证

一个品牌的生存需要企业长期不断地经营。经久不衰的品牌形象要求企业练好物流内功，向经营管理要效益。根据自身情况和发展目标制定一套规范的物流管理制度，使品牌之路更加明朗化；将原有的金字塔型组织结构扁平化、信息化，加强内部沟通，大幅度缩短周期，从而提高竞争力。市场的发展以及竞争的激烈，要求企业具备较强的物流综合能力，而企业的物流综合能力不仅体现在产能服务（服务规范、服务硬件体系，如堆场、设备、仓库等）和地域优势上，更体现在市场的营销能力和服务品质上，这两者都体现了企业的品牌形象号召力。作为企业的一员，人人都应该树立服务质量第一的观念，在与客户接触的每一个环节上，都要传递引人注目的连续一致的品牌信息，提供细致周到、富有个性化的客户服务，从而达到维护品牌形象的作用。物流客户服务管理者需要企业应用独特的质量经营手段取得质量体系认证；充分利用现代化信息技术，提高专业化物流服务质量；通过服务质量的改进和发展，形成自己的一套质量文化，直接表现物流客户服务质量理念和公司质量文化的积累。

三、物流客户服务战略实施

（一）物流客户服务战略实施步骤

1. 物流客户服务要素的确定

必须明确物流客户服务究竟包括哪些要素以及相应的具体指标，即哪些物流活动构成了客户服务的主要内容。

2. 向客户收集有关物流服务的信息

信息资源的收集可以通过问卷调查、座谈、访问以及委托第三方的专业调查公司来进行，调查的信息主要包括物流服务的重要性、满意度以及与竞争企业的物流服务相比是否具有优势等问题。

3. 客户需求的分类

企业应充分考虑不同客户群体对本企业的贡献度以及客户的潜在能力，对客户需求进行分类，即针对重要的客户群体，在资源配置、服务等方面予以优先安排。

4.根据不同的物流客户群制定相应物流服务组合

对物流客户群进行分类后，企业就要针对不同的客户群制定相应的物流服务组合。

5.物流服务组合的管理与决策流程

物流服务组合的确定是一种动态过程，也就是说，最初的客户群体物流服务组合一经确定，并不是以后就一成不变，而是要定期进行核查、变更，以保证物流服务的效率化。

（二）物流客户服务管理战略实施后的反馈管理

物流客户服务战略的实施也要求企业在面对客户投诉时，树立"以客户为中心"的投诉服务管理理念并建立"以客户为中心"的投诉管理组织体系。

1.树立"以客户为中心"的投诉服务管理理念

投诉对客户来说也是有成本的，客户投诉表明客户对企业寄予了改善的希望，是对企业的一种依赖和信任。大量的实证调查显示，90%以上的对服务不满意的客户从来不进行投诉，因此面对客户的投诉，企业应该抱着欢迎和鼓励的态度。客户投诉是市场信息来源的重要组成部分，除了发现自身存在的问题外，通过投诉还能够更直接地了解客户的喜好、竞争对手的状态以及市场信息。由于投诉服务管理工作几乎涉及公司的所有部门，作为业务流程的最末端，投诉问题的推动与解决通常存在涉及环节多、沟通协调难的特点，可能牵一发而动全身，因此投诉服务管理的理念必须得到企业最高管理者的认可和积极推动，否则如果只是由某个部门发起的投诉服务管理体系的构建、优化和改善工作，势必会遇到重重困难。

2.建立"以客户为中心"的投诉管理组织体系

投诉管理的职责主要包括带头推动建立公司层面的投诉服务管理机制，制定完善客户投诉的管理办法和投诉处理流程，指导并监督各层面的客户投诉处理工作，协调推动重大疑难热点投诉问题的解决和整改等。投诉管理的负责部门最好是企业最高管理者直接分管的部门，或者由企业的市场或产品等强势部门兼管，以保证各种投诉服务管理机制和流程规范的落实，以及在面对重大投诉问题时能够迅速有效地调动各方资源和协调各部门之间的关系。投诉处理工作最好由客服部门首问负责，因为他们可以做好相关问题的预处理和客户安抚工作。对于客服端的投诉处理人员的组织设置，需要重点考虑两个方面来进行分组。

（1）客户价值的高低。这可以根据客户品牌或其他属性来确定。

（2）客户投诉问题的类型。以此来体现投诉处理服务模式的差异化和专业化。

理想化的模式是结合两个方面，根据客户价值的等级和投诉问题的类型，分别设立相应的专席处理人员。对于企业的投诉管理和处理，可能涉及较多的层次，需要明确各级管理部门、服务部门和相关专业部门在投诉管理和投诉处理中的职责和定位，对于投诉服务管理组织的设置需要适当的集中化，这更便于资源的集约和规范的统一，形成"以客户为中心"的一体化的投诉服务管理组织体系。

案例分析

<h2 style="text-align:center">拓荆科技的客户服务战略管理</h2>

拓荆科技是国内顶尖的半导体设备制造商之一，专注于薄膜沉积设备的研发和产业化应用。在半导体制造中，薄膜沉积是较为关键的工艺环节，会直接影响芯片的性能和质量。凭借多年自主研发的丰富经验和深厚的技术积累，拓荆科技成功攻克了众多技术难关，并掌握了一系列国际领先的尖端技术。其研发的薄膜设备系列广泛应用于集成电路逻辑芯片和存储芯片的生产领域，成功打破了国际厂商在这一领域的长期垄断，为国内半导体产业的崛起提供了有力支持。

拓荆科技的产品已进入全球 20 多个地区的 60 多条生产线，拓荆科技与众多企业建立了长期稳定的合作关系。为保障设备在客户生产线中的稳定运行，公司高度重视售后服务体系建设。通过设置专门的技术服务中心并配备专业技术团队，为客户提供全天候不间断的技术服务。同时，针对客户地域分布和业务需求的差异化，在主要客户对象处派驻服务人员，确保在最短的时间内响应客户服务请求，并快速解决设备运行过程中出现的问题。这种优质的客户服务战略能够有效提升客户满意度和忠诚度，已经成为拓荆科技在市场竞争中的一大优势。

1. 客户服务战略管理举措

（1）客户服务信息管理：拓荆科技利用售后服务系统整合产品服务过程、备件使用情况及维护成本等关键信息，打破内部信息壁垒，实现商品数据的整合与共享。系统以商品为中心进行全过程服务管理，实时记录并更新商品安装调试、日常维护及故障维修信息。服务人员可通过系统快速查询商品运行状态、历史维修记录及备件更换情况，为服务决策提供精准数据支持。同时，基于数据分析预测设备故障，采取预防性维护措施，降低设备故障率。

（2）客户服务标准化管理：拓荆科技借助售后客户服务系统，对现场服务及服务人员日常业务进行全面标准化管理。系统对每次服务的工时、工作规范、技术应用及服务成本进行严格管控，确保服务质量的一致性。通过制定详细的服务操作流程与标准，服务人员可按流程进行标准化操作。系统自动记录服务人员的工作时间与任务完成情况，为绩效考核提供客观依据。此外，系统内置的知识库与培训考试功能，促进了新技术在服务团队中的快速推广与应用。定期组织服务人员进行培训与经验交流，提升服务团队整体能力。

（3）商品备件库存智能化管理：拓荆科技通过客户服务战略的落实，实现商品备件全生命周期的线上智能化管理。客户服务管理系统对商品备件的采购、出入库及库存盘点进行全流程监控与管理，利用智能化算法与数据分析优化库存结构。在采购环节，系统根据历史备件使用数据与设备维护需求自动生成采购计划，合理规划库存。在库存盘点方面，利用 RFID 技术与移动终端设备实现快速精准盘点，提高盘点效率与准确性。在成本核算方面，系统精确统计备件使用成本与损耗情况，为管理层提供清晰的备件成本损益信息，助力公司有效控制备件成本。同时，与供应商信息共享，实现备件快速供应，提高备件可用性。

（4）强化商品数据分析与管理：拓荆科技的客户服务管理系统具备强大的数据分析功能，可对服务过程中产生的各类数据进行深度挖掘与分析。基于管理监控的数据分析统计，系统为高层管理者提供服务成本、损益等关键信息，助力管理层全面了解公司服务业务的经营状况，为战略决策提供有力支持。同时，为中层管理者提供详细指标管理、时效监控及任务达成情况分析，便于中层管理者及时发现问题并采取措施改进。此外，将商品故障、设备维修等数据分析结果反馈至产品研发与技术迭代升级环节，提高产品可靠性与稳定性，助力研发部门及时发现并改进产品设计与制造过程中的潜在问题。

2. 实施成效

拓荆科技客户服务系统的实施与运行成效显著。在服务质量与效率方面，实现服务过程线上智能化管理，服务响应时间平均缩短30%，问题解决周期大幅缩减，标准化流程与人员能力提升，确保每次服务达到高质量标准，客户满意度显著提升。在商品备件管理方面，智能化管理实现数据闭环，使备件成本更清晰透明，降低库存成本与管理成本，提高周转率25%，减少积压，并增强设备维修的及时性。客户服务管理的数据分析持续驱动业务优化，确保管理层依据数据调整策略并优化流程，促进服务团队改进方法与技术，有效增强公司市场竞争力。

·讨论：拓荆科技通过数字化系统整合分散的商品数据，实现服务流程标准化。在其他制造行业中，还有哪些场景可以借鉴这种数据整合和流程标准化的思路来提升客户服务质量呢？

→ 本章小结 ←

本章围绕物流客户服务战略管理展开论述。首先，审视了物流行业新趋势下企业所面临的机遇与挑战，并强调了制定合理战略以增强竞争力的紧迫性。物流客户服务战略是企业为了获得持续的竞争优势，依据内外部环境所制定的长期规划。其制定过程需要全面审视宏观环境、行业动态等外部因素，以及财务状况、研发能力等内部条件，SWOT分析法在此过程中扮演着明确战略方向的关键角色。战略的功能目标包括实现快速服务、合理选址、优质运输和高效库存管理等，而达成这些目标则需经历识别潜在优势、选择核心优势、明确战略理念等关键步骤。随后，在战略的分类上，总体上可以划分为紧缩型和稳固型等战略，从市场定位角度又可分为成本领先等战略，企业应根据自身需求进行选择。最后，战略规划涉及市场定位和战略实施，实施过程中需要确定服务要素、收集市场信息、分析客户需求、制定服务组合并进行动态管理，同时也要重视投诉和反馈的管理。通过本章内容的学习，读者能够系统地掌握物流客户服务战略管理的知识体系，为企业实际运营提供坚实的理论支持。

→ 思考题 ←

（1）请阐述物流客户服务战略的概念，并分析其目的、手段和性质。

（2）以某一特定物流企业为例，运用迈克尔·波特的五力模型分析其所处的行业竞争结构，并提出应对策略。

（3）在物流客户服务战略实施过程中，客户需求分类和制定物流服务组合非常关键。请举例说明如何根据客户的不同需求，合理分配资源，制定有效的物流服务组合。

第五章 物流客户服务管理实施

→ 本章导读 ←

在现代物流业中，客户服务管理至关重要。市场竞争加剧和客户需求多样化要求物流企业提升服务水平，增强客户满意度和忠诚度。本章探讨物流客户服务管理组织架构，包括定义、核心特点、适用场景，并通过案例展示设计和实施高效架构的方法。本章首先定义了物流客户服务管理组织架构，阐述其核心目标和特点。介绍几种典型组织结构类型，对比优缺点，并探讨设计关键原则。遵循这些原则，企业可构建高效、协调的架构。案例分析展示原则应用和架构优化如何提升服务质量和效率。读者将掌握设计和实施高效架构的方法和技巧。

→ 学习目标 ←

（1）了解不同组织架构类型及其在物流客户服务管理中的适用场景，学习如何根据企业特定需求选择和设计合适的组织架构。

（2）理解物流客户服务管理组织架构的定义、核心目标及其特点。

（3）掌握客户需求导向、责权分明、分工协作、技术嵌入、灵活适应等关键组织特征。

→ 本章结构图 ←

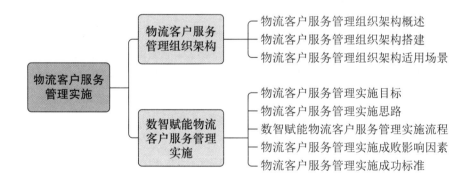

第一节　物流客户服务管理组织架构

一、物流客户服务管理组织架构概述

（一）物流客户服务管理组织架构的定义

物流客户服务管理组织架构是指物流企业为实现客户服务目标，围绕物流业务（运输、储存、包装、装卸搬运、配送、流通加工等环节）特点，通过职能分工、资源配置和流程设计构建的内部管理体系。物流客户服务管理组织架构的核心目标是通过组织化的方式、清晰的职能划分、协同的流程设计和先进的技术支撑，实现服务效率与客户价值的双重提升。物流企业需根据自身所处动态环境、企业所处生命周期阶段、企业战略、企业规模、业务类型选择适配架构，最终实现服务效率、成本控制和客户满意度的动态平衡。

（二）物流客户服务管理组织架构的核心特点

物流客户服务管理组织架构的设计需要紧密联系行业特性与客户需求，其核心特点主要体现在客户需求导向、责权分明与统一指挥、分工协作专业化、技术嵌入性保障、灵活适应性调整、职务分离控风险、信息传递促沟通七个维度。

1. 客户需求导向

客户需求导向已成为现代物流客户服务管理组织设计的根本出发点，其本质是通过构建需求驱动的敏捷型组织体系，推动客户价值创造持续升级。满足客户个性化、碎片化物流需求的同时构建服务型快速响应机制。具体表现为三个层面。首先，满足客户需求多样化。需求涵盖快速配送、精准追踪和提供个性化解决方案等，企业通过市场调研和客户反馈，深入了解客户需求。例如，定期与客户沟通，了解易碎品的加固包装需求，从而优化包装流程，确保货物安全。其次，推行模块化服务组合模式。建立柔性化服务单元，如冷链物流部、跨境电商物流组和医药物流专线等专业团队。这些团队凭借专业技能，为客户提供精准、高效的解决方案。最后，实施动态需求响应机制。动态需求响应机制由客户服务代表、运营协调员和技术支持工程师组成，采用"首问负责制"和"限时闭环"管理模式。这一机制确保客户需求得到及时、有效处理，形成完整闭环管理。客户需求导向是物流客户服务管理组织架构的核心特点，企业通过关注需求变化、优化内部协作和流程，提供高质量、个性化的服务。这一策略不仅有助于企业在市场竞争中脱颖而出，还能赢得客户信任，实现可持续发展。

2. 责权分明与统一指挥

在物流客户服务管理组织架构中，责权分明与统一指挥是保障高效运作和快速执行决策的关键。组织架构通过明确各层级和部门的职责与权限，确保每个岗位都清楚自身任务和责任范围。例如，仓储部门中，仓库管理员负责货物的入库、存储和出库操作，仓库主管则监督整体运营，包括库存管理和人员调度，这种职责划分避免了工作推诿，提高了效率。同时，不同岗位员工根据职责范围拥有相应决策权，如运输调度员在遇到交通拥堵时可调整运输路线，确保货物按时送达，这不仅提升了员工的积极性和主动性，也加快了组织响应速度。统一指挥在面对复杂情况如订单变更或货物异常时，可以发挥关键作用。指挥中心能够迅速协调各部门的行动，例如通知仓储部门调整货物调配、运输部门调整运输计划，以确保物流客户服务的连贯性和一致性。责权分明与统一指挥相结合，使物流客户服务管理组织架构有序运行，提升了组织的执行力和应对复杂情况的能力，为客户提供了稳定可靠的物流客户服务。

3. 分工协作专业化

物流客户服务的复杂性要求其客户服务管理组织架构必须强调分工协作与专业化，以提升整体服务质量和效率。组织架构将物流客户服务的各个环节分解为不同专业岗位，如仓储管理、运输调度、客户服务和信息管理等相对独立的职能模块。在仓储管理中，仓库规划人员负责优化仓库布局，提高空间利用率；仓储操作人员则专注于货物存储与管理，保障货物安全及出入库的准确性。在运输调度方面，专业调度人员会根据货物的特性、数量和目的地等因素，合理安排运输车辆和路线，以降低成本并提高运输效率。同时，专业化要求每个岗位的员工具备相应的知识和技能。例如，物流信息管理人员需要熟练掌握仓储管理系统（WMS）和运输管理系统（TMS）等信息技术，以实现物流信息的快速传递和处理；客户服务人员则需要具备良好的沟通技巧和服务意识，能够及时有效地解决客户问题，提高客户满意度。通过分工协作和岗位专业化，各专业团队充分发挥优势，实现资源优化配置与协同效应。如在大型物流项目中，仓储、运输、信息和客户服务团队紧密协作，确保项目顺利推进，为客户提供高质量服务。

4. 技术嵌入性保障

随着信息技术的飞速发展，物流行业正在加速数字化转型，其客户服务管理组织架构也更加注重技术嵌入性保障。通过将先进信息技术深度融入物流客户服务各环节，服务质量和运营效率得以显著提升。在仓储管理领域，自动化仓储设备和仓储管理系统的引入，实现了货物的自动化存储和检索。通过扫描设备，可以快速完成出入库操作，并由系统自动更新库存信息，大幅提高仓库运营效率和准确性，同时降低人工错误率。在运输管理方面，运输管理系统实时监控车辆运行状态与位置，并结合交通信息系统，使运输调度人员可以提前掌握路况，及时调整路线，规避拥堵，保障货物准时送达。同时，客户关系管理系统（物流客户服务）的嵌入，帮助客户服务人员快速查询客户订单与交易记录，并依据客户购买习惯和偏好，提供定制化物流解决方案，从而提升客户满意度和忠诚度。技术嵌入性保障不仅优化了物流客户服务，还借助数据分析与挖掘技术，助力组织深入洞察服务流程各环节，精准定位潜在问题与优化点，持续改进组织架构与服务流程，全方位增强整体竞争力。

5.灵活适应性调整

在VUCA（易变、不确定、复杂、模糊）的时代背景下，客户需求也在不断演变。物流客户服务管理组织架构需要具备灵活的适应性和调整能力，以应对各种挑战。组织架构采用"积木式"模块设计，可快速重组，灵活调整内部结构和资源配置。例如，电商物流需求增长时，组织可增强仓储运输能力，优化布局，同时通过招聘、培训补充专业人才以保障运作。在服务流程方面，组织能快速响应客户特殊需求或突发情况，并调整流程。如客户要求限时配送，组织可临时调整运输计划，增加车辆或优化路线，确保按时送达，同时保持各环节协调连贯，避免服务中断。此外，组织需及时捕捉市场变化，通过市场监测和数据分析系统，实时了解动态趋势。如发现某地区物流需求向冷链物流转变，组织可提前布局，增加设备和人员来抢占先机，提供更具竞争力的服务。灵活适应性调整是物流客户服务管理组织架构的重要特点，它使组织能快速响应市场和客户需求，通过调整架构、优化流程、合理配置资源，提升服务质量和竞争力。在激烈的市场竞争中，具备这一能力的组织能更好地应对挑战，赢得客户信任与合作。

6.职务分离控风险

在物流客户服务管理中，风险控制极为关键。组织架构通过不相容职务分离原则，有效控制风险，保障物流客户服务的稳定与安全。不相容职务分离是将可能产生利益冲突或舞弊风险的职务进行合理分离，避免权力过度集中，实现相互监督与制约的目的。例如，在财务环节，将收款、记账、审核职责分别分配给不同人员，形成相互制衡的闭环，有效防止财务舞弊，确保财务信息的准确性与安全性。在物流操作环节，如货物验收，将接收、检验、入库登记职责分别分配，确保货物验收的准确性和完整性，避免因操作不当导致的损失或错误。此外，职务分离与内部监督、审计机制相结合，进一步强化风险控制。组织可设立内部审计部门，定期对各岗位工作进行全面审计和检查，及时发现并纠正潜在风险，确保物流客户服务各环节的安全稳定运行。不相容职务分离是物流客户服务管理组织架构中重要的风险控制手段。企业通过明确岗位职责、建立权责分明制度、制定详细操作流程、加强内部审计和建立激励机制等措施，可有效预防舞弊行为，保障资产安全，提高运营效率。同时，企业应根据业务发展和环境变化，动态调整不相容职务分离措施，确保内部控制的有效性和适应性，为物流客户服务高质量发展提供保障。

7.信息传递促沟通

在物流客户服务管理中，信息的有效传递与沟通对提升服务质量至关重要。高效的组织架构需确保信息在各部门间快速、准确流通，实现协同工作，提高客户满意度。信息传递的有效性直接影响物流客户服务的效率和质量，例如运输调度部门需及时了解仓储部门的库存情况以合理安排任务，客户服务部门要向客户反馈货物运输进度和状态。建立高效的信息传递机制，可避免因信息不对称而导致的服务延误或错误。此外，组织架构还需完善沟通机制，如定期召开跨部门会议、建立内部信息管理系统，同时通过培训提升员工沟通和信息处理能力，确保信息传递的准确性和及时性。

物流客户服务管理组织架构的核心特点包括客户需求导向、责权分明与统一指挥、分工协作专业化、技术嵌入性保障、灵活适应性调整、职务分离控风险和信息传递促沟通。这些特点共同构建了一个高效、稳定、灵活的组织架构，能够有效提升物流客户服务的质量和效率，满足客户的多样化需求，助力企业在激烈的市场竞争中脱颖而出。

（三）典型组织结构类型及对比

物流企业的组织结构设计受管理幅度与层次关系的直接影响。根据企业规模的不同，大中型物流企业通常采用三级管理模式（最高管理层、中间管理层、基层管理层），而小型企业则采用两级管理模式（中间管理层和基层管理层）。值得注意的是，当组织结构涉及两个及以上管理层级时，必须遵循"统一领导、分级管理"的组织原则，以保证集中统一指挥并充分调动和发挥中层与基层的主动性和积极性，增强物流企业经营管理中的向心力和创造力，达到既有经营的高效益，又有管理的高效率。

1. 直线制形式

直线制作为传统型组织架构，是最早期的，也是最简单的管理形式，该形式通过垂直指挥链实现逐级管理，不设专业职能部门。其显著优势体现在层级精简（3层架构）、权责集中、决策链条短、执行效率高等方面，特别适用于初创期或业务单一的小型物流企业。但受限于专业化管理缺失，难以适应复杂业务需求。

2. 职能制形式

职能制形式指组织中每一位管理者对其直接下属有直接职权。组织中每一个人只能向一位直接上级报告，管理者在其管辖的范围内，有绝对的职权或完全的职权。这种组织管理形式的核心优势在于能够充分发挥职能机构专业管理的作用和专业管理人员的专长，加强管理工作的专业化分工，提倡内行领导，达到保持管理工作的正确性和高效率的目的。但由于其存在多头领导、相互协调比较困难的缺点，在实践中没能被多数企业采用。

3. 直线职能制形式

直线职能制形式以直线制形式为基础，将职能制形式融合在一起，使各管理层的负责人能够进行自上而下的垂直领导，确保执行效率，增设职能参谋部门提供专业支持。该结构能有效平衡统一指挥与专业管理的需求，取直线制和职能制两种形式之长，舍二者之短，是一种较好的形式，在实践中得到比较广泛的应用，成为我国大中型物流企业的主流选择。

4. 事业部式组织结构形式

事业部式组织结构形式的核心特征是"战略管控＋自主经营"，具体体现为"集中政策、分散经营、独立经营、单独核算"。它是国外大型企业普遍采用的一种组织结构形式。这种组织结构以事业部为基本单位，根据市场变化做出相应的经营决策，有利于集中决策和组织专业化生产，提高效率。该模式特别适用于多元化、跨区域经营的物流集团，例如DHL、顺丰等企业通过使用该模式，可以提高市场响应速度。

5. 矩阵式组织结构形式

矩阵式组织结构突破传统架构，按职能划分有垂直领导系统，按项目划分有横向领导系统，因此矩阵式组织结构由纵、横两套管理系统组成。矩阵式组织结构纵向职能管理有利于保障专业深度，横向职能架构通过动态协作机制，促进跨部门资源整合与复合型人才协同，有效激活组织效能，达到纵向集中指挥与横向协调结合的目的。但在管理过程中，存在权责界定模糊、成员归属感弱等实施难点，但数字化管理工具的普及使该模式在创新型物流企业中的应用能改善这些问题。

典型组织结构类型及其对比如表 5-1 所示。

表 5-1　典型组织结构类型及对比

对比维度	直线制	职能制	直线职能制	事业部式	矩阵式
核心特征	单线垂直指挥	专业分工管理	直线 + 职能双轨制	战略 - 经营分离	纵横双管理系统
适用规模	小型企业	中小型企业	大中型企业	大型集团企业	项目制 / 创新型企业
权力分配	高度集权	职能分权	集中决策 + 专业分权	总部集权 + 事业部分权	双重权力体系
核心优势	决策效率高执行响应快	专业管理能力强分工明确	兼顾效率与专业稳定性强	市场反应敏捷权责清晰	资源整合度高灵活性强
主要缺陷	缺乏专业分工管理幅度受限	多头指挥协调成本高	机构臃肿创新不足	重复配置资源总部控制力弱	权责界定模糊成员归属感低
典型场景	同城快递网点	专项物流客户服务	综合物流企业	跨境物流集团	智慧物流项目组
决策效率	★★★★★	★★★☆☆	★★★★☆	★★★☆☆	★★☆☆☆
协调机制	自上而下单向	职能间横向协作	垂直 + 横向混合	事业部间独立运作	动态项目协调
创新能力	★★☆☆☆	★★★☆☆	★★★☆☆	★★★★☆	★★★★★
实际案例	区域货运站	冷链物流中心	中远海运	DHL 国际事业部	京东物流 618 项目组

（四）物流客户服务管理组织架构设计的关键原则

1. 有效性原则

有效性原则要求组织架构能够实现其既定目标，即提供高质量的客户服务。这要求架构设计必须简洁明了，避免不必要的复杂性，确保每个部门和岗位都有明确的职责和目标。此外，有效性还意味着资源合理分配，包括人力、物力和财力，以支持客户服务高效运作。为了实现有效性，组织应定期评估其架构运作情况，识别并消除任何阻碍效率的瓶颈。这可能涉及流程的重新设计、技术的引入或员工培训的加强。通过持续的改进和优化，组织可以确保其架构始终处于最佳状态，以满足客户需求。

2. 统一指挥原则

统一指挥原则是指每个员工都应有一个明确的上级，以避免命令冲突和责任不清。在物流客户服务管理中，这一原则尤为重要，因为客户服务的连续性和一致性对于维护客户满意度至关重要。为了实现统一指挥，组织应建立清晰的指挥链和责任分配体系。这不仅有助于提高决策效率，还可以确保信息准确传递和执行。此外，统一指挥还有助于建立一个有序的工作环境，使员工能够专注于他们的工作，而不必担心指令混乱。

3. 以客户为中心原则

以客户为中心原则要求组织架构的设计和运作应始终围绕客户需求展开。这意味着从客户角度出发设计服务流程、产品和解决方案，以确保它们能够满足客户的期望和需求。为了实现以客户为中心的目标，组织需要深入了解其目标市场和客户群体，包括他们的需求、偏好和行为模式。这可以通过市场调研、客户反馈和数据分析等方式来实现。此外，组织应该建立一个灵活的架构，以便能够快速响应市场变化和客户需求的演变。

4. 协调配合原则

协调配合原则强调组织内部各部门之间需要有效协作，以提供连贯的客户服务。在物流行业，这通常涉及运输、仓储、配送和客户服务等多个部门的紧密合作。为了促进协调配合，组织应建立跨部门沟通机制和协作平台，确保信息流通和共享。此外，组织还应鼓励员工发扬团队合作精神，通过团队建设活动和共同目标设定，增强员工之间的协作意识和能力。

5. 灵活适应原则

灵活适应原则要求组织架构能够适应内外部环境变化，包括组织技术升级、业务模块创新、市场趋势、技术进步和客户需求的变化等等。在快速变化的物流行业，这种适应性尤为重要。为了实现灵活适应，组织应建立一种开放和创新的文化，鼓励员工提出新的想法和解决方案。此外，组织还应采用灵活的工作模式和流程，以便于快速调整和优化。通过持续学习和改进，组织可以保持其竞争力，应对未来的挑战。

综上所述，这五个原则为物流客户服务管理组织架构的设计提供了一个全面的框架。遵循这些原则，组织可以构建一个高效、协调、以客户为中心且能够灵活适应变化的架构，从而在竞争激烈的市场中取得成功。

二、物流客户服务管理组织架构搭建

物流客户服务管理组织架构搭建有以下步骤：明确业务目标与战略、分析业务流程与职责划分、设计组织架构、配置人力资源、建立沟通与协调机制、制定绩效评估体系。物流客户服务管理组织架构的搭建步骤如图 5-1 所示。

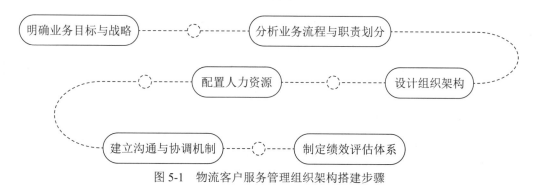

图 5-1　物流客户服务管理组织架构搭建步骤

（一）明确业务目标与战略

搭建物流客户服务管理组织架构的首要任务是明确业务目标和战略。业务目标应聚焦于提升客户满意度、提高服务效率和降低客户投诉率等关键指标。这些目标需与企业整体战略紧密结合，如拓展电商市场则需快速响应客户需求，提升高端市场占有率则需提供个性化服务。制定战略时，要分析市场环境、竞争对手和客户需求，确保目标的实现路径清晰可行。例如，为了提高客户满意度，可以建立多渠道客户沟通平台；为了提高服务效率，可以引入先进的信息技术来优化配送网络。明确的目标和战略为组织架构的搭建提供了方向和依据，确保组织的各项工作都能围绕核心目标展开。

（二）分析业务流程与职责划分

分析业务流程与职责划分是搭建物流客户服务管理组织架构的关键环节。物流客户服务涵盖了多个环节，包括客户咨询、订单处理、货物运输跟踪和售后服务等。需详细梳理各环节的具体任务和操作步骤，如客户咨询涉及电话、在线客服和邮件等多种渠道，每种渠道都有其独特的处理流程。基于业务流程，明确各岗位职责，如客服专员负责响应咨询、解答问题，订单处理专员负责审核订单、安排运输，运输调度专员负责监控运输状态、处理异常，售后专员负责处理投诉、退换货等。职责划分应该清晰明了，避免重叠或遗漏，同时，应该确保岗位之间的协作顺畅，以保障业务流程的高效运行。

（三）设计组织架构

在设计物流客户服务管理组织架构时，需要根据企业的规模、业务特点和战略目标来选择合适的架构类型。中小规模企业适合采用直线职能制，将组织划分为客服部、运输部、仓储部等，每个部门负责特定职能，结构简单、职责明确、决策迅速。对于业务复杂、多项目并行的企业，矩阵制架构更为合适，通过项目团队和职能团队的协同，充分发挥专业优势，提高资源利用率。组织架构还需明确管理层级，设置管理层负责政策制定和监督协调，执行层负责具体任务落实。同时，架构设计要具备灵活性和适应性，以应对市场变化和业务调整。

（四）配置人力资源

配置人力资源是物流客户服务管理组织架构搭建的重要环节。首先，根据岗位职责要求招聘合适人员，如客服专员需具备良好的沟通能力和业务知识，运输调度员需有物流管理经验。通过多种招聘渠道和科学的招聘流程，确保人员素质。其次，对新员工进行入职培训，涵盖企业文化、规章制度和业务流程等内容，帮助其快速适应岗位。再次，开展专业技能培训，如客服沟通技巧培训、运输法规培训等，提升员工专业能力。最后，为员工提供职业发展规划，包括晋升机会和培训资源，激励员工成长，提高忠诚度和工作积极性。

（五）建立沟通与协调机制

建立沟通与协调机制是确保物流客户服务管理组织高效运行的关键。首先，建立内部沟通渠道，如定期部门会议、跨部门协调会议、即时通信工具和邮件等，确保信息快速传递和问题及时解决。例如，每周召开客服部门内部会议总结咨询情况，每月召开跨部门会议解决跨部门问题。其次，构建信息共享平台，如物流信息管理系统（LMS），以实现各部门信息实时共享，减少传递误差。通过这些机制，各部门能够紧密协作，共同提高服务效率和客户满意度。

（六）制定绩效评估体系

制定绩效评估体系是物流客户服务管理组织架构搭建的重要环节。首先，根据组织目标和岗位职责设定明确的绩效指标，如客服岗位的客户满意度评分、咨询响应时间、售后岗位的问题解决时长和重复投诉率等。这些指标需具有可衡量性，便于量化评估。其次，定期进行绩效评估，采用季度或年度评估方式，根据结果对优秀员工给予奖励，对表现不佳的员工进行指导和培训。同时，及时向员工反馈评估结果，帮助其了解工作表现和改进方向，激励员工提升工作效率和服务质量。

三、物流客户服务管理组织架构适用场景

物流客户服务管理组织架构的适用场景广泛，不同的业务模式和市场环境可能需要不同的组织架构。以下是几种常见的适用场景，每种场景都对客户服务管理组织提出了特定的要求和挑战。

（一）B2B 物流客户服务

在 B2B（企业对企业）物流客户服务中，客户服务管理组织需要更加注重定制化服务和长期合作关系的维护。组织结构应包括专门的客户经理团队，这些团队负责与企业客户建立和维护关系，理解客户的业务流程和需求，提供定制化的物流解决方案。此外，还需要专业的解决方案团队，他们负责设计和实施满足特定客户需求的物流方案，包括供应链优化、库存管理、运输安排等。这些团队需要具备深厚的行业知识和灵活的应变能力，以适应 B2B 客户多变的需求。

（二）B2C 物流客户服务

在 B2C（企业对消费者）物流客户服务中，客户服务管理组织需要更加注重快速响应和高质量服务。组织结构应包括高效的客户支持团队，这些团队能够快速处理消费者的咨询和投诉，提供即时的物流信息更新，以及处理退换货等事宜。同时，还需要强大的技术支持团队，确保物流信息的准确性和实时性，通过先进的信息系统和自动化工具提高服务

效率。此外，为了提升客户体验，B2C 物流客户服务还需要关注"最后一公里"配送的效率和准确性，可能需要专门的配送团队和优化的配送路线。

（三）跨境电商物流客户服务

跨境电商物流客户服务需要跨越国界，面对不同的法律法规和文化差异。客户服务管理组织应包括国际物流专家，负责处理跨境物流的复杂问题，如关税、清关、国际运输规则等。同时，还需要多语言客户支持团队，提供全球化客户服务，以满足不同国家和地区客户的需求。这些团队需要具备良好的跨文化沟通能力和语言技能，以便更好地理解和服务全球客户。此外，跨境电商物流还需要关注货物的安全性和合规性，可能需要专门的合规团队来确保所有操作符合目标市场的法律法规。

（四）第三方物流（3PL）客户服务

第三方物流客户服务提供商需要为多个客户提供物流客户服务，因此需要一个灵活且高效的客户服务管理组织。组织结构应包括多个客户服务团队，每个团队负责特定客户群体，提供定制化的服务和解决方案。此外，还需要一个中央协调团队，负责跨客户服务的协调和优化，确保资源的有效分配和服务的一致性。3PL 服务提供商还需要具备强大的项目管理能力，能够同时管理多个项目和客户，以及灵活的供应链管理能力，以适应不同客户的需求和市场变化。

在这些场景中，物流客户服务管理组织需要不断适应市场变化和技术进步，通过持续地创新和改进，提供更高效、更个性化的服务，以满足客户的期望和需求。

第二节　数智赋能物流客户服务管理实施

一、物流客户服务管理实施目标

（一）遵循正确的原则

企业虽投入大量资金用于广告和品牌建设，但若服务处理不当，可能导致客户大量流失。随着技术进步和竞争加剧，供应链的复杂性增加，企业和客户的需求日益多样化。企业追求低成本高回报，物流环节成为竞争焦点，客户要求可靠、低廉、快速的服务。这改变了企业的商业环境，对物流客户服务提出更高要求。对企业而言，竞争的本质是争取有价值的客户，新客户开发和老客户维护成为关键，客户关系管理的重要性日益凸显。因此，企业要在变化的环境中取得成功，必须加强物流客户服务管理，以在激烈竞争中立于不败之地。在当今物流行业竞争愈发激烈的背景下，客户资源已成为企业极为珍贵的战略性资产。随着市场逐渐饱和，客户资源愈发稀缺，各企业纷纷将争夺有限的客户资源视为推动自身健康发展的关键所在。在这一全新格局下，企业积极培养忠实客户已成为行业发展的必然趋势，物流客户服务管理实施需要遵循正确的原则，如图 5-2 所示。

Right Time：正确的时间

Right Product：正确的商品

Right Price：正确的价格

Right Channel：正确的渠道

Right Customer：正确的客户

图 5-2　物流客户服务管理遵循的原则（5R）

1. 正确的时间

在物流客户服务中，确保商品按时送达是提高客户满意度的关键。客户对交货时间有明确期望，尤其在电商和快消品（快速消费品）行业，及时交付不仅能帮助客户更好地管理库存，减少积压和缺货风险，还能显著提升客户体验。物流企业可通过优化运输路线、提高运输效率、实时监控运输状态等方式，确保货物按时送达。同时，提供多种配送时间选项，如当日达、次日达、定时达等，能满足不同客户的个性化需求。与客户保持密切沟通，及时告知交货时间变化，也是确保在正确的时间交付货物的重要措施。

2. 正确的商品

提供正确的商品是物流客户服务的核心要求。物流企业需确保交付的货物完全符合客户订单要求，包括商品的种类、数量、规格和质量等。这不仅能提高客户满意度，还能减少因错误发货导致的退货和换货，降低企业运营成本。为实现这一目标，企业需建立高效的订单处理系统，确保订单信息的准确性和完整性。同时，严格的质量控制和库存管理必不可少。通过优化库存管理系统，确保库存信息实时更新，可避免因库存不足或过期导致的错误发货，从而提升企业品牌形象和客户信任度。

3. 正确的价格

正确的价格策略是物流客户服务管理的重要组成部分。物流企业提供的服务价格应合理、透明，既能反映服务的价值和成本，又能满足市场水平。合理的价格可以提高客户满意度，使客户感受到物有所值，同时也有助于企业在竞争激烈的市场中吸引更多的客户，提升市场份额。为实现这一目标，企业需定期进行市场调研，了解竞争对手的价格策略和市场行情，确保定价合理。同时，准确计算服务成本，确保定价能够覆盖成本并实现预期利润。此外，提供灵活的定价方案，如长期合作折扣、季节性优惠等，也能增强企业的市场竞争力。

4. 正确的渠道

通过正确的渠道提供服务，是提高客户便利性和服务效率的重要手段。物流企业需选择合适的服务渠道，确保客户能够方便、高效地获取服务。提供多样化的服务渠道，如线上平台、线下网点、移动应用等，可以满足不同客户的个性化需求，扩大市场覆盖范围。同时，整合不同渠道的服务流程，确保客户在不同渠道之间能够无缝切换，提升服务体验。定期评估各渠道的使用情况和客户反馈，优化渠道布局和服务流程，也是确保渠道正确的关键措施。通过这些方法，物流企业可以提高服务效率，减少中间环节，降低运营成本。

5. 正确的客户

服务正确的客户是物流企业实现可持续发展的关键。物流企业需识别并专注于那些具有高价值、高忠诚度的客户，同时合理管理低价值或高风险的客户。通过客户细分和数据分析，企业可以识别高价值客户，并为他们提供个性化服务，提升客户满意度和忠诚度。建立完善的客户关系管理系统，记录客户的购买行为、偏好和反馈，有助于企业更好地了解客户需求，及时解决客户问题。定期与高价值客户沟通，了解他们的需求和意见，这也是确保服务正确客户的关键措施。通过这些方法，物流企业可以优化资源分配，提高运营效率和盈利能力，实现客户价值的最大化。

（二）物流客户服务管理实施的具体目标

1. 提高客户满意度

客户服务是企业为购买其产品或服务的客户提供的一系列活动。客户关心的是产品的整体价值，包括实物和附加价值。物流客户服务正是提供这些附加价值的重要活动，对客户满意度有显著影响。良好的客户服务不仅能提高客户满意度，还能提高产品价值。基于客户价值的三维模型，物流客户服务在提升客户感知方面发挥关键作用。通过精准满足客户的全生命周期需求，专业化的物流解决方案能够显著提升客户对产品价值的感知度。特别是通过 JIT 配送（准时制配送）、可视化追踪等增值服务，物流企业可以把基础物流变成客户体验的增值点，增强客户忠诚度。

2. 降低流通成本

低成本战略一直是企业竞争的关键。物流客户服务方式的选择对物流成本有显著影响。除了生产原材料、零部件等有形因素外，物流客户服务等软性要素也能显著影响成本。通过优化物流客户服务方式，企业可以实现更高效的资源配置，从而降低流通成本。在供应链成本管理中，物流客户服务模式的创新能带来显著成本优化。通过多式联运、智能布仓、共同配送等创新方案，企业可以突破传统成本控制的限制。这种柔性化成本控制模式不仅能降低显性物流费用，还能通过提升服务响应效率，减少隐性机会成本，形成持续改进的成本控制生态。

3. 提高销售收入

客户服务是物流企业的核心竞争力，直接影响其市场营销效果。物流企业通过提供时间和空间效用，满足客户的个性化需求，这是其核心功能和最终产品。无论是生产物流还是市场物流，物流客户服务的最终目标都是提供满足客户需求的服务，从而推动销售收入的增长。作为现代物流体系的核心价值输出，客户服务在市场营销战略中占据枢纽地位。

通过将基础物流客户服务转化为增值产品，物流企业不仅覆盖生产物流与市场物流两大维度，还通过服务产品化路径构建差异化竞争优势，为收入增长注入持续动能。

4. 创造供应链价值

物流客户服务通过商品将供应商、厂商、批发商和零售商有机地整合为一个完整的流动体系，推动商品的顺利流通。同时，物流客户服务通过系统设施（如 POS、EOS、VAN 等）将销售和库存信息反馈给供应链中的所有企业，帮助他们协调资源，应对市场变化，从而创造超越单个企业的供应链价值。现代物流客户服务已成为供应链价值整合的核心。通过数字化工具（如 EDI、VAN），物流企业可以构建一个覆盖供应商、制造商、分销商的全链路信息共享平台。这种协同机制不仅实现了商流、物流、信息流的整合，还能通过动态资源调配，形成网络化规模效应，大幅提升供应链的整体价值创造能力。

5. 留住客户

客户是企业利润的源泉，也是企业建立和发展的基础。满足客户需求是企业成功的关键。过去，企业多关注新客户开发，而忽视了对现有客户的维护。实际上，留住老客户更为重要，因为老客户与企业利润率高度相关。保留老客户不仅能保留业务，还能降低销售和广告成本，特别是满意的客户会带来新的业务机会。因此，防止老客户流失已成为企业的战略重点。通过大数据预警系统和定制化服务方案，企业可以有效提升客户黏性。特别是通过物流客户服务创新带来的边际效益提升，可以大幅增加客户转移成本，构建起强大的竞争壁垒。

二、物流客户服务管理实施思路

物流客户服务管理的实施需要先进的服务理念、服务手段来提升服务效率，这就需要积极实施优质服务，形成服务的良性循环。既要吸引客户又要培育客户忠诚度，因此物流客户服务管理的实施思路主要涵盖以下几个方面。

1. 将"客户"理念引入企业内部

在当今物流行业竞争日益激烈的背景下，将"客户"理念引入企业内部已成为企业提升竞争力的关键举措。客户服务绝不仅仅是直接与客户接触的一线员工或客户服务部门的职责，而是贯穿于整个企业的一项系统工程。公司中的每一位员工，无论身处何种岗位，其行为都会直接或间接地影响客户的满意度。因此，物流行业必须将"客户"理念深度融入企业内部的每一个环节。公司高级主管和客户经理部门人员不仅要满足外部客户的需求，更要优先满足内部客户（即其他员工）的需要。内部客户满意度的提升，能够为外部客户服务提供更坚实的基础。二线员工应该全力为一线员工提供支持，以确保他们能够全身心地投入客户服务中。例如，后勤部门要确保一线员工的工作环境良好、物资供应充足；技术支持部门要及时解决一线员工在工作中遇到的技术难题。只有这样，一线员工才能更好地为外部客户提供优质、高效的服务。此外，企业还应通过培训、文化建设等多种方式，让全体员工深刻理解"客户"理念的重要性。通过内部沟通机制，让员工能够及时反馈在服务过程中遇到的问题和建议，从而不断优化服务流程。将"客户"理念引入企业内部，不仅是提升客户满意度的需要，更是企业实现可持续发展的必然选择。通过这种全员参与、全流程优化的方式，物流企业能够更好地满足客户需求，提升客户体验，从而在激烈的市场竞争中脱颖而出。

2. 建立"服务至上"的物流客户服务文化

随着市场竞争的加剧，越来越多的物流公司意识到客户服务的重要性，并试图将其融入企业的经营活动中。然而，许多公司在实施过程中，仅仅停留在制定规章制度、强制员工执行的层面，结果往往不尽如人意。问题的关键在于，制度的制定相对容易，但要让员工真正认可并内化为服务理念和服务宗旨并非易事。员工只有从内心深处认同服务的重要性，并主动思考如何为客户提供更好的服务，才能真正实现"服务至上"的企业文化。在物流客户服务竞争中，服务项目和产品数量并非关键，因为这些很容易被竞争对手模仿。真正重要的是服务文化。建立和转变物流企业文化是一个漫长而复杂的过程，在这个过程中，管理者起着决定性的作用。优秀的管理者会不厌其烦地向员工阐述服务理念，并亲自到第一线为客户提供服务。这样不仅能让高层主管深入了解客户面临的问题，体验一线员工的艰辛，还能向全体员工展示客户服务的重要性。因为只有参与型的领导，才能让员工真正领会所传播的"文化"内涵，从而激发员工的最大投入。此外，建立以客户为导向的组织结构也是至关重要的。这种组织结构应向员工传递一个清晰的信息：一线员工的职责是让客户满意；而管理人员的职责是支持员工，帮助他们更好地为客户提供服务。为此，一线员工应被充分授权，因为他们最了解客户的需求。如果这些员工没有权力根据客户需求决定自己的行动，就无法真正让客户满意。为了确保一线员工正确地行使权力，物流公司需要加强员工培训，管理层也应从传统的机械管理者转变为客户的拥护者和教练，协助员工愉快地工作。同时，在缩短管理半径的过程中，要强调管理人员与员工的双向沟通：一方面，管理者必须让员工明确服务目标，帮助他们提供最优服务；另一方面，一线员工应将客户的反馈准确、快速地传递给管理层，为决策提供参考。只有通过这样的方式，才能真正构建"服务至上"的物流企业文化，从而在激烈的市场竞争中脱颖而出。

3. 实施精准的物流客户服务策略

物流客户服务管理需要促进企业与客户深度沟通，不仅要能够构建企业与客户的互动过程，还要能够捕捉客户信息，致力于实现企业与客户的无缝对接，有效地将企业内部相对封闭的环境与外部竞争激烈的市场紧密相连。客户能够获取满意的产品和服务，企业则能够精准把握客户需求，提供个性化的物流客户服务产品和解决方案。精准的物流客户服务管理策略的实施思路如表5-2所示。

表5-2　物流客户服务管理策略的实施思路

服务领域	主要内容
客户信息收集与管理	高效收集和管理客户数据，确保信息的准确性和完整性
客户关系维护与关怀	通过定期回访、个性化服务等方式，提高客户满意度和忠诚度
市场营销与管理	利用数据分析制定精准的营销策略，提升市场响应速度

续表

服务领域	主要内容
销售及售后服务管理	优化销售流程，提升售后服务质量，增强客户体验
信息数据存储与分析	存储海量客户数据，并通过数据分析挖掘潜在价值，为决策提供支持
预测与决策支持	基于数据分析进行市场趋势预测，为生产和市场策略制定提供科学依据

4. 建立战略合作伙伴关系

在物流行业的竞争中，建立牢固的客户关系是企业实现长期稳定发展的关键。如果说提升服务质量、优化内部管理等方法更侧重于情感投入和利益回报，那么更为牢固的客户关系应该是战略合作伙伴关系。这种关系不仅能够提升客户满意度，还能实现企业与客户之间的双赢。物流企业应通过不断改善和提高物流客户服务质量，满足客户的销售需求。随着客户的发展壮大，物流企业要及时提出相应的采购、销售物流解决方案。通过有针对性、个性化的物流解决方案，降低物流成本，减少资金占用。此外，物流企业还要协助客户销售，积极整合社会资源，实现客户与终端客户的零距离接触、客户零库存以及准时化（JIT）概念的落地。例如，物流企业可以通过优化配送路线、提高配送效率等方式，帮助客户降低成本，提升客户产品的竞争力。同时，物流企业要积极跟进客户销售网络的拓展，做好仓储网络的部署、客户的分拨与配送等物流安排。这种相互依赖、相互影响的关系，使客户和物流企业成为新的利益共同体。物流企业应通过定期与客户进行沟通、反馈，了解客户的需求和意见，不断优化服务。只有建立战略合作伙伴关系，物流企业才能在激烈的市场竞争中立于不败之地，实现与客户的共同发展。通过这种深度合作，物流企业不仅能够提升自身的市场竞争力，还能为客户创造更大的价值，从而在双赢的基础上实现长期稳定的发展。

三、数智赋能物流客户服务管理实施流程

物流客户服务管理的实施与新经济和新技术密切相关。新经济打破了传统的行业壁垒，使行业与企业之间的竞争更加激烈，产品的生命周期更短，客户的需求更加个性化。因此，物流客户服务管理的有效实施能够使企业管理从过去的"产品"导向转变为"客户"导向，企业管理最重要的指标从"成本"和"利润"转变为"客户的满意度"。企业取得市场竞争优势最重要的手段不再是成本，而是技术的持续创新。物流客户服务管理的实施可以通过建立改善企业与客户之间关系的新型管理系统，使企业在利润、客户忠诚度和客户满意度等多方面获得显著提升。

（一）实施物流客户服务战略评估

优质物流客户服务已然成为企业实现差异化竞争优势的关键要素之一。物流客户服务管理实施的重要性不仅体现在提升客户满意度方面，更是企业实现长期稳定发展、构建核心竞争力的基石。然而，有效的物流客户服务管理需要依托一系列科学且系统的实施步骤，

以循序渐进的方式逐步推进，从而确保企业能够全方位、深层次地优化客户服务流程，提升服务质量，进而在激烈的市场竞争中稳固扎根并实现可持续发展。物流客户服务已成为现代企业管理的重要趋势。在激烈的市场竞争中，企业纷纷希望通过实施物流客户服务项目来赢得先机并获取竞争优势。企业在进行物流客户服务之前，必须进行客观、全面的可行性评估。这种评估不仅涉及技术层面，更关乎企业文化与管理理念的变革。企业物流客户服务的成败在很大程度上取决于企业文化的适应性和变革能力。通过专业评估，企业可以明确自身存在的问题及症结所在，例如哪些问题可以通过技术手段解决，哪些问题需要通过战略调整来优化，从根本上解决问题。在完成评估后，企业需要根据自身实际情况做出决策。并非所有企业都适合立即实施高端的物流客户服务。例如，对于规模较小、供应商数量有限、生产流程简单、产品种类单一且业务量不大的企业，其下游企业和客户关系较为明确，此时仅通过设立服务热线并利用计算机建立一套适合自身业务的客户管理档案，即可满足基本的客户管理需求。而对于生产季节性日用品、生产量大且产品生命周期较短的企业，由于其需要满足庞大客户群体的复杂需求，物流客户服务管理将更为复杂，需要更深入地规划和设计。此外，某些企业可能需要暂缓实施物流客户服务，例如，企业在某条供应链中处于非核心地位，并且希望与核心企业保持长期合作关系，最好可以等待核心企业进行高端物流客户服务后，再考虑自身物流客户服务的实施优化。物流客户服务管理的实施并非万能的，它并不能解决企业所有的问题。只有那些运行良好、业务流程清晰且运作规范的企业，才具备实施优质物流客户服务管理的基础条件，通过物流客户服务提升自身的竞争力。对于那些存在严重管理问题或业务流程混乱的企业，物流客户服务可能无法发挥预期的作用，因为物流客户服务的实施需要以规范的业务运作和部门之间、企业之间的协调运作为前提。通过科学的战略评估，企业可以明确自身是否适合实施物流客户服务，以及如何制定合理的实施策略，从而为企业的长期发展奠定坚实的基础。

（二）确定物流客户服务管理实施的范围和优先顺序

在实施物流客户服务管理时需要明确物流客户服务项目的范围和排序，以明确总体方向，以免物流客户服务管理偏离预定目标，造成时间和资源的浪费。这有助于明确服务的目标和边界，确保所有参与者对服务有共同的理解。通过优先排序，可以集中资源和精力解决最紧迫和最重要的需求，从而提高服务的效率和成功率。如图5-3所示，物流客户关系管理需求可以分为多个独立的模块，如为CSR（客户服务代表）和电话销售员工提供脚本、实施基于网络的自助式服务和FAQ（常见问题解答）、提供网络交流服务和支持、为CSR提供所需的客户资料、支持流出信息管理和自动化人事管理来优化客户支持等。这些模块可以根据其对业务的影响和实施的难易程度进行优先排序，确保最终的物流客户服务能够满足企业的长期需求，提升客户满意度和忠诚度。

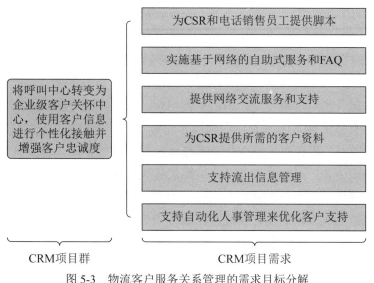

图 5-3　物流客户服务关系管理的需求目标分解

（三）规划物流客户服务目标与实践路线

在对企业的资源进行全面评估之后，企业应当明确规划其目标，并深入思考如何实现这些目标。通过有效利用企业和社会的优势资源，企业可以提升其竞争力，从而提高盈利水平。在规划企业目标之前，盲目追赶潮流而忽视企业自身的实际情况，往往会导致得不偿失的后果，甚至可能使企业陷入困境。因此，企业需要慎重考虑实施意见，制定短期、中期、远期和根本目标。这些目标应当符合企业的实际情况，既不可过高也不可过低，因为市场的变化和发展存在太多的不确定因素，只有确定适合的目标才能保证物流客户服务的顺利实施。确定适合的目标需要考量的因素如表 5-3 所示。

表 5-3　物流客户服务实施目标考量因素表

考量因素	具体要求
目标的可量化性	确保每个目标都可以量化，以便在项目实施过程中进行跟踪和评估
技术的适应性	选择与企业现有技术基础设施兼容的物流客户服务解决方案，以减少实施过程中的技术障碍
员工的参与度	确保员工参与物流客户服务规划和实施过程，以提高他们对新系统的接受度和使用效率
持续的评估和调整	在项目实施过程中，定期评估项目进展，并根据市场和技术的变化进行必要的调整

（四）数智赋能搭建物流客户服务管理系统

基于数智技术（如人工智能、物联网等）搭建包含客户知识平台、客户交互平台和企业生产平台、服务交流平台在内的客户服务管理系统。客户知识平台是客户数据仓库，是整个客户关系管理架构中的核心部分。它涵盖客户基础数据和数据分析，将大量的客户数据转化为客户知识，并将这些知识及时传递到客户交互平台和企业生产平台，以指导企业的生产、市场营销和客户服务。客户交互平台又可称为接入管理平台，提供与客户交流和互动式的服务，使客户需求信息的接收和服务产品的提供自动化。客户交互平台包括销售自动化、市场营销自动化、智能电话服务中心、智能化管理监控、个性化服务等多个方面。企业生产平台指用户拥有的各生产系统、财务系统、市场营销系统等。企业生产平台是客户数据的主要来源，也是运用客户知识的主要用户。因此，应有步骤地搭建物流客户服务管理平台，实施有效的客户服务管理。物流客户服务数智系统的主要功能包括对供应商、销售商、客户和企业内部信息的流程化、系统化和信息化的设计。这种设计旨在优化企业与供应商、销售商、客户之间的沟通，实现集成化、自动化和简便化的目标。此外，物流客户服务数智系统还需要能够支持在此基础上的智能化决策，帮助企业在复杂多变的市场环境中做出更明智的决策。在设计物流客户服务数智系统时，企业可以借鉴先进经验，但必须考虑到每个企业都有其独特的特点，因此不能简单地照搬其他企业的方案。

（五）物流客户服务管理流程和组织架构改造

物流客户服务管理的有效实施必须借助数智技术的力量，因此，要考虑企业的客户数量以及市场竞争激烈程度进行物流客户服务管理的流程再造。一个完整的供应链包括供应商、核心企业和终端客户。核心企业需要通过物流客户服务管理将供应商和下游客户纳入自身的管理体系，形成供应链一体化的管理模式。任何企业向客户提供的产品都需要涵盖物流、信息流、商流、资金流和服务流。伴随着物流客户服务，企业向客户提供的信息流是信息传递的过程，商流和资金流是实现物品所有权转移以及资金交易的过程，服务流是提供分析研究报告和解决方案的过程。因此，物流客户服务管理的流程设计需要优质的组织架构，每个部门和个体都需要在服务过程中找到自己合适的位置，这有利于核心竞争力的形成，强化核心竞争力组织的力量，形成一个灵活可伸缩的架构。在选择物流客户服务方案时，企业需要多方比较，对自身的业务流程、组织结构和技术能力进行全面评估，以确保物流客户服务项目的成功。

（六）依据业务流程规划物流客户服务管理

企业需要根据业务流程中存在的问题来选择需要的物流客户服务功能和合适的技术，确定了业务流程后，接下来企业就应该调整其组织结构，使其组织结构具有足够的柔性，能够应对市场和客户的变化，避免企业行为与市场行为脱节，确保其业务流程与市场和物流客户服务需求保持同步，从而提高客户满意度和忠诚度，最终实现企业的长期成功。

（七）推进标准化管理

在实施物流客户服务管理时，企业必须积极推进物流服务标准化管理，建立健全全面的规章制度。标准化管理是企业高效运作的基石，它不仅能够显著提升企业的运营效率，还能为物流客户服务管理的顺利实施和稳定运行提供坚实的基础保障。通过制定和执行标准化流程，企业可以确保数据的一致性和准确性，这对物流客户服务管理的有效实施至关重要。一致的数据格式和准确的信息录入能够使物流客户服务管理数智系统更加高效地处理和分析数据，从而为企业提供精准的客户洞察和决策支持。此外，标准化管理还能帮助企业优化内部流程，减少冗余环节，提高整体工作效率。在推进标准化管理的过程中，企业需要从以下几个方面入手：建立规章制度、制定标准化流程、培训员工、持续改进。通过这些措施，企业不仅能够提升自身的运营效率和管理水平，确保长期稳定运营，还能够为物流客户服务管理的成功实施提供支持，从而在激烈的市场竞争中占据优势地位。

（八）物流客户服务管理实施与员工培训

虽然物流客户服务管理实施流程设计主要由专业技术人员负责，但其实际应用却涉及企业的每一名员工。因此，在物流客户服务管理实施过程中，企业必须广泛开展员工培训，确保员工能够深入理解并掌握物流客户服务的操作要领，为未来的工作奠定坚实的基础。员工培训应重点关注以下三个方面。

（1）观念转变：培训的首要任务是帮助员工从传统的"以产品为中心"的思维方式转变为"以客户为中心"的服务理念。这种观念的转变对于提高客户满意度和忠诚度至关重要，也是物流客户服务系统成功实施的基础。

（2）专业技术掌握：员工需要通过培训掌握物流客户服务系统的各项功能和操作技巧，例如如何使用物流客户服务系统进行客户信息管理、如何将业务流程与物流客户服务系统相集成，以及如何利用物流客户服务系统提供更优质的客户服务等。这些专业技能对于提高工作效率和客户服务质量非常关键。

（3）创新能力培养：培训还应注重培养员工的创新能力，使他们能够在企业确立物流客户服务系统后，根据企业环境、业务需求和客户情况的变化，不断对物流客户服务系统进行调整和优化，确保其能够适应不断变化的市场环境，实现"与时俱进"。

物流客户服务管理的成功实施离不开企业高层的支持和认可，也需要中层管理人员的积极参与和推动。企业上下必须协调一致、共同努力，才能顺利完成物流客户服务管理的实施任务。只有当所有员工都真正理解物流客户服务的概念、原理和价值后，才能更好地运用物流客户服务管理为企业创造长期利益。此外，对于负责物流客户服务管理的工作人员，在上岗之前进行一系列相关技能和操作的培训是非常有必要的。这不仅包括对物流客户服务系统的基本操作，还应涵盖对物流客户服务理念的深入理解，以及如何将这些理念融入日常工作中。通过这样的培训，员工能够更有效地利用物流客户服务工具，提高客户关系管理的效率和效果，为企业创造更大的价值。

（九）物流客户服务管理实施后评估

在物流客户服务管理的实施过程中，各个部门的集成是提高效率和有效性的关键步骤。这一过程不仅涉及终端用户效率的提升，还包括团队协作的有效性、企业整体效能的增强，以及企业间交互性的提高。因此，物流客户服务管理应与企业的其他业务，如物流采购、物流配送等相互配合，实现信息的兼容和整合，形成一个功能强大的信息网络。为了确保物流客户服务管理的实施效果，企业需要在实施过程中进行持续的评估。这种评估不仅包括对系统性能的监测，还应涵盖对用户满意度、业务流程改进和投资回报率等方面的考量。评估的结果应作为项目参与人员奖惩的依据，以此来保障参与者的职业操守得到尊重，并激励他们积极参与项目。通过建立明确的奖惩机制，企业可以避免实施过程中出现工作人员效率不高、情绪消极的情况。这种机制有助于提高员工的积极性和责任感，确保他们能够全身心地投入物流客户服务管理的整合和优化中。

此外，项目评估还应包括对物流客户服务系统整合后的整体业务影响的分析。这包括对客户满意度、客户忠诚度、市场份额和收入增长等方面的评估。通过这些评估，企业可以更好地理解物流客户服务系统的价值，并据此调整战略，以实现长期的业务增长和竞争优势。系统的整合与项目评估是物流客户服务实施过程中不可或缺的环节。通过有效的整合和持续的评估，企业可以确保物流客户服务系统与现有业务流程和信息系统的无缝对接，从而实现业务流程的优化和企业效能的提升。同时，通过建立合理的奖惩机制，企业可以激励员工积极参与，确保物流客户服务项目的顺利实施和长期成功。

四、物流客户服务管理实施成败影响因素

（一）物流客户服务管理实施成功影响因素

物流客户服务水平受多种因素影响，评价指标涵盖定量与定性两类，权重各异。从交易时间维度看，客户服务管理实施影响因素分为交易前、交易中、交易后三类。

（1）交易前因素：奠定基础，营造氛围。交易前因素为优质客户服务营造氛围，奠定基础，主要包括以下几方面。需求调查，通过问卷，访谈等方式，精准了解客户需求，助力服务设计与优化，契合客户期望，树立专业形象；价格竞争力，在保证服务质量的前提下，优化成本，制定有竞争力的价格策略，吸引客户，增强信任度；服务书面陈述，提供清晰详细的服务内容、标准、流程等书面信息，减少信息不对称，增强客户信任，规范服务执行；组织机构建设，建立完善的客户服务组织机构，明确职责，加强员工培训，打造专业团队，保障服务顺利开展。此外，技术培训和手册可增强客户对企业的信任和依赖，促进合作关系稳定发展。

（2）交易中因素：确保产品顺利交付。交易中因素直接关系产品能否顺利送达，包括以下几方面。订货方便程度，优化订货系统，提供多种渠道，简化流程，提高订货效率，提升客户体验；订单处理程序，建立高效订单处理系统，加强部门协作，及时处理异常，保障订单准确履行；运输方式选择，综合考虑货物特性、成本、时效等因素，选择合适的运输方式，优化路线，确保按时送达。

这些因素共同影响送货时间、订单履行准确性和存货可得率，物流企业需优化改进，提升客户满意度。

（3）交易后因素：提升客户满意度与忠诚度。交易后因素虽在产品售出后发生，但对

客户满意度和忠诚度至关重要，包括以下几方面：产品使用支持，及时响应客户问题咨询，提供技术指导，定期回访，提升客户满意度；保修服务，明确保修范围和流程，提高响应速度和效率，保障客户权益；包装返还服务，建立返还机制，鼓励客户参与，提升企业形象和客户认同感；索赔、投诉和退货处理，建立高效投诉处理机制，及时沟通解决问题，分析改进，增强客户信任。这些服务需在交易前和交易阶段做好计划，为客户提供全方位服务体验，促进长期合作。

物流客户服务管理的成功实施需综合考虑交易前、中、后因素，优化服务环节，满足客户需求，提升客户体验，助力企业可持续发展。

（二）物流客户服务管理实施失败影响因素

（1）未真正树立"以客户为中心"的经营理念：公司从管理层到员工没有真正树立"以客户为中心"的经营理念，对客户关系管理缺乏战略眼光。公司管理层过于重视"增加利润"和"降低成本"，忽视客户关系管理；注重眼前利益，忽视长远利益；以企业为中心，而不是以客户为中心。没有全员贯彻"以客户为中心"的理念，各部门本位主义严重，只关心本部门的绩效和工作任务，不能主动服务客户，不能主动配合客户服务部门。

（2）组织结构不合理：许多第三方中小型物流企业的组织结构注重职能分工，各部门自成体系，各自关心部门内部的业务流程及业绩，各部门之间缺乏协作，信息缺乏共享，客户管理散乱。企业高管分工不太合理，使得公司业务运转中常常存在脱节、协调不畅的现象。客户服务部门员工太少，已经不能适应公司急剧变化的新形势。另外，有些企业将客户服务部门设在市场部下面，没有突出客户服务部门的重要性。

（3）缺乏对客户细分和客户价值的挖掘：大多第三方中小型物流企业只简单地将客户分为大客户和一般客户，业务员对一般客户采用无差异化的服务模式。缺乏科学的客户分类，无法为客户提供个性化服务。衡量客户价值的指标缺乏科学性和全面性，也缺乏前瞻性，没有分析客户的潜在价值，没有分析客户的忠诚度、客户信用度、客户成长度、客户风险，只看重当前的贡献，对客户分析不够深入、不够透彻，对客户价值的挖掘不够。

（4）业务流程不合理：许多第三方中小型物流企业的业务流程是以公司业务为中心组织的，而不是以客户为中心组织的。忽视了财务部、人力资源部以及其他部门在客户关系管理中的作用，公司高层管理者没有深度介入客户服务流程，采用的是无差异客户关系管理。业务流程中缺乏对客户数据的整理分析，不能为高层管理者提供翔实准确的客户数据报告，缺乏对流失客户的挽回机制，另外客户服务环节人员紧张。

（5）物流信息化建设滞后：许多第三方中小型物流企业采用的信息管理系统是 ERP 系统，侧重企业内部管理，未能突出以客户为中心。业务员将客户信息记在笔记本上，或记在脑子里，或随便写在卡片上，比较随意。一旦业务员离职，就会造成客户资料丢失。另外，有些员工过度依赖 ERP 系统的操作，而忽视了和客户的交流沟通，忽视了对客户的人文关怀。有些员工在使用 ERP 系统时不规范，或者输入数据不完整，信息未能及时更新。

（6）缺乏高素质物流人才：许多第三方中小型物流企业的高学历员工较少，低学历员工较多，员工的受教育程度偏低，物流专业比例偏低。专门的客服人员数量明显不足。没有对员工进行系统性的客户关系管理理论培训，未能积极培养员工"以客户为中心"的经营理念。在留住人才方面也做得不够，对员工的人文关怀不够，激励晋升机制不完善，造成员工流动性大。

（7）未建立合理的员工绩效考核机制：许多第三方中小型物流企业各部门的考核指标不一样，导致员工为客户提供服务的理念和质量存在差异。公司管理强调业绩和利润，导致对员工的考核侧重于完成的业务数量，没有将员工的服务质量和客户投诉率纳入量化考核。考核机制只单纯地关注年度业绩指标，而未能考虑客户生命周期。

五、物流客户服务管理实施成功标准

物流客户服务的最终目标是确保顾客能够顺利利用商品，并在此基础上培育客户的忠诚度。以下是物流客户服务管理的实施成功标准。

1. 以市场为导向

物流客户服务水平的确定应从市场导向出发，充分考虑需求方的要求，而非单纯基于供给方的理论。市场导向型的物流客户服务应根据经营部门的信息和竞争对手的服务水平来制定。这既能避免过剩服务的出现，又能及时进行调整。通过与客户面谈、需求调查以及第三方调查等方式，精准把握客户最强烈的需求，是确定物流客户服务水平的基本方法。

2. 制定多种物流客户服务组合

客户的需求千差万别，因此企业应制定多样化的物流客户服务组合。在提供服务时，企业需考虑有限经营资源的合理配置，根据不同客户类型提供相应的服务，以满足不同客户群体的个性化需求。

3. 注重对比，开发具有竞争力的物流客户服务

企业在制定物流客户服务要素和服务水平时，应注重与其他企业的对比。鲜明的服务特色是保证高质量服务的基础，也是物流客户服务战略的重要特征。为此，企业需要重视收集和分析竞争对手的物流客户服务信息，从而开发出具有竞争力的物流客户服务。

4. 注重物流客户服务的发展性

物流客户服务的需求会随着市场变化而不断演变。因此，在物流客户服务管理中，应充分关注其发展方向和趋势。例如，随着零售业务的简化和效率化革新，以及电子数据交换的导入，信息服务已成为物流客户服务的重要组成部分。物流企业需不断研究新的服务需求，以适应市场变化。

5. 重视物流客户服务与社会系统的契合

物流客户服务并非企业孤立的行为，它必须与整个社会系统相契合。除了考虑物流配送、企业内部物流和销售物流，企业还需关注环境保护、节能和资源回收等社会需求。物流客户服务水平会随着市场形势和竞争状况的变化而变化，因此建立能够适应市场环境变化的物流客户服务管理体制至关重要。

6. 物流中心的建设与完善

物流中心作为物流客户服务的基础设施，其建设与完善对于保障高质量服务至关重要。物流中心通过集中管理高频次订货商品，优化进货时间，提高库存服务水平。同时，缩短商品在库时间，提高库存周转率，增加出入库频率。此外，物流中心还具备多品种、小批量商品的存储功能，以及备货、包装等流通加工能力，能够实施有效的库存管理和配送活动，这些都是高质量物流客户服务的具体体现。

7. 构筑信息系统

要实现高质量的物流客户服务，必须建立完善的信息系统。该系统不仅能够快速、准确地接收订单并向客户提供服务，更重要的是通过缩短送货期、提高商品周转速度、保障备货、优化信息处理时间以及货物追踪等功能，确保物流客户服务不劣于竞争对手。企业可以通过以下活动提升物流客户服务绩效：深入研究客户需求；在成本与收益分析的基础上确定最优服务标准；在订单处理系统中采用先进技术；考核和评价物流管理各环节的绩效。

通过以上标准的实施，物流企业能够更好地满足客户需求，提升服务质量，从而在竞争激烈的市场中赢得客户的信任和忠诚度。

案例分析

创新助力物流行业智能化转型

在全球化经济与技术飞速发展的今天，物流与供应链行业正在经历一场大变革。只有更加高效、更具成本优势，才能为企业赢得更强的竞争力。而 YH 供应管理有限公司抓住机遇，创新驱动，成为行业的"领头羊"。

该企业一直致力于应用新技术改变物流业，并已取得相应的成果，其中最具有代表性的三项原创技术为：一是能根据客户行为推荐物流服务的系统，二是能实时监控集装箱运输的物联网系统，三是能让物流成本更加优化的平台。

首先是物流服务推荐系统，它就像一个很懂客户的"贴心助手"，通过分析客户以前的订单和喜好，用人工智能算法为客户量身定制物流方案。以前物流服务都是"一刀切"，但现在客户的需求越来越不一样，这种个性化的服务就成了新的竞争点。这个系统不仅能帮企业更好地分配资源，还能让客户更满意、更忠诚，现在很多物流企业都在用。

其次是物联网集装箱监控系统，现在物流行业越来越需要透明化和实时监控，这个系统就派上了大用场。它通过 GPS、RFID 等高科技手段，能实时监控集装箱的位置、温度、湿度等信息，并把数据传回运营平台。这样一来，货物丢失、运输延误等老问题就得到了解决，客户的安全感和体验都大大提升。这个系统在冷链物流、化工品运输这些高价值领域特别受欢迎，业内评价也很高。

最后是物流成本优化平台，该平台源于对行业运行机制的深度洞察。它利用大数据分析市场价格波动、运力供需变化等情况，然后用智能算法为企业找出最省钱的物流方案。在竞争激烈的市场里，这个平台帮企业保持了成本优势，还提高了整个行业的资源配置效率。

一直以来，YH供应管理有限公司把技术创新当作企业发展的"发动机"。企业不仅在技术研发上很用心，还积极推动这些技术成果落地应用。企业一直强调，技术创新不能只在实验室里，能够解决实际问题、创造经济效益才有价值。这种理念贯穿其每一个服务项目的设计到实施环节。企业的技术效益，还为整个物流行业的技术进步树立了榜样。

· 讨论：分析物流企业转型成功的影响因素，怎样实施物流客户服务管理？

本章小结

本章深入分析了物流客户服务管理组织架构的关键要素和实施策略，明确了其定义、目标和核心特点，包括客户需求导向、责权分明与统一指挥、分工协作专业化、技术嵌入性保障、灵活适应性调整、职务分离控风险、信息传递促沟通等七个维度。同时，我们探讨了不同组织结构类型如直线制、职能制、直线职能制、事业部式和矩阵式结构的适用场景和优缺点。此外，我们还强调了设计组织架构时应遵循的关键原则，如有效性、统一指挥、以客户为中心、协调配合和灵活适应等。讨论了物流客户服务管理的实施目标、思路、路径和步骤，物流客户服务管理实施成败影响因素和成功标准。通过这些讨论，本章为物流企业提供了一套系统的方法论，以适应市场的变化和技术的进步，通过持续的创新和改进，提供更高效、更个性化的服务，满足客户的期望和需求。

思考题

（1）描述物流客户服务管理组织架构的核心目标和特点，并解释它们如何帮助企业提升服务质量。

（2）比较直线制和矩阵式组织结构在物流客户服务管理中的优缺点。

（3）讨论如何根据企业特定需求选择和设计合适的物流客户服务管理组织架构。

（4）解释物流客户服务管理组织架构设计的关键原则，并给出实际应用中的例子。

（5）分析数智技术如何赋能物流客户服务管理，并讨论其对提升客户满意度的潜在影响。

（6）简述物流客户服务管理的实施步骤。

（7）分析物流客户服务管理的影响因素。

（8）试述物流客户服务管理实施的成功标准。

第六章 物流客户服务关系管理

→ **本章导读** →

　　随着消费者需求日益多元化、技术革新加速，物流企业也面临着高效服务与成本控制的双重挑战。数字经济时代，企业如何通过物流客户服务关系管理赢得竞争优势，凭借高效的运输网络和精准客户需求洞察，在高端市场占据领先地位应当成为企业的思考重点。利用数智技术实现物流客户服务关系管理能够有效提升服务效率，但国际化进程中的政策差异和成本压力仍亟待解决。本章将深入探讨物流客户服务关系管理的核心理念、实施策略及未来趋势，揭示如何通过数智化技术和生命周期管理实现客户价值最大化。

→ **学习目标** →

　　（1）了解物流客户服务关系管理的必要性、面临的机遇与挑战等。

　　（2）理解物流客户服务关系管理的概念、特征及其内涵，理解物流客户服务关系管理的实施目标等。

　　（3）掌握物流客户服务关系管理的实施过程及基于生命周期的物流客户服务关系管理策略等。

→ **本章结构图** →

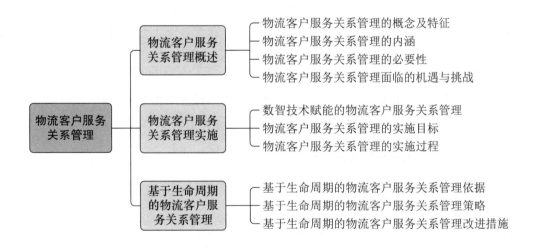

第一节　物流客户服务关系管理概述

一、物流客户服务关系管理的概念及特征

（一）物流客户服务关系管理的概念

客户关系管理（CRM）源自20世纪80年代初的"接触管理"，侧重于收集和整理客户与公司联系的所有信息。到了90年代初，演变为对于资源资料的分析，以及电话服务中心的"客户关怀"。最后经过不断的发展和更新，客户关系管理日益完善，最终形成了一套完整的管理理论体系。所谓物流客户服务关系管理，就是把物流的各个环节作为一个整体，从整体的角度进行系统化的客户关系梳理，在物流企业的层面选择企业的客户、不断优化客户群，并为之提供精细化服务的管理过程。

物流客户服务关系管理是在客户需求的拉动下，为了使物流竞争力增强而借助信息技术和管理技术，将物流业务伙伴的业务流程相互集成，实现产品设计、原料采购、产品制造、仓储配送、分销与零售集成化，并进行优化管理，进而实现客户价值最大化的管理模式。这种管理模式实际上是一种"客户拉动"的管理模式，也就是以客户服务、客户满意为价值取向的模式。客户需求是现代物流的起点和动力，客户需求的满足是一个过程的终点和企业要实现的目标，其重要性在于客户价值超过了产品价值。因此，物流客户服务关系管理需要协调物流企业通过积极合作经营来赢得利润。搞好物流客户关系管理首先就要了解客户的需求，实现快速反应，满足个性化需求，在此基础上通过规模的扩大来提高利润，而不仅仅是通过压缩成本开支来机械地增加利润。因此，这也是"有效客户"需求反应管理模式在物流领域的实际应用。

物流客户服务关系管理是从"以产品为中心"向"以客户为中心"转变过程中的必然产物。它使企业的关注焦点从企业内部运作扩展到与客户的关系上来。

（二）物流客户服务关系管理的特征

1. 客户的双向性

传统企业一般都是与客户进行一对一的交流，交流过程中只涉及产品或服务的供应方和需求方，而不涉及第三方。物流企业的客户与传统企业有很大不同，物流是物流企业为供应方和需求方提供产品运输、产品配送、仓库存储等各项物流服务的活动，是供应方和需求方之间的纽带，物流企业是在生产到销售过程中进行服务的，为客户提供专门的物流服务，但商品的所有权不归物流企业所有。物流客户既包括第一方（商品的供应方），也包括第二方（商品的需求方）。实际上，第一方企业真正的客户是第二方。因此，物流企业的

客户具有双向性。这就使得物流企业的客户服务有两个特征：一是为使物流企业能够很好地替代客户企业，为客户企业的客户提供客户服务，要求其对客户企业客户的需求特征有一个充分的理解；二是物流企业的客户服务水平是由客户企业以及客户企业客户的评价共同决定的。

2. 客户满意度标准不同

物流企业与传统服务型企业相比，其所拥有的客户类型不同。传统服务型企业的客户以个人客户为主，而物流企业的客户则是以团体客户为主，团体客户与个人客户的差异在于，这些团体客户的消费理性较高，他们对获得服务和价值利益的满意程度经常是通过绩效考核和利润比率共同衡量的。而企业的总体满意水平与企业内部多个接受企业提供产品或服务的部门都是相关的，所以说物流企业要想获取较高的评价，就不能只停留在单一客户的单向满意水平上，还要充分考虑到客户内部的各个部门对服务水平的要求。因此，物流企业在进行客户关系管理时，要同时考虑到客户各个部门的服务要求，尽量使每个部门达到满意，进而实现客户整体满意。

3. 客户数量相对较少，且变化率大

传统企业的客户以分散的个人为主，所以数量相对较多。物流企业的客户大都是较大的生产企业或零售企业，数量相对较少且集中。此外，物流企业服务的双向性还表明，只要一方客户流失就会导致网络客户（客户的客户）的流失，因此就会出现客户成倍流失的现象。相反，客户忠诚度的获得率会显著提高。

4. 客户关系管理的全面性、持续性和创新性

物流企业为客户提供的物流活动本质上就是服务，它具体包括货物的运输与配送、库存管理、装卸、包装、流通加工等。物流企业所提供的服务不仅要包括一般的物流服务，还应该包含各类增值性服务。在服务内容上，物流企业与传统物流企业相比，为客户提供的不仅是一次性运输或配送服务，而且是一种长期的具有契约性质的综合物流服务，其服务范围不只局限于运输、仓储服务，还更加注重客户物流体系的整体效率和效益。因此物流客户关系管理必然要求在每个客户接触点上的服务都必须满足客户需求。

在与客户建立好了关系之后，物流企业最重要的任务就是维护客户关系，与客户之间的关系不能被简单地定义为交易关系，它实际上是一种战略合作伙伴关系，每一次的物流服务都要保质保量地完成，要与客户保持经常性的沟通，做好客户关系管理的各项工作。

另外，客户服务的变化往往会产生新的客户服务需求，所以在客户服务管理中，应当充分重视研究客户服务的发展方向和趋势，不断创新物流服务。

二、物流客户服务关系管理的内涵

（1）物流客户服务关系管理需要先进的管理理念。物流客户服务关系管理旨在为企业提供全方位的管理视角，以客户为中心，通过关怀客户来提高客户满意度，从而提升企业与客户的交流能力，实现客户的收益最大化。识别和保持有价值的客户是物流客户服务关

系管理的基本任务。对于企业而言，每个客户的价值是不同的。据 Pareto（帕累托）原理可得出，一个企业全部利润的 80% 来自企业 20% 的客户，而另外的客户所带来的利润是很小的。因此，如何保持这 20% 最有价值的客户才是企业的当务之急。企业首先要识别出这部分有价值的客户，然后采取有效的措施留住他们，让企业与客户关系步入稳定时期，同时避免客户关系进入退化期，还要努力延长客户的生命周期，并且要使客户的价值发挥至最大。

（2）物流客户服务关系管理需要数智化技术支持。物流客户服务关系管理需要以市场营销、销售、客户，以及服务和支持等软件模块为基石构建数智化服务系统，制定适合物流客户服务关系管理的技术方案，建立以客户关系管理思想为指导的先进业务模式，运用数智化技术整合人力资源、简化业务流程。

（3）物流客户服务关系管理是一整套客户关系的解决方案。物流客户服务关系管理需要整合数智化技术、电子商务以及相应的硬件环境，以解决客户关系问题。

（4）物流客户服务关系管理贯穿于整个商业过程。物流客户服务关系管理包括企业对于客户的识别、挑选、获取、发展和维持的整个过程，需要从使命、战略、目标及策略上分别描述客户关系管理在战略上重视客户，规划客户关系的建立方法，提出评估客户关系的指标，用客户关系管理技术支持客户关系的策略，根据方案实施和优化企业的业务流程，为企业带来更高的收益。

（5）物流客户服务关系管理需要全面管理企业与客户之间的关系。要实现以客户为主体，就必须对企业与客户之间的关系进行多方位的管理。包括企业在售前、售中、售后与客户之间发生的所有关系，目的就是通过每个企业与客户之间的接触，实现人性化管理。这样企业就能够实现有效的"一对一"关系，能够以更周到的服务，提升客户的满意度，吸引更多的客户资源，提高核心竞争力。

三、物流客户服务关系管理的必要性

（一）增强存量用户的忠诚度与黏性

尽可能满足客户需求是增强客户忠诚度与黏性的有效手段之一。企业在维系客户关系的过程中总会设法更好地了解客户的消费习惯与偏好，不断调整企业的设计、生产、销售等环节，从而提供更贴合客户需求的产品和服务。这些信息的有效来源之一就是物流客户服务活动。如果能从运营活动产生的海量数据中，提取客户行为的相关数据并进行量化分析，企业就能更直观地了解客户的消费习惯和偏好。这样既能指导生产销售活动，更好地满足客户需求，也在主观方面减少企业经营者运用经验和个人直觉判断所产生的偏差。通常情况下，相对于深度挖掘现存客户的潜在价值，企业更偏向于开发新的客户群体。应用大数据分析，物流客户服务可以构建用户的历史记录数据库，通过分析客户尤其是现存客户的行为习惯，建立相关的数据模型，预测客户的未来行为，在市场推广、产品服务供应、营销等环节不断调整规划，避免客户流失，从而不断增强存量客户的黏性。

（二）获取新目标用户并挖掘其潜在价值

企业的发展壮大离不开新市场的开拓。不断获取新的客户群体意味着确立新的市场增长点。应用大数据分析不但可以帮助企业维系现存客户，也能为开发新用户群体提供信息和建议。信息技术不断高速发展，市场信息不再是单向流通。大数据技术能有效推动信息交互，不但能利用客户信息的回馈发现新的需求，也能把产品服务信息推送给客户。在不间断的信息往来交互过程中，大数据分析帮助企业准确定位新的目标客户群体，根据新群体的行为习惯和需求，不断调整自己的产品设计、个性营销、服务推广等环节，有效攫取新的客户市场。例如，通过分析目标市场的供求关系、市场的动态环境、自身的相对优势等准确定位新的目标客户群体并深入发掘其潜在价值。准确发现目标客户、积极接触客户、满足客户需求、吸引客户，乃至深入挖掘潜在价值粘住客户。

（三）增强物流客户服务管理的透明度和服务质量

物流客户服务管理能够通过数智化技术实现信息的逐步透明，有助于客户选择更贴合自己需求的产品服务，反过来也促进物流服务过程中合理配置物流资源，降低企业成本，无形中提高了经济效益和社会效益。同时，数据信息的交互传递，督促企业自觉提高物流服务质量，提高企业竞争力。

（四）降低第三方物流企业成本

通过物流客户服务关系管理对第三方物流日常运营作业中产生的数据洪流进行归纳分析，帮助企业留住现有客户并逐步开拓新的客户群。数据分析也可以帮助企业分析并选择工作效率高、服务质量好的员工，无形中提高了公司的美誉度和知名度、客户忠诚度，这些都直接或者间接提高了公司的收入。另外，数据网络的建立、数据模型的运用有助于第三方物流企业优化经济作业流程，优化资源配置，降低物流成本。大数据技术正是通过一张张密集的数据网络，帮助第三方物流企业不断探索适合自己的盈利模式并逐步优化。

四、物流客户服务关系管理面临的机遇与挑战

（一）物流客户服务关系管理面临的机遇

1. 数智化技术推动

（1）智能化和自动化：随着人工智能、物联网和大数据技术的深度融合，物流管理系统能够实现更高程度的智能化和自动化，如智能运输、自动化仓库等，这将显著提升物流客户服务的质量和效率。

（2）数字化转型：数字化转型是当前物流行业的重要趋势，通过数字化手段，物流企

业可以实现全流程的可视化、可追溯和可优化，提高供应链管理的透明度和灵活性，从而为客户提供更加精准和高效的服务。

2. 消费者需求的多样化

随着消费者需求的日益多样化，物流企业需要提供更加多元化和个性化的服务。物流管理系统将支持企业根据不同客户的具体需求定制物流解决方案，提高客户满意度和忠诚度。

3. 全球化进程的加速

全球化进程的加速推动了跨国物流网络的建设和发展，物流管理系统将支持企业在全球范围内实现物流资源的优化配置和高效协同，为客户提供更加便捷的跨国物流服务。

4. 新兴技术的应用

无人驾驶技术、无人机配送等新兴科技在物流领域的逐渐应用，将为物流客户服务带来全新的体验，提高服务效率和准确性。

（二）物流客户服务关系管理面临的挑战

1. 高效与准确的双重压力

在电商盛行的今天，订单量激增，消费者对物流速度的要求也日益提高。物流客服需要快速响应客户的查询、投诉与建议，并确保信息的准确无误，这对客服人员的专业素养、应变能力和抗压能力提出了很高的要求。

2. 情绪管理的挑战

在物流过程中，难免会遇到包裹丢失、延误、破损等问题，这些都会直接转化为客户的负面情绪，向客服人员倾泻而来。如何在保持专业态度的同时，有效安抚客户情绪，寻找最佳解决方案，是物流客服必须面对的挑战。

3. 沟通与协调的复杂性

物流客服的工作不仅仅是与客户对话，物流客服本身更是整个物流链条中的协调者。他们需要与公司内部的不同部门（如仓储、运输、配送等）紧密合作，确保信息的畅通无阻与问题的及时解决。这种跨部门的沟通与协调，增加了工作的复杂性。

4. 不断变化的规则与要求

物流行业作为一个快速发展的领域，其规则与要求也在不断更新变化。从国家政策的调整，到企业内部的流程优化，再到新技术的引入，都要求物流客服不断学习、适应。这种持续的学习压力，使得他们必须保持高度的敏锐性和学习能力。

5. 心理健康问题

面对高强度的工作压力和复杂的工作环境，物流客服的心理健康问题也不容忽视。长期的高压工作可能会导致焦虑、抑郁等负面情绪，从而影响工作效率和生活质量。因此，企业应当重视物流客服的心理健康建设，提供必要的心理支持与疏导服务。

第二节　物流客户服务关系管理实施

政策链接：

《有效降低全社会物流成本行动方案》

一、数智技术赋能的物流客户服务关系管理

（一）数智技术的兴起与应用为物流客户服务关系管理变革提供新思路

数智技术作为一种新兴的概念能够有效地为物流客户服务提供支持，将数智技术应用到物流客户服务关系管理中具有极大的应用前景。物流客户服务产生的数据量能够对企业主要业务进行支撑，同时也能提供物流客户服务关系管理方面的数据支持，因此，数智技术的兴起与应用为物流客户服务关系管理变革提供新思路。

（二）数智技术的不断提升与完善为物流客户服务关系管理奠定基础

采用先进的数智技术能够获得海量数据，这些海量数据集成应用能够为快速了解客户的需求提供数据基础与支撑，大量的有价值的客户数据为客户的个性化物流服务提供了数据依据。此外，通过数智技术还可以收集与处理非结构化与半结构化数据，为深化更多的现有客户的针对性服务和发展潜在的有价值的客户提供基础。比如说针对采集信息端中的识别、定位和感知，传输信息中的移动互联网技术，可以促进企业快速制定出高效合理的物流配送方案，不仅很大程度上降低物流配送的成本，而且提高物流配送的效率，给客户提供高效便捷的服务，最终实现用户与企业之间的双赢。

（三）数智技术为物流客户服务关系管理提供了人机交互的解决方案

物流客户服务关系管理不仅是一种管理理念，更是一套人机交互系统和一种解决方案，其中贯穿着系统管理、企业战略、人际关系资源的合理利用等思想，数智技术能帮助企业更好地吸引潜在的客户和留住最有价值的客户。

二、物流客户服务关系管理的实施目标

1. 利用数智技术提高物流客户服务效率

通过采用信息技术，可以提高业务处理流程的自动化程度，实现企业范围内的信息共享，提高企业员工的工作能力，并有效减少培训需求，使企业内部能够更高效地运转。

2. 通过物流客户服务关系管理留住客户

客户可以选择自己喜欢的方式，同企业进行交流，方便获取信息并得到更好的服务。客户的满意度得到提高，可帮助企业保留更多的老客户，并更好地吸引新客户。

3. 开发智慧物流服务业务模式，拓展市场

结合企业自身具体目标，依据企业所处行业和企业自身特点，明确构成企业实施物流客户服务关系管理的出发点，找到实施过程控制的关键，通过新的业务模式扩大企业服务经营管理活动范围，及时把握新的市场机会，占领更多的市场份额。

三、物流客户服务关系管理的实施过程

物流客户服务关系管理是一种综合运用现代市场营销理念、营销战略管理思想、数智化技术和方法的全面管理方式。物流客户服务关系管理的实施是一个涉及企业文化、组织架构和业务流程的系统工程，需要企业自上而下地贯彻、深化以客户为中心的经营策略，统筹规划，有效利用企业的已有资源，逐步地实现、完善物流客户服务管理过程，包括物流服务销售和客户部门及经营思想、组织方式，快速适应客户模式的优化、整合、重组，依托数智化技术，通过客户信息在企业各部门中的传递和流动及不断迭代循环，实现客户满意度的不断提高，最终目标是提高客户忠诚度，并为企业带来长久高价值利润（图 6-1）。

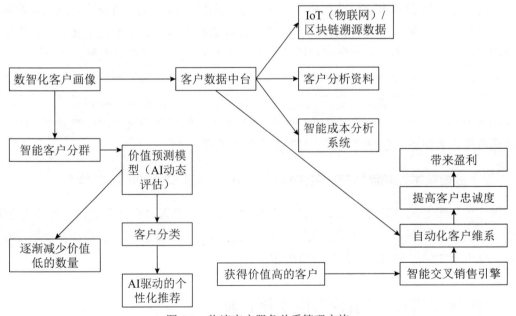

图 6-1　物流客户服务关系管理实施

物流客户服务关系管理实施过程主要包括三个管理方面的阶段，即客户接触与内部数据信息共享、客户服务大数据分析处理、物流客户服务关系的数智化管理。

（一）客户接触与内部数据信息共享

获取信息的渠道可以是多种多样的，包括客户与企业各个部门接触所使用的电话、信函、传真、客户的宣传资料等。在该阶段，企业进一步收集客户的物流服务需求和市场的变化，然后将这些信息传递到企业内部。企业能根据这些数据区分出忠诚客户、盈利客户，满足客户需求，并将分析、服务反馈数据添加到客户基本信息中，使得企业集中管理详细的客户信息，分析各种数据之间错综复杂的关系，并针对个别客户的需求，实施多元化的物流客户服务。

（二）客户服务大数据分析处理

结合从客户和市场等企业的外部环境中收集的各种数据信息，包括客户基础信息，客户个性化物流需求，客户的咨询、建议、投诉信息等，整理企业生产销售及服务能力、产品类型、市场分布等数据信息，包括订单处理能力、库存管理能力、仓储管理以及运输管理等一系列服务要求和评价指标。利用 AI 大模型等技术进行筛选、比较、分析，包括客户基础信息分析、物流需求分析和市场分析三个部分。通过借助 AI 大模型等数据处理手段和处理工具，对客户信息进行及时有效的分析处理，以获得对企业有价值的信息，并以此为依据来分析客户所需要的有针对性的物流服务要求，加强对物流企业的管理。同时，运用数据挖掘技术，了解各种客户为企业带来的利润的多少，预测客户的经营状况以及与客户进行长期合作的前景，并可以为决策者制订企业战略，为各种客户决策提供参考依据，根据客户的物流需求制定合理的物流方案，为客户提供物流服务及相应的信息服务。同时根据市场的需求和变化，对企业与竞争对手进行信息比对，及时调整企业的战略，制定更加合理的市场策略。

（三）物流客户服务关系的数智化管理

实施物流客户服务关系管理需要紧跟市场变化，既要借助信息技术，也要依托管理理念，对物流客户服务过程进行有效的监测。物流客户服务关系管理的领域选择、战略规划、标准制定，归根结底还是要看其服务过程的实际效果，所以对物流客户服务关系管理的有效监测是实现物流客户服务战略目标的主要手段，包括跟踪监测、绩效评价和做出响应。因此，在物流客户服务关系管理的实施过程中需要利用人工智能、区块链、大数据及云计算等数智化技术针对物流客户服务的售前、售中、售后不同阶段进行数智化管理。售前数智化管理包括线上的物流信息处理、客户存货水平的监测与及时响应客户咨询等。售中数智化管理包括实时在途跟踪智能调整配送频率、准时交货率、发货延误率、紧急订货的处理能力、订货满足率、订货情况信息反馈、延期交货比例等指标。售后数智化管理主要包括提供良好的客户服务、提高物流网络及其运营透明度等措施。

第三节　基于生命周期的物流客户服务关系管理

一、基于生命周期的物流客户服务关系管理依据

基于客户生命周期的物流客户服务关系管理需要从长期的视角，用动态的分析方法和最经济的方法获取相关的信息，包括货币的和非货币的信息，进行差异化关系管理。差异化关系管理的关键在于广泛挖掘客户的潜在价值并以此为基础在市场竞争中取得竞争优势。因此，差异化物流客户服务关系管理衡量基准需要持续改进，才能确保物流客户服务关系管理的愿景成为现实，有助于形成持续循环的物流客户服务关系管理。差异化物流客户服务关系管理需要采用统一的标准和方法，才能对同行企业的竞争力作正确的评估，而只有具有可比性的计算结果，才可能为正确决策提供有效支持。对物流客户服务关系实施差异化管理的依据主要是客户分析。基于物流客户服务价值管理内容，按照客户价值评价模型，考虑客户的当前价值和潜在价值，并结合客户生命周期和终生价值进行差异化管理。对于新客户而言，其潜在价值就是终生价值。对于老客户而言，其潜在价值是从当前时刻到客户衰退期的客户关系终止时刻 T 之间对于终生价值模型的时间截取。假设客户当前时间为 T_0，显然 $T_0 \leqslant T$，则潜在价值从三个方面考虑。

（1）当 $0<T_0<t_1$ 时，客户处于关系发展期，其潜在价值可表示为下式。

$$\mathrm{CPV}= \sum_{t=T_0}^{t_1} P_1(t)\times r(t-T_0)\times d'^{(t-T_0)} +\sum_{t=t_1}^{t_2} P_2(t)\times r(t-T_0)\times d'^{(t-T_0)} +\sum_{t=t_2}^{T} P_3(t)\times r(t-T_0)\times d'^{(t-T_0)}$$

（2）当 $t_1<T_0<t_2$ 时，客户处于关系稳定期，其潜在价值可表示为下式。

$$\mathrm{CPV}= \sum_{t=T_0}^{t_1} P_1(t)\times r(t-T_0)\times d'^{(t-T_0)} +\sum_{t=t_2}^{T} P_3(t)\times r(t-T_0)\times d'^{(t-T_0)}$$

（3）当 $t_2<T_0<T$ 时，客户处于关系衰退期，其潜在价值可表示为下式。

$$\mathrm{CPV}= \sum_{t=T_0}^{t_1} P_1(t)\times r(t-T_0)\times d'^{(t-T_0)}$$

可见，利用该模型可以方便地得到客户潜在价值的量化预测值。这一客户价值潜力的预测值对企业决策具有十分重要的作用，集中体现在企业根据客户长期价值来合理分配其在差异化客户关系管理时的平均投入成本，定量化地辅助企业做出正确的客户保留和发展决策。企业可根据客户的价值表现，采取相应的物流客户服务关系管理策略来引导客户价值向着实现其长期价值潜力最大化的方向发展（图6-2）。

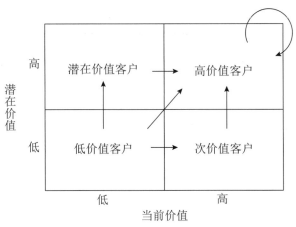

图 6-2　企业客户细分基础上的客户关系发展目标

二、基于生命周期的物流客户服务关系管理策略

1. 客户关系处于衰退期的物流客户服务关系管理策略

D 类客户即客户关系处于衰退期的物流客户，当前价值和潜在价值都较低。首先要对造成这类客户价值较低的原因进行分析。如果是由于该客户关系已经处于衰退期，企业应在衡量挽回客户的成本与收益之后，决定是继续保有还是置之不管。如果是由于客户与生俱来对价格极其敏感，不愿意忠诚于任何一家企业，其感化成本较高且成效甚微，这类客户是不受企业欢迎的客户，企业要在不影响声誉的情况下尽量与其终止关系。如果客户的货币价值小，信用状况也很差，企业应该在客户考察阶段就将这类客户拒之门外，不宜投入任何资源来维持这类客户，可任其流失，甚至可采取一些营销策略解除与其的关系，如高于市场的定价策略、拒绝不正当要求等。如果这类客户的当前价值不高是由于过高的服务成本和营销成本，则可以寻求降低成本的途径，如提高客户自我服务水平或利用网络进行客户服务和技术支持、消除中间环节、进行电话或网络营销而非面对面的人员销售等，从而使这些无利可图的客户成为有价值的客户。

2. 客户关系处于开拓期或发展期前期的物流客户服务关系管理策略

C 类客户即客户关系处于开拓期或发展期前期的物流客户，当前价值较低，但潜在价值较高。从客户生命周期的角度看，这类客户与企业的关系可能一直徘徊在开拓期或发展期前期。这类客户往往占到第二章第三方物流客户服务关系管理绩效评价应用实例中企业客户数量的较大比例，单个客户价值不大，但从客户整体上看，这类客户是企业作为经济实体存在的基础。可以预计，如果塑造与这些客户的关系的话，在未来这些客户将有潜力为企业创造可观利润，企业应该继续保持与这类客户的关系。对这类客户，企业应当投入适当的资源重塑双方的关系，发掘该类客户的购买潜力，促进客户关系从低级阶段向高级阶段发展，如不断向客户提供高质量的产品、有价值的信息、优质服务以及个性化解决方案等。通过为客户创造价值，让客户持续满意，并形成对企业的高度信任，从而促进客户关系越过开拓期，顺利通过发展期，并最终进入稳定期，进而获得更高的客户价值。

3. 客户关系进入稳定期的物流客户服务关系管理策略

B 类客户即客户关系进入稳定期的物流客户，当前价值较高，潜在价值较低。从客户生命周期的角度看，这类客户可能是客户关系已进入稳定期的高度忠诚客户。虽然未来在增量销售、交叉销售和新客户推荐等方面已没有多少潜力可供进一步挖掘，但是企业花了很大代价使客户关系进入稳定期，现在正是企业从他们身上获取回报的好时机。稳定期客户的利润率是最高的，因此企业应投入足够的资源，千方百计地保持这类客户。企业要给予适当的关照，因为已有研究成果发现当前货币价值高的客户，也容易受到企业竞争对手的优待和引诱，有较大的价值下降的可能或风险，所以决不能让他们转向竞争对手。如果企业能够改善其忠诚价值，那么将会获得巨大的价值回报，因此企业必须持续不断地向他们提供超出期望的价值，让他们始终坚信本企业是最好的供应商，并促使这类客户向更高价值的客户转变。但是，如果该客户信用较低，企业就要有限制地分配资源给客户。总之，对于该类客户，企业的客户保持策略应该是在保证企业利益的前提下适当投入。

4. 客户关系进入稳定期且发展潜力巨大的物流客户服务关系管理策略

A 类客户即客户关系进入稳定期且发展潜力巨大的物流客户，当前价值和潜在价值都较高。和 B 类客户一样，从客户生命周期的角度看，这类客户与企业的关系可能也已进入稳定期。不同的是，这类客户本身具有巨大的发展潜力，他们的业务总量在不断增大，因此这类客户未来在增量销售、交叉销售等方面尚有巨大的潜力可挖掘。这类客户是企业利润的基石，如果失去这类客户将伤及企业的元气，因此企业需要将主要资源投入保持和发展与这些客户的关系上，不遗余力地做出各种努力保持住他们，如充分利用包括网络在内的各种沟通手段不断地主动与这类客户进行有效沟通，真正了解他们的需求，不仅为他们优先安排生产、提供定制化产品和服务、提供灵活的支付条件、安排最好的服务人员，而且为他们提供能为其带来最大增益的全套解决方案。总而言之，他们是企业最为理想的客户类型。企业应该极力保持与他们的关系，并让他们认识到双方的关系是一种建立在公平基础上的双赢关系。此类客户的数量一般都较少，企业适合与之建立战略联盟关系，要投入足够的资源，致力于长期的密切合作。

三、基于生命周期的物流客户服务关系管理改进措施

物流客户服务关系管理过程中需要供应链各节点企业及企业内部各部门的协调配合，降低物流客户服务总成本，并强调成本在各成员之间的合理分摊，需要从物流服务的生命周期角度出发，以互利共赢和风险共担为指导思想，采取相应的措施提高物流客户服务质量。这不仅要求服务质量可靠，而且要通过无缺陷服务质量管理，达到完美订单满足率最大化的目标。而柔性的提高依靠了解客户需要、实施定制化服务来满足客户需求，具体物流客户服务关系管理改进措施如表 6-1 所示。

表 6-1　物流客户服务关系管理改进措施

改进措施	涵盖内容	具体做法
强化以客户为中心的文化	树立客户至上理念	确保整个组织都深刻理解并践行"客户至上"的原则,将客户需求放在首位
	培养同理心	鼓励员工从客户的角度思考问题,理解客户的痛点和期望,从而提供更加贴心和个性化的服务
优化客户服务流程	简化流程	去除不必要的步骤和审批环节,使客户服务流程更加简洁高效
	标准化操作	制定标准化的服务流程和操作规范,确保每位员工都能按照统一的标准提供服务
	引入自动化	利用自动化工具和技术(如 AI 客服、自动化工单系统等)来加速处理过程,减少人为错误
加强客户沟通与反馈机制	多渠道沟通	定期向客户发送物流状态更新、服务满意度调查等信息,保持与客户的良好沟通
	主动沟通	提供多种沟通渠道(如电话、邮件、在线聊天、社交媒体等),方便客户随时联系
	建立反馈循环	及时收集并处理客户的反馈意见,将客户的建议转化为改进服务的实际行动
建立长期客户关系	定期回访	定期与客户保持联系,了解他们的最新需求和反馈
	提供增值服务	为客户提供额外的增值服务(如包装建议、仓储解决方案等),增加客户黏性
	建立客户社群	通过社交媒体、客户论坛等方式建客户社群,促进客户之间的交流和分享

案例分析

菜鸟网络的成功运营为第三方物流企业实施 CRM 带来机遇

1. 公司概况

菜鸟网络于 2013 年成立,是阿里巴巴集团联合多家快递公司共同打造的物流服务平台。其旨在通过技术创新和资源整合,构建高效智能的物流生态系统。依托电子商务的蓬勃发展,物流作为电商关键环节,面临巨大挑战与机遇。菜鸟网络运用先进算法重构物流网络,显著提升配送时效与资源利用率,为电商商户及终端用户提供更快捷的服务。

菜鸟网络的核心业务涵盖仓储管理、干线运输、末端配送及物流数据服务。通过收集平台交易数据,精准预测包裹流量与流向,提前布局仓储与配送资源。截至 2024 年,菜鸟网络已在全国建立数千个智能仓储体系,覆盖中国大多数城市。作为阿里巴巴生态体系的重要组成部分,它不仅支撑淘宝、天猫等核心电商的物流需求,还向外部电商企业开放供应链服务。同时,菜鸟网络国际化步伐加快,与多国建立合作关系,跨境物流服务覆盖全球 200 多个国家和地区,日均跨境包裹处理量超 500 万件,成为全球领先的智慧物流平台之一。

2. 现存问题

尽管菜鸟网络在智慧物流领域处于领先地位，但其运营体系在发展过程中仍面临挑战。

（1）市场竞争激烈：随着电商行业快速发展，顺丰速运、京东物流等竞争对手不断加大物流基础设施与技术研发投入。顺丰速运凭借卓越的航空货运资源与完善的终端派送系统，在高端物流服务领域占据显著优势；京东物流则凭借自主构建的供应链基础设施，提供高效物流解决方案与卓越服务，提升市场份额。这使得菜鸟网络在市场份额争夺与客户资源获取方面面临较大压力。

（2）国际化挑战：菜鸟网络在跨境物流领域虽取得一定成效，但与 DHL、FedEx 等国际物流巨头相比，品牌影响力与运营经验仍有差距。不同国家和地区的物流政策与市场环境存在差异，菜鸟网络需在海外市场投入大量时间与资源进行本地化运营管理。同时，为提高物流服务质量，菜鸟网络加大了仓储设施、运输设备与信息技术系统投入，导致成本上升。在激烈的市场竞争环境下，定价策略面临诸多问题，威胁其盈利能力。因此，菜鸟网络需持续优化运营效率，以平衡成本控制与服务质量的提升。

3. 菜鸟网络的方法与对策

针对上述问题，菜鸟网络采取了一系列有效的对策，以提升自身竞争力和市场地位。

（1）加大技术创新投入：菜鸟网络引入先进物流技术与设备，提升物流运营效率与服务品质。例如，在智能仓储系统中引入自动化分拣设备与智能仓储机器人，实现包裹快速分拣与存储，提高仓储作业效率。同时，通过大数据与人工智能技术优化物流运输路线，降低配送成本并缩短运输时长。此外，持续推动无人配送模式创新实践，借助无人机与无人车等智能设备突破传统末端配送瓶颈，提升"最后一公里"配送效率。

（2）优化成本结构：菜鸟网络通过与第三方物流公司合作减少投入。通过开放平台模式整合数千家快递公司资源，形成庞大物流联盟。与物流企业战略协作，实现仓储设施与配送资源整合共享，降低整体运营成本。同时，优化网络，减少不必要的中转环节，进一步降低物流成本。在国际化方面，加快新兴市场布局，与本地物流公司合作，快速建立物流网络。如与东南亚市场当地物流企业合作，建设多个智能仓储中心与配送站点，为当地客户提供更高效的服务。此外，通过收购和投资海外物流企业提升国际市场运营能力，并加强对国际物流政策法规的研究，确保海外业务合规运营。

（3）CRM 系统智能化升级：菜鸟网络借助 CRM 系统智能化升级，增强用户黏性与服务体验满意度。基于海量数据深度挖掘与分析，精准识别不同客户群体的物流需求特征，制定差异化供应链服务策略，实现精准化服务供给。同时，通过菜鸟驿站与菜鸟裹裹等服务提升客户收件便捷性，建立客户反馈机制，及时收集意见与建议，不断改进服务质量。

4. 实施成效

在技术创新方面，菜鸟网络的智能仓储系统与物流配送网络得到显著优化。通过引入自动化分拣设备与智能仓储机器人，仓储作业效率提升 30% 以上。同时，优化物流配送路径，使包裹配送时间缩短 20% 以上。无人配送技术在部分城市试点应用，为解决末端配送问题提供了新方案。

在成本控制方面，菜鸟网络通过与第三方物流合作有效降低运营成本。整合全国数千家快递公司资源后，仓储与运输成本降低 25% 以上。同时，优化物流配送网络，进一步降低运输成本，提升整体运营效率。

菜鸟网络的创新运营模式为第三方物流企业开展 CRM 实践提供了重要参考。该平台基于大数据分析技术实现物流资源与信息的系统化整合，构建电商平台与物流服务商之间的协同机制，显著增强综合服务效能。第三方物流企业可借鉴菜鸟网络模式，通过技术创新与优化成本结构提升竞争力，更好地满足客户需求。

• 讨论：菜鸟网络通过引入无人配送、智能仓储等技术，提升了运营效率和客户体验。技术创新是否是菜鸟网络未来发展的关键驱动力？

本章小结

本章系统阐述了物流客户服务关系管理的核心内容，强调数智化转型的必要性；探讨了以技术赋能提升效率、增强客户忠诚度的实施路径，提出包括客户接触、智能决策和服务管理的系统化循环；引入客户生命周期理论，针对不同阶段制定差异化策略，如重点培育高潜力客户、维护稳定期客户价值等；最后通过菜鸟网络案例验证了技术创新与成本控制平衡的重要性，指出未来物流企业需持续深化数智化转型，在全球化布局中提升服务柔性，以应对个性化需求和构建可持续竞争优势。

思考题

（1）在物流客户服务关系管理中，如何更有效地利用数智化技术来提升客户体验？

（2）客户生命周期理论在不同行业中的适用性如何？物流企业应如何根据行业特点制定差异化策略？

（3）针对高潜力客户和稳定期客户，物流企业应采取哪些具体措施来培育和维护其价值？

（4）在全球化背景下，物流企业如何平衡技术创新与成本控制，以提升服务柔性并构建可持续竞争优势？

（5）结合本章内容，你认为物流企业在客户服务关系管理方面还有哪些待改进之处？

第七章　物流客户服务价值管理

本章导读

　　近年来，国家高度重视物流行业发展，出台多项政策推动物流降本增效、提升服务质量。物流客户服务价值管理作为提升服务质量的关键手段，受多种复杂因素的交织影响。政府为推动物流行业高质量发展，出台了一系列政策，如鼓励物流企业数字化转型、提升供应链协同效率等，这对物流企业的服务创新和价值创造提出了更高要求。随着经济全球化深入发展和消费需求多元化，物流企业面临提升服务质量与效率、降低运营成本的双重压力。在行业实践中，物流服务同质化严重、高端服务需求不足、客户信任缺失等问题制约了行业发展。为解决这些问题，物流企业需通过精准的客户价值管理，优化服务链条，强化数字化能力，构建差异化竞争优势。本章将系统介绍物流客户服务价值管理的概念、特点、分类及优化策略，帮助物流企业从客户需求出发，提升服务价值创造能力，实现可持续发展。

学习目标

　　（1）了解物流客户服务价值管理的政策背景、行业现状及其必要性，物流客户服务价值的分类及构成要素。

　　（2）理解物流客户服务价值的定义、内涵及特点，以及物流客户服务价值管理的概念、内涵及特征。

　　（3）掌握物流客户服务价值的创造目标与过程、物流客户服务价值链优化的方法。

本章结构图

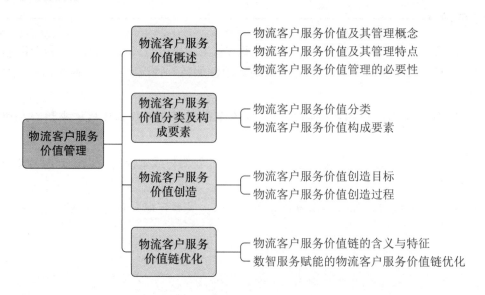

第一节 物流客户服务价值概述

一、物流客户服务价值及其管理概念

（一）物流客户服务价值的定义及内涵

1. 物流客户服务价值的定义

物流客户服务价值的概念是不能脱离产品或服务等而单独存在的，其是在一定情境下客户对产品或服务效用、属性的一种感知和评价，是基于客户和企业合作而产生的判断，而非主体能够决定的，通常是客户获得收益与付出代价的比较。现代物流客户服务管理的实质就是在客户满意的基础上，向物流需求方高效、迅速地提供产品。现代物流客户关系管理以客户满意为第一目标，在企业经营战略中首先应确立为客户服务的目标，然后再通过客户服务来实现差别化的战略目标。在当今这个产品差异化越来越弱、同质化越来越强的市场环境下，一个企业要想获得较强的竞争力，必须提高它的服务水平，尤其是物流服务水平，将其作为核心竞争力之一。良好高效的物流客户服务的价值在于能增强企业产品的差异性，提高产品和服务竞争优势。

2. 物流客户服务价值的内涵

客户服务包括从产品的可得率保障到售后服务等众多环节。电子商务的不断发展使物流行业崛起，目前物流业所提供的服务范畴已远远超过了仓储、分拨和运送等服务。物流企业提供的仓储、分拨设施、维修服务、电子跟踪和其他具有附加值的服务日益增加。物流服务商正在变为客户服务中心、加工和维修中心、信息处理中心和金融中心，根据客户需要而增加新的服务是一个不断发展的观念。物流客户服务是衡量物流系统为某种商品或服务创造时间和空间效用的尺度，这包括从接受客户订单开始到将商品送到客户手中为止所发生的所有服务活动。近年来，客户对服务的个性化需求越来越多，客户服务的渠道也越来越多样化，随之带来运营商企业对客户服务投入的增长。

（1）物流客户服务价值的主体。物流服务提供商是客户价值的提供方，而客户则是客户价值的接收方，客户会根据物流服务提供商所提供的物流服务及其互动、交流沟通活动进行相应的评价，形成客户体验和客户满意度，根据服务体验的不同产生不同的客户价值。总的来看，物流服务客户价值涉及服务质量、客户关系、服务收益等三个方面的内容：服务质量指的是客户根据物流服务提供的及时性、货损货差率、订单满足率等内容形成服务体验评价；客户关系指的是物流服务商与客户在长期物流服务交易活动中，形成信息沟通的合作关系、良好互动的友好交互关系、相互信任的情感关系；服务收益指的是物流服务商在物流服务交易活动中所获得的利润，以及客户所得到的物流服务和体验。

（2）物流客户服务价值的特征。由于物流服务存在无形性、不可储存性、客户体验性等特征，因此在物流服务中，客户价值特征也会受到物流服务主体特征的影响。总的来说，共有四大特征。一是主观性。因为物流服务具有无形性，没有实体性，而在实际服务交付过程中，客户往往会根据自身的物流服务体验而产生不同感受，形成不同的客户满意度，因此客户价值往往会随着客户的主观感知差异而产生差异和不确定性，具有一定的主观性。二是层次性。客户价值是可按照层次分解的。物流服务供应链提供的物流服务应当实现相应的客户价值，因此物流服务通常能够根据客户的需求和期望，不断满足客户需求，按照仓储、运输和配送等不同的需求内容对目标进一步分解与量化，进行客户价值的分类。三是内部依存性。在物流服务供应链的属性层中，客户价值的各个要素指标在内部相互依存、制约和影响，而不是孤立存在的。因此，在物流服务中，及时的信息沟通和友好的交互能够提升客户信任度，加强合作双方彼此间的亲密度。四是可传递性。客户价值的可传递性指的是物流服务在整个物流服务供应链中发挥的是中间传递价值的作用。

（3）物流客户服务价值层次体系。客户会根据整个物流客户服务过程中所能提供的服务功能和属性进行选择，并且对其功能和属性进行评价，最终形成自身客户服务价值层次体系。而基于客户价值而言，物流服务供应链的功能需要实现客户价值与服务功能之间的映射。根据服务设计理论，如图7-1所示，在物流服务供应链中，物流服务供应商首先要分解客户价值中的价值要素；其次要合理设计不同层级的物流服务功能，分解并实现相应的客户价值要素，将物流服务设计过程划分为客户价值域、服务功能域、服务能力域和价格管理域四个部分；最后根据物流服务的功能要素确定物流服务的价格方案。在整个物流服务供应链的功能形成过程中，物流服务供应商一方面依据市场形势和客户调查进行客户价值分析，明确客户价值要素，形成客户价值域和服务功能域，再根据服务功能域形成服务能力域，并推动企业客户根据自身感知和需要形成服务价格，设定考虑和反馈，促使形成价格管理域；另一方面物流服务供应商综合服务功能配置成本和企业客户的服务价格接受程度不断调整服务价格，定位物流客户价值。

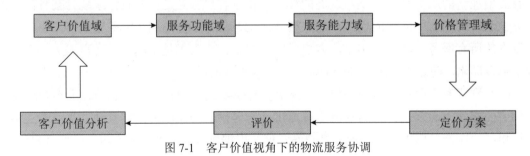

图 7-1　客户价值视角下的物流服务协调

（二）物流客户服务价值管理的概念及内涵

1. 物流客户服务价值管理的概念

物流客户服务价值管理是客户关系管理成功应用的基础和核心。物流客户服务价值管理就是企业根据客户交易的历史数据，对客户生命周期价值进行比较和分析，发现最有价值的当前和潜在客户，通过满足其对服务的个性化需求，提高客户忠诚度和保持率。客户价值是客户持续与企业发生关系而能够为企业带来的价值。客户终身价值指的是企业在整个客户生命周期里，减去销售、营销、服务等所有成本之后，能够从客户那里获得的收益。因此企业对客户实施差异化管理是客户关系管理的一个重要前提，这是双向利益驱动。从企业的角度来说，客户规模、利润贡献度等不同，也就是说不同客户对企业贡献的价值具有差异性，对于很多企业，80%的利润往往是20%的客户提供的。企业就有必要对客户进行分类并区别对待，采取不同的服务政策与管理策略，使企业有限的资源得到优化配置，以实现高产出。物流客户服务价值管理对企业具有重要意义，是企业长期持续稳定发展的基础。客户终身价值从时间切面上来看，可以分成历史价值、现在价值和未来价值，也就是说，客户终身价值会随着时间的推移而增长。所以，企业不能只注重于客户的直接购买而为企业带来的利润贡献，以及老客户一次所购买的产品或者服务，而应该考虑在整个客户生命周期之内，客户总共能够为企业带来多少财富。客户生命周期也就是客户关系从孕育生产到成熟退化的整个周期，一般可以划分为考察期、形成期、稳定期、退化期四个阶段。

2. 物流客户服务价值管理的内涵

物流客户服务价值管理是一个双赢的过程，能够有效地保持住客户关系，使得客户与企业同舟共济、共同发展。可以说，企业的各种各样的行为，包括网络和维护、营销和销售、业务和服务，以及涉及的相关人员都是以提升客户的终身价值为目的。

物流客户服务价值管理可以从以下两个维度来区分。一是客户的价值。二是客户与企业的战略匹配度。客户价值应该是客户购买、客户口碑、客户信息、客户知识、客户交易五种价值的总和。客户与企业的战略匹配度（Strategy Match，SM）就是定位匹配、能力匹配、价值观匹配三个匹配度的总和。可以根据物流客户服务价值将客户区分为四类：战略客户、利润客户、潜力客户以及普通客户。战略客户是物流客户服务价值高，战略匹配度也高的一类客户。利润客户是物流客户服务价值高，但战略匹配度低的一类客户。潜力客户是战略匹配度高，但物流客户服务价值低的一类客户。普通客户是战略匹配度与物流客户服务价值都低的一类客户。此外，物流客户服务价值可按图7-2所示进行分类。

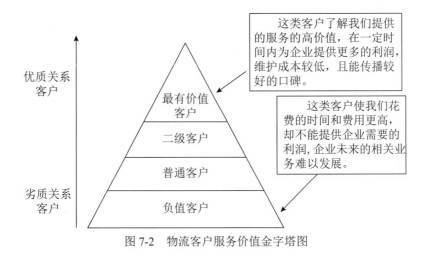

图 7-2　物流客户服务价值金字塔图

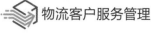

二、物流客户服务价值及其管理特点

（一）物流客户服务价值的特点

物流客户服务价值是物流企业竞争力的源泉，企业只有为客户提供突出的物流客户服务价值才能提高企业的价值。物流客户服务价值主要有以下特性。

1. 主观性

物流客户服务价值的感知特性，使得它具有强烈的主观性，从而有别于其他的客观指标。因此，必须在特定的视角下进行物流客户服务价值研究才具有充分的意义。

物流客户服务价值是客户对物流服务体验的主观感知，如图 7-3 所示。客户在感知利益与感知付出权衡的基础上形成感知价值。同时，物流客户服务价值也是客户对物流企业所提供服务的综合评价，其主要表现在以下几个方面。

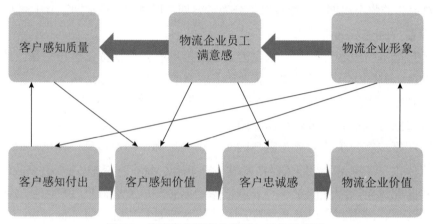

图 7-3　物流客户服务价值感知结构示意图

（1）物流客户服务价值是客户对物流服务体验的主观感知。客户在感知利益与感知付出权衡的基础上形成感知价值。客户在接受物流服务过程中，对其物态属性、功能属性、人员属性及传递的技术属性等进行主观评价，形成感知利益；同时客户也对其所付出的搜寻成本、价格成本、交通成本、订单费用和其他成本等进行主观评价，形成感知付出。客户在权衡感知利益和感知付出的基础上形成对物流服务的物流客户服务价值感知。

（2）物流客户服务价值感知是客户感知质量的直接结果。客户对服务的评价分为质量评价和价值评价两个阶段。在评价前客户先形成对服务过程的内、外在属性认知，在比较这些认知的基础上形成客户感知服务质量。然后，客户在既定环境下对感知服务质量与付出的感知代价进行权衡，形成客户感知服务价值。客户对物流服务的评价同样也分成两个阶段，物流客户服务价值以客户感知物流服务质量为前提，若客户感知物流服务质量低，则必然影响物流客户服务价值感知。

（3）物流客户服务价值感知受个体和环境的影响。客户感知价值在消费的不同阶段有4 种不同含义：感知价值为低价格、感知价值为从服务中获得的效用和满意感、感知价值为价格和质量的权衡、感知价值为付出后的获利。在价值评价过程中也强调客户因货币性与非货币性成本、个人经验与特征的不同而对价值的利益成分有不同的感知，进而对服务价值的评估亦有所不同。即认为某些物流客户服务的其他方面并不重要，只要廉价就有价值；而某些客户却不在乎物流服务价格，而注重物流服务质量，认为服务质量高就有价值；也有很多客户通过对物流服务价格和质量进行权衡，认为以可接受的价格获得令人满意的服务质量就有价值；更多的客户将获得的物流服务效用与所付出的所有成本进行比较，从总体上评价物流服务的价值。

2.动态连续性

由于物流客户服务价值是在合作关系中产生的，因此具有一定的动态延续性。不能仅从单一时间节点判断物流客户服务价值，应充分考虑其现有价值及未来潜在发展，才能够使得物流客户服务价值的分析有助于企业的客户管理。

3. 情境依赖性

因其主观性的存在，物流客户服务价值的感知在不同情境下也会发生改变，例如消费环境的差异等。物流客户服务的基本特点被定义为服务的可得性、运作绩效以及服务的可靠性，其中服务的可靠性体现了物流的综合特征，关系到企业是否具备实施与交货相关的所有业务活动的能力，同时还涉及企业向客户提供有关物流运作和物流状态等重要信息的问题。

（二）物流客户服务价值管理的特点

基于物流客户服务价值的服务战略制定时以物流客户服务价值为核心，从客户服务关系与客户角度出发审视企业的行为。因此通过分析可以总结出物流客户服务价值管理具有以下特征。

1. 从价值的角度来设计物流客户服务战略模式

物流客户服务价值包括客户对以下两方面的权衡：从某种产品或某项服务中所能获得的总利益与他们心目中在购买或拥有时所付出的总代价的比较。从物流客户服务价值的角度来设计企业服务战略模式，即将基于物流客户服务价值的战略思想应用于服务战略管理的过程中，这是对传统战略思维的扩展和超越。物流客户是市场的决定者，物流客户服务价值理念体现了以客户为导向的服务战略模式的新发展。

2.以客户为核心来制定和实施物流服务战略

以客户为导向的战略模式的出发点不是追随或打败竞争对手，而是以客户为核心，将企业的资源和能力最大程度地转化为物流客户服务价值。服务战略的制定和实施坚持以市场效益为导向，而不是单纯以服务企业规模效益为导向。以客户的利益为核心，而不是以企业自身利益为核心。其战略目标是内外兼顾，通过创造物流客户服务价值，企业与客户、雇员与投资者一起共同实现利润、成长和价值的交互上升。企业只有在设计、生产和提供物流服务产品时以物流客户服务价值为导向，为客户提供超越竞争对手的价值，才能够争取客户、维系客户，才能够获取持久的竞争优势，在激烈的市场竞争中立于不败之地。

3.创造物流客户服务价值是物流行业提高市场竞争力的有效途径

市场竞争的焦点应是客户。物流企业作为服务企业，只有以客户及其需求为中心、以创造物流客户服务价值为目标，才能够在市场中获得竞争优势，提升企业的市场竞争能力。以客户为导向的战略模式将物流客户服务价值视为持续竞争优势的根本来源。基于物流客户服务价值的企业服务战略的实施必须经过客户感知的过程来影响客户的购买意向，从而影响服务企业的绩效。服务企业为客户提供卓越价值的能力是企业竞争力的关键所在，是企业保持持续竞争优势的秘诀。

4.有效实施物流客户服务战略能够使客户和物流服务提供主体达到"双赢"的战略目标

基于客户价值的服务战略的有效实施，能够创造更大的物流客户服务价值，更好地满足客户需求，能够赢得客户的忠诚，使客户感觉到能够从企业提供的服务产品中获得超出其期望的价值。而且物流客户服务价值的核心是感知利得和感知利失之间的权衡。因此，当客户感知的服务产品的价值超过其预期的价值时，他们会因此受益，并且满意度也会随之提高。另外，客户通过企业提供的服务产品满足其需求，同时必须以购买价格支付给企业一定的货币。而客户支付给企业的货币的价格不仅包括了企业应获得的利润，还能够弥补企业在创造物流客户服务价值过程中发生的各种成本。因此，良好的物流服务在创造物流客户服务价值的同时，也实现了盈利的目的，创造物流客户服务价值是服务企业实现盈利的必经之路。

三、物流客户服务价值管理的必要性

物流客户服务价值认知差异是造成物流业发展过程中供需双方矛盾的主要原因。一方面，物流服务供给方被动地按照客户的指令和要求，从事单一功能的运输、仓储服务，提供的物流服务同质化严重，造成了数量众多的物流企业在有限的低端物流服务市场争抢市场份额，所能提供的物流服务的价值还不能满足物流需求社会化的需要。另一方面，物流客户对供给方服务能力、服务价值缺乏信任，使得物流外包局限在运输、仓储等单一物流环节，并且简单地以服务价格作为衡量选择外包物流服务的指标，在一定程度上限制了物流需求，特别是对高端、高价值物流服务需求的聚集和释放，导致物流供给方认为客户对高端物流服务需求不足，因此其自身的发展也就局限在低端、低价值物流服务上，缺乏物流服务升级的动力。因此，物流客户服务价值管理的必要性主要体现在以下几个方面。

1.可以充分利用客户资源提高效益

通过对现有客户资源进行科学分析，可以准确掌握客户动态，并据此提供更精准的服务。通过增进企业和客户之间的交流，不断积累和协调客户信息，为客户提供最及时、最方便、最愉快的服务。要清醒地认识到客户所需要的不仅仅是一次或几次服务，有的甚至是需要终身的服务。因此，企业要充分认识和储备客户资源，制定精准的经营战略，不断提升管理水平，为企业在管理方法和战略层面积累有益经验，使企业更好地掌握内外部环境和客户信息，保证客户服务的规范化，优质化。

2. 有利于使企业和客户建立长期稳定的关系

客户资源是企业的流动资产。稳定的客户资源是企业长期发展的源泉和动力。如今，企业和客户已经是市场经济中密不可分的利益共同体，企业对于客户的服务水平决定了企业的未来发展。改进物流客户服务管理，可以使企业更加了解客户需求，赢得有价值的客户。

3. 有利于提高企业的核心竞争力

现代社会的竞争已经由产品的竞争逐步转移到产品和服务共同的竞争中。作为外延产品的服务是企业赢得市场的关键因素。提高物流客户服务质量，有利于物流企业实现与客户关系的良性发展。通过有效整合客户资源，及时掌握客户需求，可以积极规避各种市场风险，提高企业的竞争实力。物流企业若要在竞争中永远立于不败之地，就要依托客户，各种差异化、个性化服务能为物流企业带来独特的竞争优势，也成为超越竞争对手的底气。通过改进配送、订单、物流等各环节的服务，企业要以精准的手段，创造持久竞争的动力，赢得竞争中的优势地位。

4. 企业之间的较量在综合竞争力方面还要凸显服务的效率

物流客户服务价值的体现就是给客户提供核心服务及附加服务，从而获得长远利益。将服务产品进行交换时，要根据市场的客观规律加以实施。构建服务体系是提升物流企业自身竞争力的重要手段，是物流产品核心价值得以实现的重要保障，在一定程度上可以提高企业在社会和经济中的综合影响力。

第二节 物流客户服务价值分类及构成要素

客户细分是 20 世纪 50 年代中期由美国学者温德尔·史密斯提出的。它既是客户关系管理的重要理论组成部分，又是其重要管理工具。它是分门别类研究客户、进行有效客户评估、合理分配服务资源、成功实施客户策略的基本原则之一，为企业充分获取客户价值提供理论和方法指导。对物流企业的客户进行分类的理论依据主要有两点。

（1）客户需求的异质性。并不是所有客户的需求都相同，只要存在两个以上的客户，需求就会不同。由于客户需求、欲望及购买行为是多元的，所以客户需求的满足呈现差异。

（2）企业有限的资源和有效的市场竞争使任何一个企业不能单凭自己的人力、财力和物力来满足整个市场的所有需求，这不仅源于企业自身条件的限制，而且从经济效应方面来看也是不足取的。因为，企业应该分辨出它能有效为之服务的最具有吸引力的细分市场，集中企业资源，制定科学的竞争策略，以取得和增强竞争优势。

一、物流客户服务价值分类

Kelly D. Conway、Julie M. FitzPatrick（1999）将客户价值定义为客户利润，并借用 Frederick 的研究成果阐述了客户价值的五个来源，同时该研究以客户价值—客户忠诚作为客户分类的两个指标构造客户分类矩阵（图7-4），得到金牌客户（Golden，高—高）、风险客户（At Risk，高—低）、边际客户（Marginal Value 低—高）和无须过多服务的客户（Don't Over-Service，低—低），并针对不同的客户类型提出客户关系的不同发展策略。

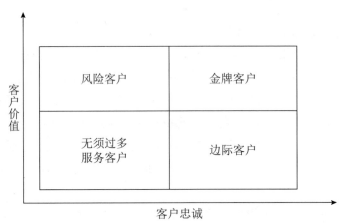

图 7-4　客户价值—客户忠诚分类矩阵

　　物流客户服务价值创造途径主要是指企业通过物流服务为客户创造价值的过程，它可以表明客户从现有相互竞争的物流服务选择中能够获得什么价值，这是企业实现物流服务价值创新的基础。从物流服务的特点出发，立足于客户对物流服务的要求，可通过物流服务时效价值创造、柔性价值创造、安全价值创造、可靠价值创造、社会价值创造和经济价值创造等六个方面为客户创造价值。

（一）时效价值

　　时效价值体现为企业通过把握物流服务的时间为客户创造的利益，同时也反映了客户对物流服务时间要求的严格程度，要求越严格，则意味着客户对时效价值的要求越高。通常企业通过运输环节来达到为客户创造时效价值的目的，运输时效就是货物流通的时间和效率，它直接反映了企业的物流运作能力，体现了企业的物流综合管理水平，是衡量企业为客户创造物流服务价值的能力与核心竞争力的关键指标。所以，运输时效逐渐成为客户考核物流企业运作效率的重要标准，为客户从时效途径创造价值是企业赖以生存和发展的重要利益源之一。

（二）柔性价值

　　柔性价值体现的是企业通过快速反应的物流服务能力为客户创造的价值。为客户创造柔性价值是企业帮助客户在市场上生存与发展并取得竞争优势的关键。目前，随着市场竞争越来越激烈，客户对企业为其创造柔性价值的能力也越来越重视，这直接影响到企业的运作。随着经济全球化的日益推进和网络技术的日益发展，产品生命周期变短，更新换代的速度日益加快，消费者对商品的偏好瞬息万变，呈现出多样化、差异化、个性化发展的趋势，客户总是处在动态变化的市场条件下。因此，为了能保持对市场变化的警觉性、增强迅速适应市场环境变化的能力，把握市场机会，提升可持续发展能力，客户总是希望企业的物流服务能够帮助他们最大限度地消除外部环境的不确定性所引发的干扰，自然地对物流服务的需求也表现出小批量、多品种、高频次的特点。面对客户经常出现的特殊的、额外的物流服务要求，比如订货周期的变短、时效性增强等导致的物流服务需求不确定性提高的情况，企业要求物流服务能够随着客户在服务时间、服务数量以及服务内容等方面要求的变动而做出适时适当的调整，为客户创造价值。图 7-5 为物流企业为客户创造柔性价值的两种方式。

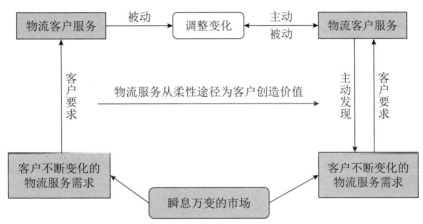

图 7-5　物流企业为客户创造柔性价值的两种方式

（三）安全价值

安全价值体现的是企业通过保障物流服务对象——货物的安全，以及保障客户企业的信息安全等方面为客户创造的利益。换句话说，安全价值反映了客户对企业为其提供物流服务的安全程度的关注。

一般来说，物流客户服务需要根据客户的要求，组织各种物流资源，实现货物从供应地到接收地的"物"的流动。在"物"的流动过程中，客户最关心的是货物的安全。如果因为出现了不可抗拒的自然因素或者人为因素，使得企业给客户提供物流服务时在运输、仓储、装卸搬运、货物包装等环节出现失误，而导致客户的货物发生数量或质量方面的损失，甚至是大批量丢失，则不仅不能很好地为客户创造价值，甚至会破坏客户的整体价值。所以，如何保障客户货物的安全流动，为客户提供高安全价值的物流服务，是物流企业当前和长时期发展中迫切需要解决的一个关键问题。

（四）可靠价值

可靠价值体现的是企业通过准确无误地完成所承诺的物流服务为客户创造的利益。当物流客户服务给客户造成损失时，企业及时采取补救赔偿措施也是从可靠方面为客户创造价值的一个重要途径。企业为客户创造可靠价值的能力的高低直接影响客户对企业物流客户服务的信心及安全感程度。

企业在可靠方面的价值创造能力是通过其履行物流服务承诺的能力来体现的，由于客户总是希望企业能够按照约定的承诺提供相应的物流服务，所以企业履行物流服务承诺的程度越高，客户从物流服务可靠程度上所获得的价值也就越高。另外，客户从物流服务中所获得的可靠价值还表现在企业提供高品质物流服务的连贯性、持续性上，也就是说，如果企业能长期持续完成自己所承诺的物流服务，甚至所提供的服务价值超出客户原来的期望，就能给客户带来高可靠价值。

（五）社会价值

社会价值体现的是企业通过积极地承担社会责任为客户创造的利益。目前，企业在诸如运输、仓储、装卸搬运、流通加工、包装等物流环节积极地为客户创造价值，降低成本，自身也从中取得了长足的发展。在信息化社会时代，如果企业对自己所应承担的社会责任处理不当，很可能被公众、媒体通过迅速传播把事件扩大，既影响了自身的社会形象，也会在不同程度上造成客户在信誉、品牌等方面的损失，也就不能很好地从社会价值创造方面为客户创造效益。

（六）经济价值

一切经济活动的根本立足点在于能够获得经济上的收益，物流客户服务也不例外。因此，可以把时效价值、柔性价值、安全价值、可靠价值及社会价值称为企业通过物流服务功能方面给客户创造的价值，是为了衡量企业在物流服务过程中所体现出来的服务能力，而经济价值则是对物流客户服务价值的经济考量，是从经济的角度对服务结果的直观反映，它决定着客户对最终利益目标的实现程度。或者说，经济价值是客户选择物流服务的前提性构成内容。因为市场经济是需求主导经济，企业服务价值不但要从功能方面被客户所感知，而且要能够满足客户对经济利益的要求，只有在此前提下，企业自身的利益才能实现。企业为客户创造的经济价值可以表现为物流企业服务使得客户获得比自营物流业务或使用其他物流企业服务更多的收入，或是企业的服务让客户取得了比自营物流业务或使用其他物流企业服务更低的成本。

二、物流客户服务价值构成要素

对各个价值创造途径中客户价值的构成要素进行识别与分析，即客户价值要素识别分析，是企业实现物流客户服务价值创新的核心基础。物流客户服务价值要素是指企业能为客户创造价值的物流服务品质构成，是企业在物流服务竞争和投资中所注重的各项要素，对其进行识别与分析可以帮助企业确定客户关心的是哪些价值要素及对不同价值要素关心的程度，从而指导企业确定需要提高哪些物流客户服务价值要素的满足程度以及如何提高等等，帮助企业提高客户整体价值，最终实现物流客户服务价值创新的目的。

物流客户服务价值是构成客户总价值的重要因素之一。在现代市场营销实践中，随着消费者收入水平的提高和消费观念的变化，消费者在选购产品时，不仅注意产品本身价值的高低，而且更加重视产品附加价值的大小。特别是在同类产品质量与性质大体相同或类似的情况下，企业向客户提供的附加服务越完备，产品的附加价值越大，客户从中获得的实际利益就越大，从而购买的总价值也就越大；反之，则越小。因此，在提供优质产品的同时，向消费者提供完善的服务，已成为现代企业市场竞争的新焦点，物流客户服务价值主要包括客户购买价值、客户口碑价值、客户信息价值和客户知识价值等四个方面。

（一）客户购买价值

客户价值最直接的体现就在于能够通过支付报酬，承担一定的价格支出，让企业赚取利润。所以我们狭义上的客户价值就是客户能够为企业带来的收入。这里面包含两个内容，一个是客户单次购买支付的金额，另一个就是购买的频次。两者结合起来，可以构成客户价值的总和。但需要注意的是，这里的客户价值并不包含隐性价值。

（二）客户口碑价值

服务价值中存在许多隐性的客户价值，口碑价值就是其中之一。客户的口碑价值可以形成一定的传播效应，辐射到客户身边的人，如果客户数量足够多，带来的影响力不容小觑。因此，企业应该充分重视客户口碑价值，这对企业的发展具有重要的战略意义。企业想要做好口碑并提高口碑效应，就应该从做好客户服务开始。

（三）客户信息价值

我们常说收集客户信息，这并不是为了窥探客户的隐私，而是通过客户公开的信息对客户群体进行分析，从而进行精准营销和销售。这里就可以体现客户信息的价值，它是客户价值的一部分。有些企业会通过对既往客户进行客户群体画像，从而改变营销策略和思路，形成新的增长点。

（四）客户知识价值

客户会站在自己的立场上对企业提出需求，从而让企业做出改变和提升。正是因为有那些"不温顺"客户的存在，才能够让企业不断探索新的服务方式。在经过客户的反馈之后，企业能够做出相应改变，逐渐适应了市场。这就是客户知识价值的体现。

物流业是一个特殊的行业，它有着类型复杂、数量庞大的客户群体，具有不断创新的物流产品与服务，以及由物流行业本身特征决定的复杂运营模式。物流企业维系客户关系的目的在于与客户建立良好的客户关系，加强双方的合作以实现双赢。对于物流企业来说，委托它承担物流业务的企业就是它的客户，它与委托方之间存在着客户关系，与客户建立长期的战略合作伙伴关系将是其发展的一个重要保证。物流企业实施客户关系管理就是通过吸引、开拓、维持和增进与客户的关系，从客户服务价值出发挖掘潜在客户并留住老客户，提高客户服务水平。

第三节　物流客户服务价值创造

目标客户群体对物流企业所提供的客户价值进行认知时，具有层次性与动态性，这包含三方面的含义：其一，对物流企业的产品或服务进行价值感知时，客户会按产品或服务的属性进行分层；其二，在产品或服务发展的不同时期，客户所关注的属性或价值要素不同；其三，客户与企业的关系不同，对客户价值的感知也不同。为了更好地为客户创造价值，就必须结合客户价值创造的层次与动态特征，开展有针对性的物流客户服务管理。

一、物流客户服务价值创造目标

在市场竞争日益激烈、客户需求不断变化的情况下，有的企业实现了收入和利润的持续快速增长，而有的企业却逐渐走下坡路甚至销声匿迹。这种现象产生的原因不在于企业战略制定的分析工具或形成模式优越于对方，而在于企业对战略的基本的、内在的设想不同，即企业战略逻辑上的差异。从本质上讲，客户服务价值创造就是要不断地提供满足客户需求与偏好的新的价值。这里所谓的价值是一个广义的概念，即一切能够使客户感受到价值的要素。企业只有通过客户服务价值创造，才能获得客户忠诚，才能获得持续竞争优势，这就要求企业必须改变传统的竞争战略逻辑，转移到以价值创造为核心的客户关系战略上来。

企业在市场竞争中需要确定自己的核心业务和核心优势，差异化的客户服务能给企业带来独特的竞争优势。加强物流管理、改进客户服务是创造持久竞争力的有效手段。此外，客户服务水平直接影响到企业的市场份额、物流总成本，进而影响到总体利润规模和经营范围等因素。物流业提供给各种企业的是物流服务，而不仅仅是企业内部单独的物流活动。从某种意义上说，"服务"是物流的本质，而一流的客户服务已成为高水平物流服务企业的标志。客户服务不仅决定了原有的客户是否会继续维持下去，也决定了有多少潜在客户会成为现实客户。因此物流的客户服务必须注重赢得新客户和留住老客户，这是客户服务最基本的要求。

为了满足消费者日益多样化的需求，在提高消费者满意度的同时削减各种经营成本，物流这一部门的地位和对营销渠道的影响力也日益重要，将物流管理纳入市场营销的范畴，可以说是竞争激烈的市场环境对企业的必然要求。针对物流客户服务价值创造目标可以从以下几个方面进行分析。

1.结合企业自身的条件和能力，为客户定制服务内容

每个企业都必须根据自身的条件和能力，选择力所能及的服务项目，针对各目标客户群体，开展相关的市场调查并进行有效分析，制定不同的物流服务策略，以满足各不相同的客户所需要的服务。

2. 努力提高企业的设施、设备的现代化水平，提高服务质量

企业要取得客户的满意，达到较高的物流服务水平，就必须不断完善自身的设备和设施，提高企业服务的硬件水平，以满足各类不同客户的需求，尤其是对企业数智信息系统的建设，以提高物流效率和服务水平。

3. 注重人才的培养和引进，提高物流客户服务质量

企业要发展，要扩大市场占有率，就必须实现企业的现代化，而企业现代化的标志就是信息化，这离不开能掌握现代化技术的专业人员。企业必须通过各种途径，从企业内部培养或从外部引进相关的专业人员。努力提高物流客户服务人员自身的素质和能力，建立精干高效的客户服务队伍，更好地为企业的客户群体提供优质的服务。

4. 客户价值创造是企业战略焦点的转移，将显著地改变企业战略行动的取向与效应

企业的战略目标是通过创造优越的客户价值，脱离现有竞争区域并使竞争对手无法跟进；同时，企业可以通过客户价值创造为客户提供全新的价值，从而激发客户的潜在需求并形成大规模市场，企业将成为这一大规模市场的领导者；另外，企业还可以通过整合其他各种市场竞争力量，提高客户价值创造能力，在更高层次和更大程度上为客户提供更具价值的产品或服务。物流客户服务工作应该是企业提升自身价值的前提和条件，企业只有根据目前市场的需求及自身的条件和能力，确立物流客户服务策略，并根据不同的客户层次和群体，开展不同的客户服务，通过高效优质的客户服务创造其服务价值，才能占据市场。

二、物流客户服务价值创造过程

研究发现，价格、质量、服务、速度、创新、品牌都是创造客户价值的重要因素，不同企业可根据不同情况选择使用上述要素，以降低客户认知价格或提升客户认知利益，从而为客户创造价值。物流企业通常会通过七大要素功能为客户创造价值。

物流的运输功能创造的核心价值是空间价值，因为运输可以节约时间，可以消除客户与所需物品间的空间间隔；物流的仓储功能创造的核心价值是时间价值，特别是对一些季节性很强的物品，仓储是必不可少的；物流服务的包装有商业包装、工业包装两种，商业包装功能创造的核心价值是附加价值，包装能够增加产品的附加值以提升产品的价值，从而激发客户对产品的购买欲望，工业包装主要是方便物品的流通，为整个物流活动服务，达到降低物流成本、提高物流服务水平的目的；在整个物流活动中合理地安排装卸搬运有利于提高物流作业的效率和效益，从而为客户提供间接价值；物流的流通加工功能创造的核心价值是附加价值；配送功能的核心价值是时间与空间的价值，配送可以满足客户的有效需求，提供售后服务，送货上门，方便，省时；信息服务功能的主要作用表现为缩短从接受订货到发货的时间，实现库存适量化，提高搬运作业效率，提高运输效率，使接受订货和发出订货更为省力，提高订单处理的精度，防止发货和配送出现差错，调整需求和供给，提供信息咨询，等等。物流企业通常会从物流功能七要素出发，尽可能地为消费者提供便捷高效的服务，从而创造客户价值，提高客户满意度和忠诚度。

把握客户需求与偏好，选择合适的客户价值创造要素进行服务价值创造，具体物流客户服务价值创造过程如下。

1. 物流客户服务与营销一体化

物流企业在进行客户关系管理时，为创造其服务价值首先要做到服务与营销一体化，这样有利于打开市场知名度，吸引新客户，争取市场份额。

2. 拓宽营销渠道，把握精准营销方式

市场营销渠道对产品从生产者转移到消费者所必须完成的工作加以组织，其目的在于消除产品（或服务）与使用者之间的隔阂。营销渠道不仅仅是一种产品销售渠道，它也能在销售产品的同时提供其他附加价值。物流客户服务在企业的营销活动中扮演着关键的角色，尤其是支持客户在适当的地方获得产品。一件产品或服务只有当它可以在客户需要的时间和地点被买到时，才会给客户带来满意的体验。获取客户满意，需要渠道成员的共同努力，同时对待不同的客户群体要分析其心理趋向并选择合适的营销方式。

3. 提高物流客户服务数智化水平

物流企业通过提高客户服务数智化水平可以实现高效物流价值创造，具体方式可以通过改变绩效测度、根据物流客户服务水平合理设定激励机制、对企业的物流客户服务水平进行定期评估和改进以及借助外部资源，提高企业的物流客户服务水平等。

4. 提高物流能力来创造客户服务价值

在以商品全球化为主要标志之一的经济全球化时代，一个企业，乃至一个国家的竞争力不取决于能生产多少产品，而取决于能生产多少满足消费者和市场需求的产品，更取决于现代物流能力。因为任何一个产品都只有通过物流环节进入消费者手中，才能成为商品，并具有商品价值、货币价值和使用价值。由此引发企业间的竞争由工业经济时代的生产能力竞争转向经济全球化时代的生产能力乘以流通能力竞争。核心是迅速建立现代物流体系，提高物流能力，降低物流成本，创造更多的价值。现代物流与传统物流有着本质上的区别，现代物流以满足消费者和市场的需求为目标，以第三方物流为基础联合供应商和销售商，把战略、市场、研发、采购、生产、销售、运输、配送和服务各环节活动整合在一起，作为现代经济领域的新兴产业支撑国家和世界的发展。而传统物流则可以简单地视为一种"后勤保障系统"。现代物流业通过提高物流速度和效率来创造价值的同时，也在不断地通过创新、整合资源、降低物流成本来创造价值。

总而言之，企业为了使目标客户群体增加忠诚度，就必须重视企业与客户接触过程中的互动，考虑客户能否获得其真正需要的产品或服务或者更为全面的解决方案，产品或服务是否流畅地送达客户手中；客户价值创造的效果及员工与客户之间互动的效果；企业能够获得所需要的信息，对客户的需求与偏好做出正确认知，设计出更有针对性的互动界面。企业与客户间互动和客户价值创造是不能截然分开的过程，它们之间的大部分活动是相互重叠的，而且它们之间也是相互作用、相互影响的。当然，这些都必须有相应的能力作为支持才可能全面和深入地实施客户价值创造，协调企业与客户之间的互动过程。

第四节　物流客户服务价值链优化

🔗 政策链接：

《交通物流降本提质增效行动计划》

一、物流客户服务价值链的含义与特征

（一）物流客户服务价值链的含义

物流客户服务是指将联结企业及客户的所有为达到目标的活动看成一个整体的过程。价值链可以被视为一个单一的纵向集成的主体，它控制着从原材料采购到产品销售的全部行动。物流客户服务价值链是指物流企业将客户价值的最大化和员工、客户的满意度连在一起而形成的链条。根据物流客户服务的特殊属性和需求，物流客户服务价值链可以被理解为客户服务创造价值、实现效能最大化并获得客户满意度、忠诚度等连于一起形成的链条。

（二）物流客户服务价值链的特征

物流客户服务价值链是为了保证各个企业之间的同步化、并行化运作，培养快速响应市场的能力，着重解决运输的准确性、信息的共享性、系统的灵活性和敏捷性等问题，实现无缝的供应连接，其客户价值在信息中实现。现代物流客户服务价值链具有以下特征。

（1）过程的一体化。现代物流客户服务价值链是基于信息技术和信息平台，通过标准的规范把物流服务企业有机联系起来，实现一体化的管理，确保服务的连续性和稳定性。

（2）网络组织的优化。现代物流客户服务价值链是由若干组织组成的一个综合组织，由于各个组织间的分工合作，形成一个网络组织。只有对这个网络组织进行优化，才能使各个组织发挥其核心特长，使之功能放大，从而提升对客户需求的反应速度，实现服务成本的降低，这种网络组织的优化应该是自上而下的全局优化，包括运输、仓储、流通环节的优化，也包括诸如增值服务、区域组织网络的优化，只有这样才能形成合理的物流网络。

（3）服务的灵活性。现代物流客户服务价值链要根据客户的需求、环境的变化和技术的发展等内部和外部因素的变化，不断地调整物流客户服务内容、服务观念，所以具有灵活性的物流服务是现代物流客户服务价值链的一个重要特征。只有这样，才能保持现代物流客户服务价值链的市场竞争能力。

（4）服务的集成化。与传统的纵向一体化物流服务相比，现代物流客户服务价值链中的信息流量大大增加，这种信息传递不再是逐级传递，而是网络式的传递，只有将服务需求信息、服务供应信息和共享信息集成在一起，才能避免信息流的失真，提高现代物流客

户服务价值链的敏捷性，为价值链的精细化运作提供基础性保障。归纳起来，现代物流客户服务价值链的特征主要有信息的共享性、过程的同步性、响应客户需求的敏捷性、服务的满意性。

对于物流客户服务价值链而言，其关键点在于更大的服务价值、更高的满意度和忠诚的客户，其中客户忠诚度、客户满意度和客户获得价值的大小是其重要内容。提高客户的忠诚度能明显增强企业获利能力，忠诚客户每增加 50%，所增加的利润可达 25%~85%；流失的客户减少 5%，利润可以增加 50%，即客户流失率减小一半，利润会翻倍；客户忠诚度取决于客户满意度，客户之所以对某企业的产品或服务表现出忠诚，视其为最佳和唯一的选择，首先是因为其对于公司提供的产品和服务满意，满意层次可分为物质满意层、精神满意层、社会满意层；客户满意度取决于客户所获得的价值大小，这里所说的价值是指客户获得的总价值与客户为之付出的总成本之间的差距，客户在购买商品和服务时，总希望把有关货币、时间等成本降至最低限度，同时又从中获得更多的实际利益，以使自己的需要得到最大限度的满足。因此，客户所获得的价值越大，其满意度也就会越高。

二、数智服务赋能的物流客户服务价值链优化

1. 发展数智化建设，以速度战胜规模

物流、信息流和资金流的融合形成了物流价值链。信息流和商流的及时性和安全性极大地影响着物流价值链的通畅与效率。高速、安全的信息流和商流是捕捉商机、保障物流活动顺利进行的重要因素。因此，可以说速度将成为未来价值链竞争中起决定性作用的力量，以速度打击规模、以速度利润战胜规模利润，将成为最强的竞争手段，未来的商战也将是速度利润战胜规模利润的时代。发展数智化建设是提高物流价值链效率的最直接有效的方法。数智化技术的应用、信息平台的建设、信息资源的整合、信息链的形成等，这些都是确保信息流和商流高速、安全的技术支撑，只有具备了高速、安全的信息流与商流，才能进一步保障物流的高速与安全。

2. 明确战略定位，以资源整合实现跨越发展

对于物流客户服务而言，也会面临专业化和综合性的选择。提供量身定做的个性化物流客户服务，避免因为缺乏竞争力而被市场竞争淘汰，涉及物流客户服务战略定位问题。即使是规模庞大的国际物流巨头，也需要下游企业为之提供配套服务，他们的理念是只做自己最擅长的事情。综合物流指的是核心能力，大而全的物流不但不等于综合物流，而且还会降低竞争能力。因此，对于众多的中小物流企业来说，坚持专业化经营和差异化服务，应当是很好的选择。

3. 发展横向与纵向合作，构建完善的物流运营服务体系

任何一家企业都不可能做到一手全包，要想生存并且强大，最重要的一点是要提供足够强大的物流客户服务来满足客户的需求。为客户提供物流服务，不仅需要与上下游企业纵向合作，还需要整合自身资源和同行资源进行横向合作。

4. 融合数智商务系统，对业务运营形成有效支持

物流是电子商务发展的必然趋势，因此，现代电子商务的发展给物流带来了新的商机。与此同时，数智化技术改变了传统的商业习惯，带来了全新高效的商业环境，对物流业务运营形成了有效的支持。如何结合现代电子商务和数智化技术，发展现代物流，实现操作服务的标准化和业务数据的共享，从而有效减少各环节运作成本，实现商业利益最大化，将是物流企业发展中的一个重要问题。

案例分析

安得智联的物流客户服务价值链

1. 公司概况

安得智联成立于 2000 年，起初为美的集团子公司，现已发展成为专注于供应链科技服务的企业。早期，公司主要为美的集团提供从原材料入厂、成品出入库、库存管理到送装一体直达客户的全链路供应链物流服务。经过多年发展，安得智联已转型为国内一流的智能化端对端供应链服务商，服务网络覆盖家电、快消品等多个领域，累计为 3000 余家知名企业提供专业的供应链解决方案。目前，公司在全国拥有 560 多万平方米的仓储面积、136 个配送中心、20 万条配送线路和 3600 多个送装网点，能够实现全国 2875 个区县、39000 个乡镇的无盲区履约服务。

2. 安得智联在物流客户服务成本管理中存在的问题

（1）传统供应链的低效与高成本。传统供应链模式中，BC 订单通常采用两套履约体系，导致链路冗长、库存周转率低、搬运次数多、履约成本高。例如，某啤酒企业在传统模式下产品需经过多个节点，搬运 8~12 次，这种重复运作不仅增加了成本，还降低了供应链效率。传统供应链从订单到交货需要很长时间，难以适应快速变化的市场需求。为了应对不确定性，传统供应链通常需要维持较高的库存水平，这会占用资金并增加运营成本。

（2）渠道多元化与订单碎片化。随着全渠道时代的到来，商流呈现多元化和碎片化特征，品牌方的供应链面临转型升级的压力。随着销售渠道的日益多样化，订单分布呈现高度分散化特征，这直接推高了企业的履约成本，造成收入增长与利润提升不同步的经营困境。在此背景下，品牌商亟须建立更加智能化的库存管控体系与订单履约机制。

（3）末端配送与安装服务的痛点。在大件商品的物流配送中，末端配送与安装服务一直是一个至关重要的环节。传统模式下，物流与安装分离，客户体验差，且物流企业在末端服务的标准化和效率上存在不足。例如，家电、家居等大件商品的送装服务需要多次上门，不仅增加了客户的等待时间，还可能导致客户满意度下降。

（4）绿色、可持续发展的挑战。在环保政策趋严的背景下，传统供应链的高碳排放成为企业面临的挑战。例如，高库存和长距离的运输对环境造成不利影响，增加碳

足迹。传统供应链模式中，链路长、环节多带来的高成本、难协同长期困扰着工业企业。如何在物流全链路中实现绿色低碳，成为企业必须解决的问题。

3. 安得智联在物流客户服务成本智慧管理上的创新

（1）"1+3"供应链服务模型。安得智联构建了"1+3"供应链服务体系，该体系由"全流程管理"和三大核心模块——"制造端物流管理""全渠道库存整合"以及"配送安装协同"组成。其中，全流程管理实现了从原材料采购、生产制造到终端消费的完整供应链整合，有效解决了传统供应链各环节割裂的问题。在全渠道库存整合方面，该模式通过建立共享库存机制显著减少了商品搬运频次，这一做法不仅提升了库存周转效率，还减少了库存积压和滞销风险。例如，某啤酒企业通过"一盘货"模式，将链路缩短为"工厂直发共配中心至终端门店"，减少了中间环节并实现了成本的降低。送装一体是指利用全国4000+送装网点和4万＋送装工程师，为客户提供无差别送装服务，提升末端用户体验。

（2）数字化与智能化技术的应用。安得智联通过大数据、云计算和人工智能等技术优化仓储资源配置、智慧包装和自动分拣。例如，其调度排车算法能够高效解决复杂城配调度问题，提升车辆资源利用率。此外，SaaS化OTP系统支持订单与运力资源的可视化管理，帮助客户提高订单管理能力。

（3）绿色低碳供应链的构建。安得智联将绿色理念贯穿于供应链全链路，通过优化运输、存储、装卸等环节，减少碳足迹。例如，"运包一体"模式通过可循环包装替代一次性材料，每年减少50%的发车次数，节省大量纸箱投放，显著降低碳排放。

（4）行业经验的输出与赋能。安得智联基于美的集团在精益制造领域数十年的经验，构建了"灯塔工厂"供应链解决方案体系。该企业通过系统化提炼和标准化输出这一方案，为制造业企业提供了有效的两业融合（制造业与服务业融合）实施路径，显著提升了合作企业的供应链管理水平。例如，通过VMI仓储管理和JIT实时配送，可以减少制造链路上的过程库存和发车次数。

4. 未来展望

安得智联的实践表明，通过创新服务模式和数字化技术的应用，物流企业可以有效解决传统供应链的痛点，提升客户价值和市场竞争力。未来，随着技术的不断进步和市场需求的持续变化，安得智联将继续深化供应链服务的创新，推动物流行业的高质量发展。其成功经验也为其他物流企业提供了宝贵的借鉴，为行业的转型升级树立了新的标杆。综上所述，安得智联在物流客户服务价值链中的创新实践，不仅解决了传统供应链的低效与高成本问题，还提升了供应链的整体价值。这些创新举措不仅为客户创造了更多价值，也为企业的可持续发展奠定了坚实基础。

·讨论：在快速发展的市场中，安得智联是如何优化其物流客户服务价值链的？

本章小结

本章系统探讨了物流客户服务价值管理的核心内容。首先，分析了物流客户服务价值的主观性、动态连续性等特点，并阐述了其管理的必要性，包括提升企业效益、增强企业与客户关系和提高竞争力等。其次，介绍了物流客户服务价值的分类和构成要素，为价值创造提供理论依据。再次，详细讲解了价值创造的目标和过程，强调以客户需求为导向。最后，提出通过数智化建设、战略定位明确化、横向与纵向合作等方式优化物流客户服务价值链，实现客户价值最大化。本章内容为物流企业提升服务质量和效率提供了实践指导，也为后续研究奠定了基础。

思考题

（1）如何在实际物流运作中更好地体现客户价值的主观性？

（2）如何在动态变化的市场环境中持续保持物流客户服务的价值连续性？

（3）物流企业如何通过数智化技术进一步提升客户服务价值管理的效率？

（4）在优化物流客户服务价值链的过程中，企业如何平衡内部资源投入与外部合作的关系？

第八章 物流客户服务成本管理

本章导读

在全球供应链重构与我国经济高质量发展的双重背景下，政策文件聚焦物流"降本提质增效"，物流客户服务成本管理已成为企业提升竞争力和实现降本增效的核心议题。从经济层面看，物流客户服务管理成本的有效控制对企业盈利能力和社会经济运行效率意义重大；在行业领域，企业间的竞争促使物流服务不断升级，成本管理成为关键竞争力。然而企业在物流客户服务成本管理方面面临诸多难题，例如，隐性成本难以准确估算，物流客户服务成本与服务水平的平衡难以把握等。为应对这些挑战，企业需深入理解物流客户服务成本管理的内涵与特点，精准把握成本与服务水平的关系。通过科学分类和核算成本，明确成本构成，运用合适的核算方法和模式，加强成本控制，从多环节入手，采取有效的控制措施，实现降本增效。本章旨在深入探讨物流客户服务成本管理，分析成本的概念、分类、构成，系统介绍成本核算的流程、方法与模式，全面阐述成本控制的方式、途径与措施，以提高企业的物流客户服务成本管理水平，增强市场竞争力。

学习目标

（1）了解物流客户服务成本管理的定义、物流客户服务成本核算模式和物流客户服务成本控制的目标及分类。

（2）理解物流客户服务成本与服务水平的关系、物流客户服务成本核算的意义和物流客户服务成本控制的目标。

（3）掌握物流客户服务成本核算的流程和方法，物流客户服务成本控制的方式、途径与措施和运用相关知识分析并解决企业物流客户服务成本管理中的实际问题。

本章结构图

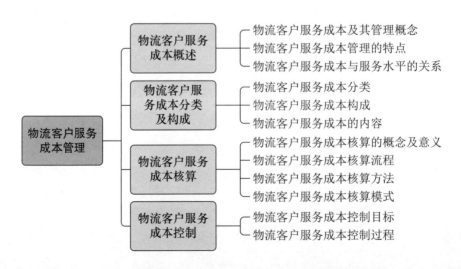

第一节　物流客户服务成本概述

一、物流客户服务成本及其管理概念

（一）物流客户服务成本

在企业的经营过程中，企业面向市场所提供的客户服务是发生在买方、卖方以及第三方之间的一个过程，这个过程使得所交易的产品或服务实现增值，因而客户服务也已从经营辅助性手段转变为企业所提供的完整产品内涵（包括有形产品及配套服务）的重要组成部分。随着企业对产品物流客户服务所具有的现实增值功能及其潜在价值认识与体会的不断深入，企业考察物流作用的视角也已从原来单个的业务环节转向从采购到生产再到销售的全过程。例如，戴尔公司在个人计算机销售市场获得成功的一个重要原因就在于它提供了一种特殊的计算机配套物流客户服务。在市场其他要素相对稳定的情况下，当企业以较高的物流客户服务水平销售其产品时，将给企业带来较高的销售收入，但同时也会相应产生较高的物流客户服务成本；反之，当企业所提供的物流客户服务水平低于"标杆"、地域或行业平均水平时，则极有可能动摇现有客户沿用该产品的习惯，并且还可能打消潜在客户对该产品的尝试欲望，由此而导致企业的隐性销售损失，这种"隐性销售损失"也就是企业所要承担的客户服务成本。

（二）物流客户服务成本管理

物流客户服务通常是以其有形产品为载体并融多项服务内容于一体的综合性客户服务，企业的现有客户在接受产品的配套物流服务后将形成对物流客户服务的直接体验评价，这种体验评价决定企业的直接物流客户服务成本；而潜在客户对物流客户服务的感受则来源于现有客户传递的信息而形成的间接感知评价，这种感知评价决定间接物流客户服务成本。直接物流客户服务成本和间接物流客户服务成本共同构成总的物流客户服务成本。数智化技术的发展与推广应用，信息传播由传统口口相传以平面扇形状逐级蔓延演变为现代多媒体传导以几何级数呈立体辐射状快速传播，这使得现有客户对企业的物流客户服务不满时的负面口碑在短时间内传播得更加广泛，企业不仅要承担相应的直接物流客户服务成本，更要承担由此而导致的难以估量的间接物流客户服务成本。在激烈的市场竞争中，降低成本、提高生产效率、获得更高的利润已经成为企业不断追求的目标。因此，优化和控制物流客户服务成本已经成为竞争的焦点

物流客户服务成本管理是指物流客户服务环节发生的各类成本的核算、分析、预测、决策、预算及控制等一系列的管理活动，通过管理成本达到提升物流客户服务能力的目标。

物流客户服务成本管理的意义在于，通过对物流客户服务成本的有效把握，利用物流要素之间的效益背反关系，科学、合理地组织物流客户服务活动，加强对物流客户服务活动过程中费用支出的有效控制，降低物流客户服务活动中的物化劳动和活劳动的消耗，从

而达到降低物流总成本、提高企业和社会经济效益的目的。

🔗 知识链接：

　　中共中央办公厅、国务院办公厅于 2024 年 11 月 27 日发布《有效降低全社会物流成本行动方案》，旨在通过深化体制机制改革、促进产业链供应链融合发展、加强创新驱动和提质增效等措施降低全社会物流成本。2023 年全社会物流成本与国内生产总值的比率为14.4%，目标是到 2027 年降至 13.5%，铁路货运量和周转量占比分别提高至 11% 和 23%，港口集装箱铁水联运量增长，同时培育一批具有国际竞争力的现代物流企业，基本形成统一高效、竞争有序的物流市场。《行动方案》分为一个总体目标，六大重点板块，对降低物流成本的不同方面提出了具体要求，如图 8-1 所示。

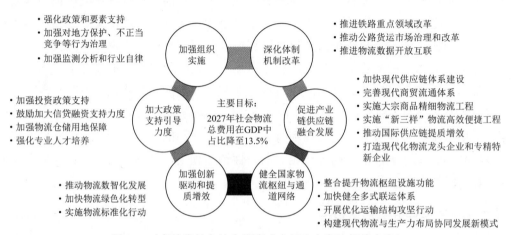

图 8-1　《有效降低全社会物流成本行动方案》相关内容

二、物流客户服务成本管理的特点

　　（1）物流客户服务成本是一种隐性成本。物流客户服务成本不仅包括物流客户服务发生的实际支出，还涵盖企业丧失销售机会造成的损失，因此它是一种难以直接或间接体现的隐性成本。

　　（2）物流客户服务成本的发生具有不确定性。狭义的物流客户服务成本是物流客户服务活动中所耗费的物化劳动和活劳动中必要劳动价值的货币表现，即只要提供物流客户服务就必定会发生狭义的物流客户服务成本；而广义的物流客户服务成本还包括当客户对企业的物流客户服务不满时所产生的额外服务成本。

　　（3）物流客户服务成本的发生具有乘数效应。物流客户服务成本会随着负面评价的扩散而增加。因为客户不满而产生的物流客户服务成本，其值将会随着负面信息的传播而不断增加。企业失去客户就无法获得今后与该客户的交易数据，因此只能在某种假设的客户关系水平上对现有客户流失造成的销售损失进行估计，使得精确管理物流客户服务成本具有一定难度。

（4）物流客户服务成本与物流客户服务水平密切相关。优质的物流客户服务可以提升客户满意度和赢得客户信任，减少现有和潜在客户的流失，从而降低物流客户服务成本。然而，高标准的物流客户服务水平要求有高水平的存货、高效的订单处理等作为保障和代价，这势必将导致物流客户服务成本的居高不下；反之，维持低水平的物流客户服务虽可降低狭义上的物流客户服务成本，但会直接导致物流客户服务成本的上升。通常情况下，改变物流客户服务水平后所引起的狭义的物流客户服务成本的增幅与因此而引致的物流客户服务成本的反向增幅不是一种等值转移关系。

三、物流客户服务成本与服务水平的关系

物流客户服务成本与服务水平之间存在着紧密而复杂的关系。这种关系主要体现在以下几个方面。

（一）成本与服务水平的相互影响

1. 服务水平的提升可能增加成本

企业为了提升物流服务水平，如加快响应速度、提高送货准确率、增强售后服务等，往往需要投入更多的人力、物力和财力。例如，增加客户服务人员、升级物流设备、优化服务流程等，这些都会直接导致服务成本的提升。

2. 成本的控制可能影响服务水平

如果物流企业为了降低成本而缩减在客户服务方面的投入，如减少人员配置、降低服务质量标准等，很可能会导致服务水平的下降。这可能会对物流企业的品牌形象和市场竞争力产生负面影响，从而影响到客户的满意度和忠诚度。

（二）成本与服务水平的平衡

1. 寻找最佳平衡点

企业需要在物流服务水平和成本之间找到一个最佳的平衡点。这就要求企业既要提供高质量的服务以满足客户需求，又要有效控制成本以维持企业的盈利能力。通过优化服务流程、提高运营效率、采用先进技术等手段，可以在保持服务水平的同时降低服务成本。

2. 客户满意度与成本效益

高水平的物流客户服务有助于提升客户满意度和忠诚度，从而增加客户黏性并带来长期稳定的收益。然而，这种提升往往伴随着成本的增加。因此，企业需要在满足物流客户需求和实现成本效益之间做出权衡和取舍。

（三）客户预期与服务认知的影响

1. 客户预期

客户的预期服务水平是影响物流客户服务成本的重要因素之一。当客户的预期较高时，

物流企业需要投入更多的资源来满足这些预期，否则可能导致客户不满和流失成本的增加。

2. 服务认知

客户对物流客户服务的实际认知也会影响服务成本。如果客户对服务的认知低于其预期水平，那么企业可能需要通过额外的补偿或改进措施来挽回客户信任，这也会增加服务成本。因此，企业需要关注客户的物流服务体验并持续改进服务质量以满足客户的期望。

综上所述，不同水平的物流客户服务带给客户的感受和满意度不同，从而引起物流客户服务成本的差异。在其他条件不变的情况下，最佳的物流客户服务水平可以提升客户满意度和赢得客户信任，减少现有客户与潜在客户的流失，从而大幅降低物流客户服务成本。反之，低水平的物流客户服务无法满足客户的要求，导致现有客户和潜在客户的流失，使物流客户服务成本上升。物流客户服务成本的发生虽然具有不确定性，但在一定物流客户服务水平下，可以假设物流客户服务成本的期望值为 $E(C)$，$E(C)$ 与物流客户服务水平 S 的关系见图 8-2。

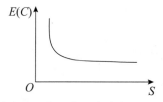

图 8-2　物流客户服务成本与物流客户服务水平关系图

由图 8-2 可知，$E(C)$ 是物流客户服务水平的函数，即 $E(C)=f[S(n_1, n_2, \cdots, n_i)]$，$n_i$ 是影响物流客户服务水平的第 i 个因素。理论上，$E(C)$ 和 S 的函数关系可以通过采集大量 $E(C)$ 和 S 的实际数据拟合获得，但是由于获取某一服务水平下的实际物流客户服务成本存在的难度极大且其估算过程也十分复杂，在建立物流客户服务成本与物流客户服务水平的函数关系时可采集的样本十分有限，为了操作的可行性和简便性，可采用如下函数来描述图 8-2 所示的函数关系：

$$E(C) = k\frac{1}{S+\beta} \qquad S>0, \beta>0$$

式中，k，β 为待定参数。

待定参数的确定方法如下。

（1）当只有一个样本点 $[S_1, E_1(C)]$ 时，无法同时确定两个未知参数，此时令 $\beta=0$，则 $k=S_1$，$E(C)=E_1(C)$。

（2）当有两个样本点 $[S_1, E_1(C)]$、$[(S_2, E_2(C)]$ 时，应用待定系数法可得：

$$\begin{cases} k = \dfrac{(S_2 - S_1)E_1(C)E_2(C)}{E_1(C) - E_2(C)} \\ \beta = \dfrac{E_1(C)S_1 - E_2(C)S_2}{E_2(C) - E_1(C)} \end{cases}$$

（3）当有 n 个样本点时，将 $E(C) = k\dfrac{1}{S+\beta}$ 变形可得 $S = k\dfrac{1}{E(C)} - \beta$，令 $Z = \dfrac{1}{E(C)}$ 和

$\alpha = -\beta$，将原方程转化为线性方程 $S = kZ + \alpha$，运用线性回归分析法可求解参数 k 和 α

$$\begin{cases} k = \dfrac{\displaystyle\sum_{i+1}^{n} Z_1 S_1 - \dfrac{\left(\displaystyle\sum_{i+1}^{n} Z_1\right)\left(\displaystyle\sum_{i=1}^{n} S_1\right)}{n}}{\displaystyle\sum_{i+1}^{n} Z_i^2 - \dfrac{\left(\displaystyle\sum_{i=1}^{n} Z_i\right)^2}{n}} \\[6pt] \alpha = S - k\overline{Z} \end{cases}$$

将 $Z = \dfrac{1}{E(C)}$ 和 $\alpha = -\beta$ 代入上式可得参数 k 和 β 的计算公式。

$$\begin{cases} k = \dfrac{\displaystyle\sum_{i+1}^{n} \dfrac{1}{E_1(C)} S_1 - \dfrac{\left(\displaystyle\sum_{i+1}^{n}\left(\dfrac{1}{E_1(C)}\right)^2\right)\left(\displaystyle\sum_{i=1}^{n} S_1\right)}{n}}{\displaystyle\sum_{i=1}^{n}\left(\dfrac{1}{E_1(C)}\right)^2 - \dfrac{\displaystyle\sum_{i-1}^{n}\left(\dfrac{1}{E_1(C)}\right)^2}{n}} \\[6pt] \beta = k\overline{\left(\dfrac{1}{E_1(C)}\right)} - \overline{S} \end{cases}$$

第二节　物流客户服务成本分类及构成

一、物流客户服务成本分类

物流客户服务成本主要包括企业在物流客户服务环节发生的各项耗费或损失。根据费用或损失发生的实际情况，客户服务成本可以分为显性成本和隐性成本。

1. 显性成本

显性成本是指在企业的物流客户服务活动中实际发生的各项耗费与支出，这项成本的形成以货币的付出和资产的消耗为前提，如客户服务人员的薪金报酬、客户服务部门的活动经费等。显性成本在经济内容上与运输、仓储等作业成本相同，人工费用、设备费用、技术费用及相关管理费用等项目是其成本构成的核心。根据支付方式的不同，显性成本可以分为自营成本和外包成本；根据成本的作用不同，可以归纳为与营销活动有关的成本、与物流客户服务质量相关的成本等。

2. 隐性成本

隐性成本也称客户流失成本，是指因物流客户服务质量存在缺陷，导致客户流失而产生的潜在损失。隐性成本并不是企业在经营活动中发生的实际支出，而是一项估算的收入或利润的减少额，是风险意识在物流客户服务成本管理中的体现。

二、物流客户服务成本构成

（1）人员成本：客户服务人员的工资、奖金、福利等。

（2）运营成本：客户服务部门的日常运营费用，如租金、水电费、通信费等。

（3）设备成本：用于客户服务的设备购置、维护、折旧等费用。

（4）耗材成本：在客户服务过程中消耗的物资，如包装材料、打印纸等。

（5）培训成本：为提高客户服务质量而进行的员工培训费用。

（6）客户流失成本：因服务质量问题、价格不合理、响应速度慢等原因导致的客户流失，进而造成的潜在收入损失。

（7）品牌形象和声誉损失：不良的客户体验可能损害物流企业的品牌形象和声誉，进而影响其市场竞争力。

（8）机会成本：由于将资源投入客户服务中而放弃的其他潜在收益或机会。

三、物流客户服务成本的内容

（一）与物流营销活动有关的客户服务成本

与物流营销活动有关的客户服务成本是指为了让客户了解、评估和购买物流客户服务而发生的各项支出。

1. 售前营销费用

售前营销费用是指与联络客户、沟通物流客户服务供需渠道等服务活动相关的费用，包括信息调查费、客户体验费、目标市场决策费、促销活动费等各项费用。

2. 售中营销费用

售中营销费用包括派送赠品、降价退费、抽奖、参观考察等费用，以及使用各种工具维护客户关系而发生的费用和各种差旅费、电信费等。

3. 售后服务费用

售后服务费用是指物流企业在客户购买物流客户服务产品后，对客户进行服务而发生的各项费用，包括访问服务费用、三包服务费用、介绍咨询服务费用、其他成本费用等，如表 8-1 所示。

表 8-1　与营销有关的物流客户售后服务费用

费用名称	涵盖内容
访问服务费用	访问服务费用是指企业在客户访问服务工作中发生的文本资料费、人员差旅费、电话传真费、网络使用费等费用。对所有的企业来说，客户的反馈是企业发展的重要信息资源，通过访问，企业可获得关于物流客户服务质量、客户满意度等方面的信息
三包服务费用	三包是指包退、包换、包修，管理理念先进的物流企业还向客户提供包赔偿损失、包使用寿命、包技术培训等新内容。此项费用是为补救物流客户服务质量而发生的支出，如提供等值服务的支出、赔偿各种损失、培训客户的支出等

续表

费用名称	涵盖内容
介绍咨询服务费用	介绍咨询服务费用是指向客户详细介绍物流客户服务而发生的费用，它除了各种书面资料费用外，还包括技术培训费用，如物流软件使用的培训费等
其他成本费用	如监测服务质量时因不良设计、不良营销产生的人工、材料、差旅费等服务成本

与营销有关的物流客户服务成本除了包含上述交易前、交易中和交易后的直接服务活动的成本外，还包括一部分间接成本，如培训成本和交易成本。培训成本是指对内部员工和客户进行正式培训所发生的费用，包括讲师费、场地设备租赁费、交通差旅费等。交易成本也称交易费用，是指为保证交易的正常进行所付出的代价，如为寻找交易对象而发生的费用、签约费用、合同履行费用、建立合同履行保障机制的费用等。

（二）物流客户服务质量成本

物流服务质量的高低取决于物流产品质量、物流客户服务质量、物流工作质量以及物流过程质量，其中对客户满意度起决定作用的是物流客户服务质量，现代物流工作者越来越认识到物流客户服务质量对物流企业战略成功的重要性。物流成本不仅是改善客户服务质量的工具，而且成为竞争优势的关键源泉。物流客户服务质量成本核算项目表如表 8-2 所示。

表 8-2 物流客户服务质量成本核算项目表

成本种类	成本项目	核算内容
直接成本	内部故障成本	是指由于自营物流客户服务质量有缺陷而造成的损失和为处理质量缺陷而发生的费用。包括废品损失、返工费、检验试验费、停工（售）损失、不合格品处理费等
	外部故障成本	是指外包物流客户服务时由于承包人的物流客户服务质量缺陷而造成的损失和向承包人开展处理质量缺陷行动而发生的费用总和。包括保修费、索赔费、诉讼费、退货费、降价费等
	鉴定成本	是指为检验货物质量而发生的费用，如进货测试费、工序和成品检验费、在库货物复检费、对测试设备的维护保养费、质量评审费等
	预防成本	是指为了降低物流质量缺陷，使故障成本和鉴定成本达到最低而发生的耗费。包括质量计划编制费、质量管理培训教育费、流程控制费、货物评审费、质量信息费、质量管理实施费等
间接成本	无形质量损失	是指因物流客户服务质量低劣而发生的赔偿，以及因此而多付出的客户维系、客户签约费用等

根据物流客户服务质量成本的构成，其计算公式如下。

质量成本 = 直接成本 + 间接成本

其中：

直接成本 = 内部故障成本 + 外部故障成本 + 鉴定成本 + 预防成本

间接成本 = 赔偿及各种补救措施的成本

（三）外包成本

外包是指企业为增强核心竞争能力，将其非核心业务以合同的方式委托于专业的公司运作，是一种长期的、战略的、相互渗透的、互利互惠的业务委托和合约执行方式。一方面，它能使发包企业获得更为周到、专业的服务，将精力和财力投入自己的主业中，从而实现提高效率、靠近市场、降低投资、获取最高收益的经营目标；另一方面，它也为专业公司的发展提供了广阔的市场。在市场竞争日益激烈的今天，外包的范围和内容正在快速扩展，很多企业开始将全部或部分客户服务业务外包出去。服务业务的外包不仅帮助企业节省了时间、精力和费用，还使得不同规模的组织获得了专业化、个性化的客户服务。

物流客户服务的外包成本是指企业支付给专业客户服务机构的费用，其内容如表 8-3 所示。

表 8-3　外包服务成本项目表

序号	成本项目	成本内容
1	调查咨询费	指为了更好地开展物流客户服务、服务承包商进行市场调查、技术咨询时所发生的调查咨询费、加班费等
2	培训费	指服务承包商的职员接受培训，熟悉物流客户服务产品及其销售政策所发生的费用，如培训人员的薪酬、保险费、交通费、培训场地租赁费、茶水点心费、加班费等
3	软件使用费	指建立和设计程序及数据库的费用
4	服务人员薪酬	指按服务人员的技能、客户呼叫次数、呼叫时间、呼叫等级的标准支付的费用
5	设施设备使用费	指服务场所和设施设备的折旧费、外购的服务费等
6	耗材费	指复印纸、文具等办公用品的耗材的费用
7	专项业务服务费	指客户服务承包商按物流客户服务商的委托和要求开展专项业务服务的费用，如信息搜寻费、客户体验费、客户考察费、专业服务费等
8	临时事件服务费	指对临时事件如报告份数增多、差旅、服务范围变更等事件的收费
9	其他费用	上述费用项目以外的必要收费

表中的调查咨询费、培训费、临时事件服务费等项目在性质上属于专项费用，在费用发生时就能明确费用的承担者。实际中，服务承包商通常将除上述三项费用以外的其他费用分摊到单位职员的单位工作时间上，确定各项服务费用的标准费率，然后据此计算并向发包企业收取相应的费用。所以服务发包企业的客户服务成本应按下列公式计算。

外包费用＝单位服务费用 × 服务工作量＋专项调查咨询费、培训费、临时事件服务费等

其中，单位服务费用是指每小时（或每次）呼入呼出的费用，服务工作量是指一定时期内的服务工作小时数或呼入呼出次数。

（四）客户流失成本

客户流失成本是指当物流客户服务水平令客户不满意时所产生的销售损失，以及企业为挽回客户而追加的成本支出。客户流失源于客户的失望，这种失望的情绪不仅会在不可

预计的时间内导致潜在客户的背离，还会影响现有客户的销售。因此，客户流失成本有时是不可估计和难以控制的。

1. 不可估计的成本

客户流失现象持续的时间和范围取决于客户对服务的感知和竞争对手的实力，客户流失所导致的销售损失在相当一段时间内存在，并且难以准确量化和消除。客户流失给企业带来的不可估计的成本如下。

企业声誉恶化。忠诚客户的口碑会带来促进其他客户购买的宣传效应，反之，客户服务失败会形成负面的宣传效应，削弱企业促销宣传的效果并损害企业形象。

竞争能力削弱。客户流失导致了企业业务量的下降，业务量的下降不仅导致了竞争实力的削弱，还抵减了企业当期的规模效益。

客户价值下降。客户价值是指客户为企业创造的价值，在数量上表现为利润。客户服务的口号是"让第一次接受服务的客户成为你的终身客户"，从这个角度上看，作为企业利润源泉的客户价值应该是一种终身价值，这种价值的大小取决于客户与企业合作的时间。

2. 客户关系维系成本

客户关系维系成本是企业为拉近客户关系而发生的客户联络成本，比如赠送礼品、定期拜访、举办座谈会、邀请旅游等。当部分客户流失时，企业不得不加大客户维系成本，以保证现有客户的不再流失和已经"流失"的客户回头。

综合上述分析，客户流失成本可按下式计算。

$$客户流失成本 = 不可估计成本 + 客户关系维系成本$$

（五）物流客户服务总成本的计算

1. 物流客户服务总成本

计算公式为：

$$物流客户服务总成本 = 与营销活动有关的客户服务成本 + 物流客户服务质量成本 + 必要的服务外包成本 + 客户流失成本$$

2. 物流客户服务总成本的分摊

物流客户服务总成本的分摊通过计算分配率来实现。分配率的计算有两种方法，计算公式如下。

公式一：

$$小时数（次数）客户服务成本率 = 物流客户服务总成本 / 客户服务总小时数（或次数）$$
$$某项服务应分配的服务成本 = 该服务的总小时数（或次数）\times 小时数（次数）客户服务成本率$$

公式二：

$$营业额客户服务成本率 = 物流客户服务总成本 / 总营业额$$
$$某项服务应分配的成本 = 该项服务的营业额 \times 营业额客户服务成本率$$

（六）物流客户服务成本的影响因素

客户在接受企业物流客户服务前会形成对该服务的预期，当客户认知的物流客户服务低于该预期时就会产生对企业物流客户服务的不满，从而导致物流客户服务成本的发生，因此影响物流客户服务成本的因素可分为客户预期和客户体验两大类。客户预期越高，意味着企业物流客户服务达到客户要求的难度越大，发生物流客户服务成本增加的可能性也越大。对企业而言，客户预期是不可控因素，客户对物流客户服务的预期来自企业口碑、客户自身需要、业内惯例及客户过去的经验等；客户对物流客户服务的体验来源于产品物流客户服务的各个方面，是企业基本可控的因素，具体包括人员沟通质量等因素。影响物流客户服务成本的因素如图 8-3 所示。

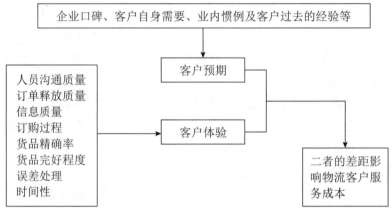

图 8-3　影响物流客户服务成本的因素

第三节　物流客户服务成本核算

一、物流客户服务成本核算的概念及意义

1. 物流客户服务成本核算的概念

物流客户服务成本核算是指将企业在物流客户服务管理过程中发生的各种耗费按照一定的对象进行归集和分配，以计算总成本和单位成本。物流客户服务成本核算通常以会计核算为基础，以货币为计算单位。物流客户服务成本核算是物流客户服务成本管理的重要组成部分，对于企业的成本预测和企业的经营决策等存在直接影响。进行成本核算，首先，审核物流客户服务管理费用是否发生，是否应当发生，已发生的是否应当计入成本，实现对物流客户服务管理费用和服务成本直接的管理和控制；其次，对已发生的费用按照用途进行归集和分配，计算各种服务的总成本和单位成本，为物流客户服务成本管理提供真实的成本资料。

2.物流客户服务成本核算的意义

（1）物流客户服务成本核算是成本管理工作的重要组成部分，成本核算的准确与否，将直接影响企业的成本预测、计划、分析、考核等控制工作，并对企业的成本决策和经营决策产生重大影响。

（2）通过物流客户服务成本核算，可以计算出服务实际成本，可以作为生产耗费的补偿尺度，可以确定企业盈利的依据，便于有关部门制定产品价格和企业编制财务成本报表。

（3）通过物流客户服务产品成本核算，可以反映和监督各项消耗定额及成本计划的执行情况，从而控制服务过程中人力、物力和财力的耗费，实现增产节约、增收节支的目标。同时，利用成本核算资料，开展对比分析，还可以查明企业生产经营的成绩和缺点，从而采取措施，改善经营管理，促使企业进一步降低服务成本。

（4）通过物流客户服务成本的核算，反映和监督物流客户服务占用资金的增减变动和结存情况，为加强资金的管理、提高资金周转速度和节约有效地使用资金提供资料。

通过物流客户服务成本核算出的物流客户服务实际成本资料可以与物流客户服务计划成本、定额成本或标准成本等指标进行对比，除了分析物流客户服务成本升降的原因外，还可以根据这些指标对物流客户服务的计划成本、定额成本或标准成本进行适当的修改，使其更加接近实际。

二、物流客户服务成本核算流程

物流客户服务成本核算的流程包括物流客户服务成本计划、成本控制和成本分析三个阶段。

1.物流客户服务成本计划

物流客户服务成本计划是成本核算的第一个阶段，它是指在物流客户服务管理过程中，根据服务计划和经营计划制定出的各种成本预算。成本预算包括直接材料成本、直接人工成本、制造费用、销售费用等。物流客户服务成本计划是成本管理的基础，它可以帮助企业预测未来的成本开支，为企业的决策提供重要的参考依据。

2.物流客户服务成本控制

物流客户服务成本控制是成本核算的第二个阶段，它是指在物流客户服务管理过程中，通过对成本的控制和管理，使得企业的成本得到有效的控制和降低。成本控制的目标是使得企业的服务和经营活动实现成本最小化。物流客户服务成本控制的具体方法包括控制成本的流程、制定成本控制指标、优化经营服务管理流程、降低非必要成本等。

3.物流客户服务成本分析

物流客户服务成本分析是成本核算的第三个阶段，它是指对物流客户服务成本进行分析和比较，以便了解各项成本的分布情况，分析成本的结构和动态，并为企业决策提供基础数据。成本分析的具体方法包括：确定成本的分析对象、分析各项成本的构成和变化、进行成本收益分析、对成本进行比较分析等。

三、物流客户服务成本核算方法

物流客户服务成本核算的方法包括：全面成本法、变动成本法和直接成本法。

1. 全面成本法

全面成本法是指将所有成本都计入物流客户服务成本，包括直接成本和间接成本。这种方法可以反映物流客户服务的全面成本，但是由于间接成本的分配不易确定，所以计算较为复杂。

2. 变动成本法

变动成本法是指只将与物流服务直接相关的成本计入物流客户服务成本，如直接材料、直接人工和变动服务费用等。这种方法计算简单，但是不能全面反映成本。

3. 直接成本法

直接成本法是指将直接材料和直接人工计入服务成本，而将间接成本计入制造费用的方法。这种方法比较简单，但是不能反映间接成本对不同服务的影响。

不同的成本核算方法适用于不同的企业和产品，企业需要根据实际情况选择合适的方法。总之，成本核算对于物流客户服务管理至关重要，它可以帮助企业掌握经营服务管理中的成本和利润情况，为企业的决策提供有力的支持。

四、物流客户服务成本核算模式

1. 客户全生命周期下的物流客户服务成本核算模式

从现代经济学视角，物流客户服务成本主要包括自营成本、外包成本、服务质量成本等基本项目。为了保证核算的客观性、准确性，部分物流企业采取分摊式的客户服务成本核算方法，该核算方法需遵循"成本动因匹配"原则，即分配基础应与成本发生的直接驱动因素相关。分摊式核算的核心是通过分配率将总成本合理分摊至各成本对象（如客户、订单、业务线），其逻辑链条应为归集总成本→确定成本动因→计算分配率→分摊至对象。

（1）基于服务时间（次数）的分配率。

$$单位服务量分配率 = 客户服务总成本 / 服务总时间（总次数）$$

（2）基于营业额的分配率。

$$营业额分摊率 = 客户服务总成本 / 总营业额$$

在进行物流客户服务成本的核算时，销售损失是必须考虑的关键项目，主要包括现有客户流失或因负面口碑而造成潜在客户流失等销售损失，这也是保证核算全面性的重要条件。在企业进行物流客户服务成本核算时，获取相关的损失成本数据是最难的，也是导致核算结果缺乏可靠性的主要因素。因此，在物流客户服务成本核算中，主要是根据其形成与发展的基本特征，以及现有客户或潜在客户的生命周期，构建以典型客户生命周期为基础的核算模式，从而获得相对准确的客户服务成本核算结果，以保证企业经营活动的顺利开展和进行。物流客户服务成本的核算过程如下。

在物流企业的客户服务成本核算中，必须选取具有典型性的客户作为具体核算对象，并且将客户的生命周期划分为考察期、形成期、稳定期与退化期等具体阶段。在以客户生命周期为基本核算模式的基础上，客户的实际价值（CV）是呈倒"U"型。一般情况下，典型客户在考察期、形成期的成本快速升高，当进入稳定期（t_1）后，成本的增长速度明显缓慢，而进入退化期（t_2）后，客户服务成本则快速下降，直至为0。应用以典型客户生命周期为基础的核算模式时，其计算公式如下。

$$CV_1(t)=h_1t_2+v_1,\ 0 \leqslant t \leqslant t_1$$
$$CV_2(t)=CV_1(t_1)+[N(1-e-t+t_1)],\ t_1 \leqslant t \leqslant t_2$$
$$CV_3(t)=CV_2(t)-h_2(t-t_2)^2,\ t_2 \leqslant t \leqslant TV_1$$

式中，CV 为客户在首次接受物流客户服务时，为物流企业带来的直接经济效益，可以从物流客户服务的相关交易数据中获取；h_1 为 CV 实际增长过程中的加速度，可以从物流客户服务的相关交易数据中获取；t_1 为当客户服务成本处于稳定期始点时，可由方程 $CV_1(t)=CV_2(t)$ 进行计算获得；t_2 为当客户服务成本处于退化期始点时，可由方程 $CV_3(t)=CV_2(t)$ 进行计算获得；N 为当物流客户服务达到 t_1 时点后，CV 的总增幅极限，可以从物流客户服务的相关交易数据中获取；h_2 为 CV 下降过程中的加速度，可以从物流客户服务的相关交易数据中获取；T 为典型客户的平均生命周期时间，从客户保持率曲线、威布尔分布等相关资料中获得。

在物流客户成本的核算中，根据以上公式进行核算，将保证核算实际结果的精确性与可靠性，是物流企业进行客户服务成本核算中最为有效的方法之一。

2.基于 ABC 成本法的物流客户服务成本核算模式

以作业为基础，把物流客户服务消耗的资源按资源动因分配到作业，以及把作业收集的作业成本按作业动因分配到成本对象的核算方法。其理论基础是：服务导致作业的发生，作业消耗资源并导致成本的发生，产品消耗作业。因此，作业成本法下成本计算程序就是把各种资源库成本分配给各作业，再将各作业成本库的成本分配给最终产品或劳务。以作业为中心，不仅能提供相对准确的成本信息，而且还能提供改善作业的非财务信息。以作业为纽带，能够将成本信息和非财务信息很好地结合起来，实现以作业为基础分配成本，同时进行成本分析和管理的目标。

第四节　物流客户服务成本控制

物流客户服务成本控制是根据计划目标，对成本发生和形成过程以及影响成本的各种因素和条件施加主动影响，以保证实现物流客户服务成本计划管理的一种行为。从物流客户服务管理过程来看，成本控制包括成本的事前控制、成本的事中控制和事后控制三个方面。成本事前控制是整个成本控制活动中最重要的环节，它直接影响以后各作业流程成本的高低。事前成本控制活动主要有物流配送中心的建设控制，物流设施、设备的配备控制，物流作业过程改进控制，等等。成本的事中控制是对物流作业过程实际劳动耗费的控制，包括设备耗费、人工耗费、劳动工具耗费和其他费用支出的控制等方面。成本的事后控制是通过定期对过去某一段时间成本控制总结、反馈来实现的。通过成本控制，可以及时发现存在的问题，采取纠正措施，保证成本目标的实现。所谓物流客户服务成本控制是指对物流各环节发生的费用进行有效的计划和管理，采用特定的理论、方法、制度等措施来控制费用。

一、物流客户服务成本控制目标

（一）物流客户服务成本的分类

（1）一般分类：直接成本或运营成本、间接成本。

（2）按物流功能范围分类：运输成本、流通加工成本、配送成本、包装成本、装卸与搬运成本、仓储成本。

（3）按物流客户服务活动范围分类：供应物流费、企业内物流费、销售物流费、回收物流费、废弃物物流费。

物流客户服务成本管理，就是通过成本去管理物流客户服务，即管理的对象是物流客户服务而不是成本，是以成本为手段的管理方法。其意义在于，通过对成本的有效把握，利用物流要素之间的效益背反关系，科学、合理地组织物流客户服务活动，加强对物流客户服务活动过程中费用支出的有效控制，降低物流客户服务活动中的物化劳动和活劳动的消耗，从而达到降低物流总成本，提高企业和社会经济效益的目的。

（二）物流客户服务成本管理的目的

在进行物流客户服务成本管理时，首先要明确管理目的，有的放矢。一般情况下，企业物流客户服务成本管理的出发点包括以下方面。

（1）通过掌握物流客户服务成本现状，发现企业物流中存在的主要问题。

（2）对各个物流相关部门进行比较和评价。

（3）依据物流客户服务成本计算结果，制订物流规划，确立物流管理战略。

（4）通过物流客户服务成本管理，发现降低物流客户服务成本的环节，强化总体物流管理。

（三）物流客户服务成本目标控制的方法

（1）倒扣法：根据市场调研结果确定顾客可以接受的单位价格，扣除企业预期达到的单位产品利润、国家规定的税金、预计单位产品流通期间的费用，最后得出单位产品的目标成本。

（2）比价预算法：将新产品和曾经生产过的功能相近的老产品对比，老产品已有的零件按照其对应零件价格计算，新产品与老产品不同的零件按照新的材料耗费定额、工时定额、费用标准等加以估价测定。适用于对老产品进行技术改造时目标成本的确定。

（3）本、量、利分析法：在利润目标、固定成本目标、销量目标既定的前提下，对单位变动成本目标进行计算。

（4）价值工程法：是一门新兴的管理技术，是降低成本、提高经济效益的有效方法。指的是通过集体智慧和有组织的活动对产品或服务进行功能分析，使目标以最低的总成本（寿命周期成本），可靠地实现产品或服务的必要功能，从而提高产品或服务的价值。价值工程主要是通过对选定研究对象功能及费用的分析，提高研究对象的价值。

二、物流客户服务成本控制过程

（一）物流客户服务成本控制的方式

物流客户服务成本控制就是用各种方法来达到降低物流客户服务成本、保证物流正常运营的目的。物流客户服务成本控制的方式多种多样，其中基本控制方式分为绝对成本控制和相对成本控制。

（1）绝对成本控制，就是对物流客户服务成本进行核算，为成本支出设置一个限额，以这个限额为标准，把成本控制在这个限额之内的成本控制方法。在绝对成本控制下，物流客户服务的主要控制手段是细化成本消费，尽可能精简开支，节约费用，反对浪费，从而达到成本控制的目的。

（2）相对成本控制，与绝对成本控制的节流相比，相对成本控制更注重开源。它是对物流运营整个过程进行分析，把与成本有关的所有环节进行重点比对，寻求在成本控制下的经济效益。这样一来，既要求人们努力降低物流客户服务成本，又要求人们密切关注与成本相关的因素，能够最大限度地提高成本控制带来的效益，从而获得企业效益。

（二）物流客户服务成本控制的途径

1. 库存控制

仓储是每一家物流企业必须具备的基本功能，合理的仓储控制是物流企业成本控制的首要任务。库存量的大小影响着物流企业的效益，但并不是说库存量大或者小就一定盈利。存货多，固然能满足客户需求，为企业发展出力，但是库存量的增加会提高企业的存货成本；存货少，虽然企业存货成本下降，但是企业盈利能力也会下降。所以这本身就是一种成本选择，要确定一条既不损害客户利益又不降低企业效益的方法，必须要加强控制，控制库存。

🔗 知识链接：

在物流客户服务成本管理中，技术的革新正以前所未有的速度推动着行业的变革。其中，自动化仓储与智能分拣系统的应用，为降低物流客户服务成本、提升服务效率提供了强有力的支持。

自动化仓储系统集成先进的机器人技术、自动化输送线和智能仓储管理软件，具备可视化、可追溯、可集成以及智能决策等四方面特征，通过构建一体化解析标识体系，实现全流程物料管控；通过建立数字化运维系统，实现精益化作业操作；通过打造产线协同集成平台，实现全链条库存控制，同时建立智能决策中枢，促进仓储全面降低成本、提高效率。这不仅显著提高了仓储作业的效率，降低了人力成本，还减少了因人为操作失误导致的货物损坏和丢失的风险。智能分拣系统利用先进的图像识别技术和机器学习算法，通过识别货物的种类、尺寸和重量，实现高速、精准的货物的检验分拣、自动分包、打包及发货，这不仅提高了分拣效率，还降低了分拣错误率，从而减少了因分拣错误而产生的额外成本，如退货、赔偿以及客户流失等。智能分拣流程包括导出标签数据→数据导入分拣系统→扫码分拣→分工位摆放→分拣货物→分包→打包发货。

2. 配送控制

配送是整个物流流通环节中相当重要的一环，配送效率的高低决定了企业物流的水平。这就要求物流企业合理地选择运输路线、搭配人员、车辆，达到降低配送成本的目的，从而降低运输成本，达到成本控制的最终目标。

3. 供应链控制

物流客户服务成本控制的目的除了物流的效率化，还要提高整个物流供应链的成本效率。买方市场下，客户对服务要求高，仅仅是物品周转周期的缩短已远不能满足他们。这就需要整个企业的物流运行与其他企业甚至是其他部门统一协调，实现整个供应链活动的效率化。物流客户服务成本控制不仅仅是企业物流部门的分内之事，还是所有相关部门的共同责任，换句话说，企业各部门应该将物流客户服务成本控制的目标贯穿始终。

4. 系统控制

随着现代物流的飞速发展，相对应地出现了简化物流工作程序、提高物流工作准确性、完善物流工作统计分析的物流信息系统。借助于物流客户服务信息系统这一平台，各项物流及客户服务业务可以得到便捷、准确的处理，同时各种信息通过信息系统同步分享至各个终端，使整个物流系统的各个环节透明、高效，可随时满足客户需求，随时调整物流经营行为，从而有效控制低效率物流行为的发生，从根本上达到物流客户服务成本控制的目的。

5. 物流业务外包

物流业务外包已经逐渐成为控制物流客户服务成本的重要手段。因为企业的主营业务不一定是物流服务，也就是说，企业的主要收益不是靠物流获得的，或者说企业的物流收入比起企业的主营业务收入来说缺少优势，如果企业不是专门的物流企业，其物流从业人员素质与技术同专业物流企业相比处于劣势，为了扩大企业竞争优势，增加企业主营业务收入，使企业获得尽可能多的剩余价值，企业迫切需要物流业务外包，从根本上减少企业物流客户服务成本支出。

综上所述，物流客户服务成本控制涉及面广，具体情况复杂，是一个系统工程，要从思想上、现实上统筹考虑，着眼全局，结合实际，才能达到成本控制的目的，才能获得更好的经济效益。

（三）物流客户服务成本控制的措施

1. 实施成本目标管理

物流客户服务成本目标管理是指企业为提高服务的竞争能力，根据市场的需求，用特定方法确定目标成本，并将目标成本分解到各个职能部门，实行归口分级控制的管理办法。

目标成本的控制是目标成本管理的核心环节。它以目标成本的分解为基础，对分解后的目标成本进行归口分级控制。成本控制必须依靠各个部门，根据各个部门与成本的关系将目标成本归口、落实到有关部门去控制管理，通过各作业过程进行目标成本的控制，真正体现成本的可控性。分级是指把公司分为总部、分公司、部门、班组四级，确定每一级的责任，再将各级成本指标分解落实到个人，通过日常的检查分析保证成本定额的实现。

2. 管理客户接受服务的成本

客户接受服务的成本是指客户购买物流客户服务所发生的各项支出，包括货币成本和非货币成本。其中，非货币成本包括客户在接受产品或服务过程中付出的时间成本、精力成本和心理成本等。

时间成本是指客户接受产品或服务所花费的时间；精力成本是指客户为确定和选择所要接受的服务而付出的脑力劳动；心理成本对客户来说是最主要的非货币成本，是客户在购买和消费一些服务时所付出的精神耗费。非货币成本常常成为选择服务产品的重要评估因素，它对客户购买活动的影响有时会超过货币价格。因此，对非货币成本进行管理，以削减客户的非货币成本是争取客户的重要途径。实际中降低客户非货币成本的方法有：

第一，配置网络、自助服务系统，减少客户购买、传递和消费服务所耗费的时间；

第二，公开流程，实现服务的可视化，减少客户为获取服务所需付出的脑力或承受的心理压力；

第三，主动上门服务，减少客户为获取服务而消耗的体力；

第四，倡导微笑、阳光服务，尽可能减少客户在服务消费过程中的不愉快感受。

通过管理客户接受服务的成本，有效地降低非货币成本，能减少各种投诉、抱怨的处理成本，提高客户的满意程度。

3. 降低运营成本

降低运营成本能提高企业适应市场的能力，增强企业的竞争能力。要降低运营成本，必须做好的各项工作如表8-4所示。

表 8-4　物流客户服务运营成本降低工作

工作名称	涵盖内容
业务分类处理	业务分类处理是指将客户服务的各项业务进行分类，为不同的业务配备不同的人员、设备，使岗位作业规范化、标准化、专业化，提高服务效率。例如，在呼叫服务总台，对客户呼叫实施分类管理，并安排专人负责各类呼叫服务。这种服务模式赋予客户更多主动性与选择权，增强客户对服务过程的控制感，进而有效改善公司服务质量，提升客户满意度。同时，该模式还能避免因新人不熟悉业务、服务量忙闲不均等问题引发的高成本现象
智慧服务	借助人工智能等先进技术提升办公自动化水平，优化客户服务流程。具体措施包括购置电子商务平台、充分利用网络资源、开发适配的办公自动化软件等，通过这些方式向客户提供详尽的产品信息，减少客户查询及重复查询的次数。此外，积极与客户开展合作，基于合作机制可有效降低服务错误率，减少服务代表工作偏差，进而减少接待客户投诉与抱怨所产生的成本
监控客户呼叫系统	客户呼叫丢失会给企业带来严重损失，为避免因客户服务人员素质差异导致客户呼叫丢失，企业需建立完善的客户呼叫系统监控机制。通过与电信服务商定期核对数据，精准找出可能存在的问题，并迅速采取针对性的解决办法，确保客户呼叫得到及时、有效的处理
减少中间环节	秉持"将折扣和优惠直接让渡给终端消费者"的经营理念，通过深入推进流程变革，尽可能消除代理机构，杜绝将中间环节费用转嫁给消费者的行为。此举不仅有助于降低公司运营成本，还能为客户创造更多价值，显著提升客户满意度，增强客户忠诚度
降低行政成本	为有效降低行政成本，企业可从多方面入手。一方面，强化办公设备、文具使用，以及取暖降温、额外活动等方面的管理，通过规范管理行为防范意外事故，减少不必要的资源浪费。另一方面，聚焦客户服务成本优化，对服务内容进行全面评估。明确无价值服务的定义，即客户不需要、无法提高客户满意度、不能产生增值的服务，增加对核心服务的投入，削减无价值服务，使企业服务资源得到高效利用。同时，追求适当的服务质量，避免因盲目追求过高服务质量而造成成本和资源的无谓消耗

4. 减少员工成本的浪费

减少员工成本的浪费，不是盲目地削减工资、福利，而是通过提高员工的服务意识和服务技能来减少人力浪费和员工流失成本，通过减员增效、弹性工作制及改变付酬方式等措施实现员工成本的降低。

5. 公开财务信息

实现对成本最大限度控制的最好办法就是让上至董事长、总经理，下至每个客户服务代表的员工都参与到成本管理工作中来。公开公司的客户服务预算，把预算分摊到每个部门、组，最后落实到每个人。按部门、按人设成本账，详细记录部门、服务人员的每笔支出，按月汇总，让员工知道成本形成的过程；分析成本实际数与预算数的差异，并对责任人进行相应的惩罚和奖励，以调动一线员工执行成本预算的积极性。

案例分析

京东物流超脑赋能成本降低

1. 公司概况

京东物流的发展历程可追溯至 2007 年,当时京东集团开始自主构建物流体系。经过十年的发展,京东物流集团于 2017 年 4 月独立运营,并于 2021 年 5 月在香港联合交易所主板完成上市。作为国内技术导向型供应链服务领域的领军企业,京东物流专注于六大核心行业领域,包括快速消费品、服饰、电子家电、数码产品、汽车及生鲜食品等,致力于为合作伙伴提供整合型供应链服务。通过构建覆盖仓储、干线运输、末端配送、大件物流、冷链及国际物流的智能化网络体系,京东物流实现了全链路的高效协同。这一网络具有显著的数字化特征与广泛的覆盖能力,服务范围遍及全国各级城市与地区。凭借"211 限时达"等高效配送服务及优质的末端服务体验,京东物流不仅重塑了行业服务标准,更为电商平台与终端客户之间搭建了可靠的连接桥梁。在提升客户供应链管理效率、降低运营成本及优化资源配置方面,京东物流展现出显著优势,持续推动合作伙伴实现业务增长。

2. 京东物流降低成本的举措

京东物流为了降低成本、提高物流资源利用效率和行业经营效率,全面升级了基于大模型的数智化供应链技术全景"京东物流超脑",将 AI、大数据、运筹学等数智化技术与物流各环节深度融合,聚焦从智能规划到智能仓储与运配,再到智能客服与营销的全链路降本增效,实现辅助决策、运营优化和商业增值,在助力客户和行业提质增效、降低物流成本方面发挥了重要作用。

在网络布局方面,京东物流超脑系统通过大规模混合整数优化的求解能力,解决了复杂的六大网络布局和仓储选址问题,为物流供应链网络的运作奠定了基础;在运输网络方面,京东物流超脑基于自研的分布式仿真技术,具备亿级订单全网线路分钟级孪生模拟及百万级数据分钟级的处理能力,通过全国运力统调体系全方位调度陆铁空资源,同城调度打通资源壁垒实现最优调配;在末端配送方面,京东物流超脑引入地图与路区规划技术,结合区域特点、订单分布及配送人员状态,智能规划站点选址与配送覆盖关系,并为配送人员优化配送路线,确保订单快速准确送达。据了解,2024 年"双十一"期间,订单全链路履约时间同比缩短超过 12%,末端配送站点的人效同比提升了 23%。

在智能化仓储管理领域,京东物流运用其自主研发的"超脑"系统,通过融合人工智能技术与智能硬件设备,显著提升了仓库作业效率。在存储环节,基于销售预测动态优化储位布局,可以提升存储效率、降低存储成本,通过智能存储、商品布局优化、前置预包等落地推广,实现存储效率提升 10%;在拣选环节,基于人机协同方案,拣货员与物流机器人紧密配合,通过系统指令快速准确完成作业任务,实现高度智能化，降低运营成本；在包装环节，智能耗材推荐技术基于多目标优化算法，综合考虑包装成本、运输效率和环保要求，为不同种类商品精准匹配包装材料和规格；在分拣环节，通过智能集包技术，依据包裹流向和时效类型智能决策分拣路径，提升分拣效率。

・讨论：京东为了降低物流客户服务成本采取了哪些数字化的措施?

— 本章小结 ・

本章深入探讨了物流客户服务成本管理的核心议题。首先，阐述了物流服务成本管理的定义及其独特性，强调了物流客户服务成本管理涵盖核算、分析、预测、决策、预算和控制等管理活动，旨在通过这些活动提升物流客户服务的效能。接着，详细介绍了物流客户服务成本的分类与构成。进一步地，为了更全面地理解物流客户服务成本核算的细节，本章从概念、意义、流程和方法等方面进行了详细说明，强调了物流客户服务成本核算在物流客户服务成本管理中的关键作用，以及它对企业成本预测和经营决策的直接影响。最后，本章明确了物流客户服务成本管理的目标，并针对成本控制过程进行了探讨。物流客户服务成本控制的基本方法包括绝对成本控制和相对成本控制；控制途径涵盖了库存、配送、供应链、系统以及物流外包；而控制措施则包括实施成本目标管理、管理客户接受服务的成本、降低运营成本、减少员工成本的浪费，以及公开财务信息。

— 思考题 ・

（1）简述物流客户服务成本的概念。

（2）简述物流客户服务成本管理的特点。

（3）简述物流客户服务成本的构成。

（4）简述物流客户服务成本的影响因素。

（5）试述物流客户服务成本与服务水平的关系。

（6）试述物流客户服务成本核算的流程及控制措施。

第九章 物流客户服务质量管理

→ 本章导读 ←

面对市场同质化加剧、竞争加剧及客户需求多元化的现状，建立核心优势、深度关注客户需求、持续提高客户服务质量是物流企业脱颖而出、赢得市场份额的关键，是促进企业发展、增强市场活力的重要手段。企业面临着服务与客户期望脱节、标准化程度低、质量体系不健全等问题。为解决这些问题，企业需理解物流客户服务质量的内涵，剖析差距原因，运用合适模型评估，并采取针对性的改进措施。本章将围绕物流客户服务质量展开深入探讨，为企业提升服务质量提供指导。

→ 学习目标 ←

（1）了解物流客户服务质量相关概念、动因、特性、维度、构成要素、质量差距、评价流程及改进方法。

（2）理解物流客户服务质量在服务过程中的体现、衡量方式、管理支持系统的作用、质量差距成因及评价原则、意义。

（3）掌握设计评价指标体系、运用评价模型、分析评价结果以及制定实施改进措施的方法。

→ 本章结构图 ←

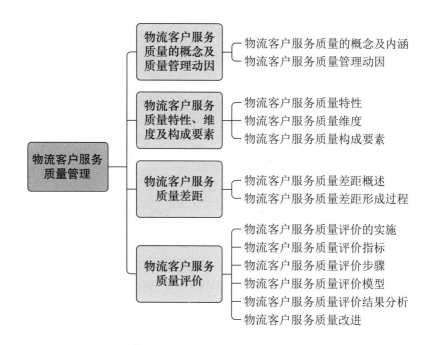

第一节　物流客户服务质量的概念及质量管理动因

一、物流客户服务质量的概念及内涵

（一）物流客户服务质量的概念

自 20 世纪 60 年代初期起，学术界便开始关注并研究服务质量。Christian Gronroos（1982年）从客户的角度出发，提出了感知服务质量的概念及其模型，将其界定为企业形象、功能质量和技术质量的综合。Mentzer（1989 年）等进一步指出，物流客户服务质量（Delivery Service Quality）涵盖客户服务质量和实体配送服务质量两个维度，并提出理解物流客户服务质量应结合客户营销的视角。他们认为，时间、物品的可得性以及物品的状态是客户感知物流服务质量的三个核心方面，而服务接触人员和差错处理过程则会影响客户对整体物流服务质量的感知。物流客户服务质量反映了满足物流客户需求的能力水平，即企业通过提供物流服务，确保服务产品质量标准的达成和满足用户需求。它包括运输服务质量、配送服务质量、保管服务质量以及库存服务质量等多个方面。衡量物流客户服务质量的变量包括销售额、订单数量、退货率、待补订单数量、退货数量、取消订单数量、待补订单滞留时间、货损理赔数量以及紧急出货次数等。

（二）物流客户服务质量的内涵

（1）物流客户服务质量是顾客感知的对象。
（2）物流客户服务质量体现在服务提供和交易过程中的每一个环节。
（3）物流客户服务质量不仅需要客观方法来规定和衡量，更应依据顾客主观的认知进行衡量和检验。
（4）提升物流客户服务质量，需要内部形成有效的管理和支持系统。

二、物流客户服务质量管理动因

1. 物流客户服务面临高质量转型发展的挑战

尽管企业已经认识到客户管理的重要性，开始关注并积累客户信息，但往往缺乏运用先进科学技术手段对这些客户和信息进行有效管理与分析的能力。企业决策层对先进的科学管理方法缺乏实践经验，同时企业内部客户资源共享程度较低。这导致客户在与企业互动时，面对的不是统一的企业进程，而是"各自为政"的多个部门，引发诸如库存量居高不下、订货周期过长等问题。

2. 物流客户服务与客户期望之间存在偏差

企业未能准确把握客户的物流期望，导致实际提供的物流客户服务与客户期望之间存在差异。例如，在生产制造型企业中，物流客户服务管理面临许多难以控制的因素，服务过程中出现的问题容易导致服务质量下降，从而引发物流客户服务失效。此外，企业服务人员实际提供的服务与企业宣传的客户服务水平不一致，难以满足客户的预期，这些都会造成物流客户服务与客户期望之间的偏差。

3. 物流客户服务标准化程度不足

物流客户服务设计程序不健全导致物流客户服务标准不完善，不利于员工执行，或者员工不愿意自觉接受标准的约束，从而使得服务质量难以达到预期要求。

第二节　物流客户服务质量特性、维度及构成要素

一、物流客户服务质量特性

物流客户服务质量特性与有形产品相比具有一定特殊性，有些物流客户服务质量特性客户可以观察到或感觉到，如服务等待时间的长短、服务设施的好坏等，还有一些客户难以观察到，但又直接影响服务绩效的特性。一些物流客户服务质量特性可以定量考察，另一些则只能定性描述。前者如等待时间，后者如卫生、保密性、礼貌等。物流客户服务质量特性一般包括以下几个方面。

1. 功能性

功能是指某项物流服务所发挥的效能和作用。例如，商店的功能是让客户买到所需要的商品，交通运输的功能是运送旅客和货物到达目的地，电信的功能是为用户及时、准确地传递信息，银行的功能是为用户提供储蓄和其他金融服务等。而企业的销售和售后物流客户服务的功能是使采购方满意地得到和使用产品，使被服务者获取这些功能是对物流服务的最基本要求。因此，功能性是物流客户服务质量中最基本的特性。

2. 经济性

经济性是指客户为了得到某项物流服务所需花费费用的合理程度。这里所说的费用是指在接受物流客户服务全过程中所需要的费用，即物流客户服务周期费用，包括购买和使用商品所支付的商品货价、运输费用、安装费用、维修费用等。它是每一个客户在接受物流客户服务时都要考虑的质量特性。经济性是相对的，不同等级的物流客户服务所需要的费用是不同的。

3. 安全性

安全性是指保证客户在享受物流服务的过程中生命、健康和精神不受到伤害，以及财物不受到损失的能力。安全性保证和改善的重点在于唤起员工对安全性的高度重视，加强对物流客户服务设施的维护保养、环境的清洁卫生等工作投入。

4.时间性

时间性是指物流客户服务在时间上能够满足客户需求的能力。它包括及时、准时和省时三个方面。及时是当客户需要某种物流服务时，能够及时地提供；准时是要求某些物流客户服务的提供在时间上是准确的；省时是要求客户得到所需物流服务所耗费的时间能够缩短。及时、准时和省时三者相关且互补。在物流客户服务传递过程中，客户等候服务的时间是关系到客户感觉、印象、组织形象以及客户满意度的重要因素。对于物流客户服务管理来说，在时间性方面要掌握并控制等待时间、提供时间和过程时间。等待时间就是客户等候接受物流客户服务的时间。提供时间是物流客户服务人员向客户提供服务的平均时间。过程时间则是客户看不到的组织内部自身经营过程中耗费的时间，但其对客户感受到的物流客户服务有直接影响。

5.舒适性

舒适性是指在满足功能性、经济性和实用性的前提下，物流客户服务过程的舒适程度。它包括物流客户服务设施的完备、适用、方便和舒服程度，环境的整洁、美观和秩序情况等。舒适性与物流客户服务的不同等级密切相关。舒适的程度是相对的，不同等级的物流客户服务应有各自的规范要求。

6.文明性

文明性是指客户在接受物流服务过程中精神需求得到满足的程度。客户期望在自由、亲切、尊重、友好、自然的氛围以及和谐的人际关系中满足自己的需要。物流客户服务是物流客户服务人员与客户直接接触而产生的无形产品，因而在诸多物流客户服务质量特性中，文明性充分体现了物流客户服务质量的特色。

文明性包括物流客户服务人员的思想品质、道德水准、技能、礼貌、教养，而这些个人素质很大程度上来自组织的熏陶和教育。因此，为了保证文明性，组织需长期不懈地致力于对员工的培训和教育。

二、物流客户服务质量维度

物流客户服务质量依据不同划分标准可以有多个维度，这里主要围绕可得性、作业绩效与可靠性展开。

1.可得性

可得性是当客户需要存货时所拥有的库存，即库存水平能力。可得性可以通过多种方式实现，例如根据客户预期的订单进行存货储备，以及通过提高安全库存水平来防范缺货风险。然而，需要注意的是，在市场需求波动较大的情况下，过高的安全库存水平可能导致物流成本上升，因此，保证可得性需要权衡仓储成本。

2.作业绩效

作业绩效主要是通过四个指标来衡量：速度、一致性、灵活性和故障恢复的能力。根据系统设计，完成作业周期所需时间会有很大不同，订货周期可以短至几个小时，或长达几个星期。订货周期过长会大大降低物流效率。同时，生产制造型企业或物流服务提供商在进行物流客户服务时，必须具备预测服务过程中可能发生的故障或服务中断的能力，并制订适当的应急计划来恢复任务，提高物流客户服务的灵活性和故障恢复能力。

3. 可靠性

主要是通过物流客户服务利用数字化信息手段及时对缺货或延迟递送等意外情况做出调整。因此，提升企业与物流客户信息交流程度能够有效提高物流客户服务的可靠性与满意度。

三、物流客户服务质量构成要素

物流客户服务质量是由技术质量、职能质量、形象质量和真实瞬间构成的，它是感知质量与预期质量差距的具体表现。以下分别对这四个构成要素进行阐述。

1. 技术质量

技术质量指的是物流客户服务过程中的产出，即客户从服务过程中所获得的具体成果。在物流客户服务质量评价指标体系中，技术质量是最容易被客户感知和评价的。一般来说，技术质量具有较为客观的评价标准，它是物流客户服务交易的核心内容之一。例如，货物的准确送达时间、货物的完好率等，这些都可以作为衡量技术质量的客观指标。

2. 职能质量

职能质量是指在物流客户服务推广过程中，客户所感受到的服务人员在履行职责时的行为、态度、着装和仪表等方面给自己带来的利益和享受。这种利益和享受难以用客观的评价标准来衡量是否满足客户需求，先入为主的主观标准往往起着决定性作用。同样的服务，由于服务对象不同，获得的服务质量评价可能会有很大差异。即便是在同一时间、同一地点享受同样服务的不同客户，所给出的服务质量评价也不完全相同。这是因为服务过程的质量不仅与服务时间、服务地点、服务人员的仪态仪表、服务态度、服务方法、服务程序、服务行为方式等因素有关，还与客户的个性特点、态度、知识和行为方式等因素密切相关。所以，职能质量主要取决于客户的主观感受。

3. 形象质量

形象质量是指企业在社会公众心目中形成的总体印象。企业形象通过视觉识别系统、理念识别系统和行为识别系统等多层次得以体现。客户可以从企业的资源组织结构、市场运作和企业行为方式等多个侧面来认识企业形象，并最终形成一种思维定式，即认为接受信誉较好的企业服务可以较少担心服务质量问题，从而更多地享受企业所提供的服务。优良的物流客户服务形象是巨大的无形资产，通过形象质量，客户能够观察到技术质量及职能质量的差异。即使物流客户服务过程中出现一些瑕疵，也可能被良好的形象质量所掩盖。然而，如果问题频繁出现，形象质量"保护伞"的作用将会逐渐丧失，企业形象也会随之恶化。特别是客户所不能容忍的失误，哪怕是非常微不足道的小事情，也可能使企业在客户心目中的形象发生逆转，造成难以补救的物流客户服务质量问题。

4. 真实瞬间

真实瞬间是指在特定的时间和特定的地点，企业抓住机会向客户展示其物流客户服务质量的过程。由于真实瞬间的时间和地点是特定的，服务过程结束后，客户对企业提供服务的感知水平很难被改变，这就容易导致服务质量问题的出现难以挽救。

鉴于物流客户服务产品具有不可存储性和服务过程具有不可重复性的特点，企业在提供服务的过程中应计划周密、执行有序，防止棘手的"真实瞬间"出现。因此，物流客户服务质量应从小事抓起，抓好服务过程中的每一个细小环节，给客户留下一个美好印象，使他们高兴而来，获得高质量的服务，满意而归。

第三节　物流客户服务质量差距

一、物流客户服务质量差距概述

服务质量与产品质量存在显著差异。产品质量可以通过客观的质量标准进行评价，而服务质量主要基于客户的感知。由于各方感知存在差异，企业很难完全满足所有客户的服务要求。服务质量差距指的是客户期望的服务水平与实际感知到的服务水平之间的差异。在物流领域，物流客户服务质量差距则是指客户对物流服务期望达到的质量水平与实际体验到的物流服务质量水平之间的差异状况。

这种差距体现在多个维度，例如商品运输的及时性、准确性和安全性，仓储管理的合理性与货物保存的完好性，信息沟通的流畅性与透明度，以及客户问题处理的及时性和有效性等方面。当实际服务质量低于客户期望时，就会产生明显的质量差距。这可能导致客户满意度下降、忠诚度降低，甚至造成客户流失，进而对物流企业的声誉和市场竞争力产生负面影响。反之，若物流企业能够精准把握并有效缩小这一差距，提供超出客户预期的服务质量，则有助于提升客户满意度和忠诚度，增强企业在物流市场中的竞争优势，促进企业的持续稳定发展。

Parasuraman 等（1985）开发了服务质量差距模型，分析了在服务过程中存在的五种差距：客户期望和管理部门的感知差距；管理部门感知和服务设计的差距；服务设计和服务实际交付的差距；服务交付和与客户外部沟通的差距；客户期望服务和感知服务的差距。图 9-1 为产品或服务质量差距模型。

Novack 等（1994 年）将服务质量差距模型引入物流服务领域，将客户分为公司内部管理层客户（CEO）、职能客户（营销、制造部门等）和外部客户（消费者等）。不同客户对物流服务的需求不同，存在不同的服务质量差距。管理层客户需要特定的服务以实现利润或收益等目标；职能客户需要实现各自部门的目标；外部客户则需要符合 7R 原则的物流客户服务，以实现客户价值。7R 原则即合适的客户（Right Customer）、合适的时间（Right Time）、合适的产品和服务（Right Product）、合适的成本（Right Cost）、合适的场景（Right Place）、合适的数量（Right Quantity）、合适的条件（Right Condition）。

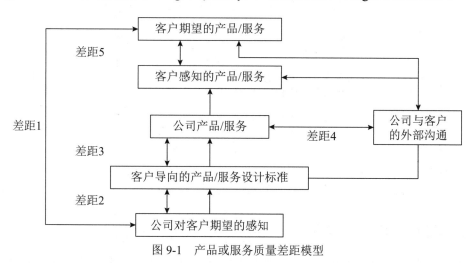

图 9-1　产品或服务质量差距模型

二、物流客户服务质量差距形成过程

物流客户服务过程中的订货服务涵盖企业与客户沟通（人员沟通质量）、商品信息提供以及具体订购程序等一系列操作。在收货过程中，商品精确度、完好程度、商品质量等体现的订单服务完整性，以及当商品出现问题时，客户要求企业进行处理涉及的误差处理服务等，都会影响客户满意度。服务质量差距分析模型能够指导管理者发现引发服务质量问题的根源，并寻找适当的消除差距的措施。差距分析是一种直接有效的工具，它可以发现服务提供者与客户对服务观念存在的差异，明确这些差距是制定战略、战术以及保证期望质量和感知质量一致的理论基础，从而让客户给予积极的服务质量评价，提高客户满意程度。

（一）差距 1：管理者认知差距

管理者认知差距是指物流客户服务管理者对客户期望质量感知的差距。这一差距的产生原因见图 9-2。由于原因不同，解决措施也应有所区别。若差距由管理引发，则需要改变管理方式并提升对服务竞争特点的认知。管理者需要通过减少获取信息的组织层级，畅通多元信息渠道，及时从市场调研中获得客户信息，准确全面地掌握客户需求与期望，加深对服务竞争本质和客户需求的理解，以此缩小此种差距。管理者认知差距能够影响服务的成功与否，因此必须予以高度重视。

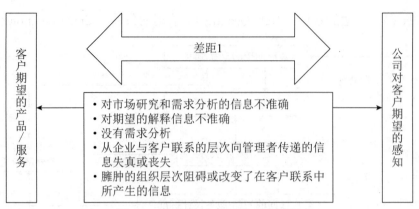

图 9-2　管理者认知差距产生的原因

（二）差距 2：服务设计差距

服务设计差距是指服务设计标准与管理者对质量期望的不一致（图 9-3）。在客户期望信息充分且分析正确的情况下，服务设计存在差距也会导致服务失败。出现这种情况的原因包括：最高管理层难以保证服务质量的实现，质量管理未被赋予最高优先权。因此，最好的解决方式是改变管理优先权排序。如果形成差距的原因在于服务设计时未能考虑提供服务的部门或个人必须遵守的质量标准，那么企业在制定目标和设计服务时，既要得到服务管理者的同意，又要得到服务人员的理解。此外，在服务设计过程中还要注意设计标准的灵活性，保证一线服务人员的服务热情，以灵活的方式满足客户需求。因此，在服务设计过程中，服务提供者和管理者对服务质量标准达成共识，能够有效缩小与服务设计方的差距。

图 9-3　服务设计差距产生的原因

（三）差距 3：服务交易差距

服务交易差距是指在服务生产和交易过程中员工行为不符合服务设计的质量标准（图 9-4）。通常服务交易差距的形成是多个原因交织在一起的结果，一般包括管理与监督、员工对服务设计标准规则和客户需要的认知、员工技能与态度、管理系统和技术支持等方面。

1. 管理与监督造成的差距

管理者的方法不能激励和支持员工的质量行为，管理控制的制度与优质服务标准存在冲突，控制和奖惩制度与服务设计质量标准的计划相脱节，等等，都容易引发服务交易差距。控制和奖惩制度不完善会造成服务目标实现效果不佳，可以通过改变管理者对下属的态度和管理体系中控制和奖惩制度的实施方式来解决这一问题。

2. 员工对服务设计标准规则和客户需要的认知造成的差距

管理者还需关注企业文化和内部营销相关问题。员工可能对其服务提供者的角色不明确，例如服务设计标准与控制和奖惩制度存在矛盾，当客户对员工服务行为的要求与现行服务设计标准存在矛盾时，员工会陷入两难境地。企业可以通过改革服务监管制度，使其与服务质量标准相统一，同时加强员工培训，使其工作业绩符合企业的战略考虑和利润率目标。

3. 员工技能与态度方面的差距

一是招聘员工时可能出现失误，部分员工具有一定能力但不适应企业的标准和生产制度，在这种情况下，解决措施是改进招聘制度，避免做出错误决策；二是员工对职责认识不清，如文件处理和行政事务牵扯他们的精力太多，也会使服务质量难以达标；三是服务人员缺少更多时间去满足客户需要，解决措施是明确员工职责，不要让一些无关紧要的事务影响必要的工作。

4. 管理系统和技术支持造成的差距

管理系统和技术支持造成的差距（包括决策和其他日常工作等）使员工难以提供优质服务。例如，向员工培训技术服务的方法不正确，技术和制度不完善等，都会造成服务质量问题，解决措施则是改进管理系统和技术支持，使服务设计质量标准得以执行。

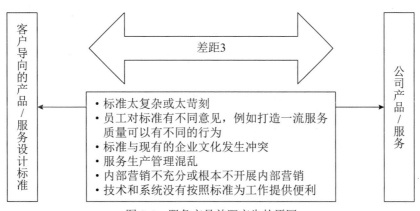

图 9-4 服务交易差距产生的原因

（四）差距 4：服务营销沟通差距

服务营销沟通差距是指营销沟通行为作出的承诺与实际提供的服务不一致（图 9-5）。

引起这一差距的原因可分为两类：一是外部营销沟通计划与执行未能和服务生产相统一，二是营销沟通过程中存在承诺过多的倾向。

对于第一种情况，解决措施是建立一种将外部营销沟通活动的计划和执行与服务生产统一起来的制度。例如，每个重大活动都应该与服务生产行为协调起来，使市场沟通中的承诺更加准确和符合实际，做到对外部营销活动承诺言出必行，避免夸大其词。对于第二种情况，可以通过完善营销沟通计划来解决问题，制定更加完善的计划程序，严格监督管理。

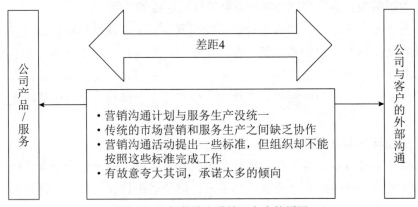

图 9-5　服务营销沟通差距产生的原因

（五）差距 5：客户感知服务质量差距

客户感知服务质量差距指客户感知或经历的服务与期望服务不一样（图 9-6）。客户感知服务质量差距会受到前面四个差距的累积影响，造成消极质量评价（劣质）、口碑不佳、对企业形象产生消极影响等问题。

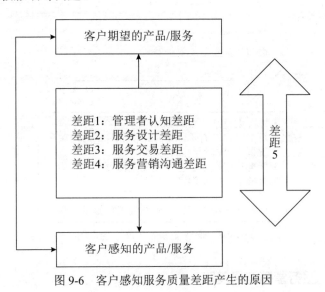

图 9-6　客户感知服务质量差距产生的原因

第四节　物流客户服务质量评价

一、物流客户服务质量评价的实施

（1）始终坚持让客户满意的目标。让客户满意是全面质量管理的核心目标，也是物流客户服务质量管理的根本指导思想。这一目标要求企业不仅需提供满足客户当前需求的物流客户服务，还需持续开发新的服务项目，以适应客户需求的动态变化。同时，企业不仅要注重物流客户服务的设计与实施过程，确保为客户着想，还要提供优质的售后服务。企业应将客户视为最宝贵的资产，为客户提供参与企业质量管理的机会，充分重视客户的意见和建议。此外，企业要在内部推行客户服务制度，在各道工序之间、员工之间树立客户服务意识和建立服务管理关系。

（2）实现全过程的质量管理。企业构建的物流客户服务质量管理体系应能够实现全过程的质量管理。以配送服务为例，全面的质量管理不仅涵盖从接收订单到将货物交付客户并完成费用结算的整个过程，还必须包括对客户调查、方案设计、标准制定、信息反馈等辅助过程的质量管控。

（3）树立全面质量管理观念。全面的质量管理观念不仅要重视物流客户服务提供过程中的质量保证与控制，还应关注与之相关的其他工作的质量。各部门在进行局部质量管理的同时，要有从企业整体利益出发实施控制的全局观念。对于已发现的服务质量问题，不仅要妥善处理，还要分析原因、揭示联系，具备发现或预防潜在问题的能力和观念。

（4）重视全员参与。企业的物流客户服务活动涉及多个部门，是一个由各项工作构成的整体。从企业负责人到与物流活动相关的具体操作人员、后勤人员，都在通过自身工作直接或间接地影响着物流客户服务质量。因此，开展质量管理工作应在提高员工基本素质和科技水平的基础上，强化他们的质量意识和责任感，形成全员参与的质量管理体系。

（5）以数据作为质量管理基础。对物流客户服务进行全面的质量管理应建立在数据统计的基础上，尽量避免在分析和解决质量问题时仅凭直观和经验。尽管物流客户服务本身的特点导致部分质量指标难以或无法量化，但仍应尽可能设定必要的标准和绩效指标，通过从物流客户服务过程中收集的数据进行质量管理。

（6）有科学的工作程序。按照全面质量管理的思想构建的物流客户服务质量管理体系应具有科学的工作程序，即 PDCA 循环。PDCA 分别代表计划（Plan）、实施（Do）、检查（Check）和处理（Action），四个环节不断循环转动，每经历一个循环解决一个主要问题，服务质量就提升一步。

物流客户服务质量评价实施流程及关键节点说明如表 9-1、表 9-2 所示。

表 9-1　物流客户服务质量评价实施流程

评估实施流程	客户服务质量主管	客户服务质量专员	客户经理	客户
评估准备	开始 → 成立评估小组			
评估实施	审	确定评估小组 → 实施评估		客户评价
工作改善	领导评价	发现问题 → 改进服务		
评估总结		编写评估报告 → 结束		

表 9-2　服务质量评价流程关键节点说明

关键节点	相关说明
1	物流客户服务质量专员根据行业的实际情况确定物流客户服务质量评估指标，拟定评估方式和实施方法
2	对物流客户服务质量的评估可以同时从两个方面进行，即领导评价和客户评价，从而发现服务质量问题，并加以改进
3	将客户对服务质量的评价作为服务质量评估的参考依据
4	如发现服务质量问题，确定相关责任人，并责令其改正
5	物流客户服务质量专员编制服务质量评估报告，并将评估报告提交上级领导审阅

二、物流客户服务质量评价指标

物流客户服务质量评价指标的确定可以从物流客户服务质量维度入手进行设计，形成包括服务的可靠性、响应性、方便性、经济性和服务柔性等维度的服务质量评价指标体系。不过，该评价指标体系仅为参考性框架，具体使用时可根据实际工作需要进行调整，如指标数量、具体含义、权重分配及评分标准等。

（一）可靠性

服务可靠性反映了企业兑现所承诺服务的能力。选取了五个指标来衡量物流可靠性维度的服务质量水平，即产品质量、物流准时率、订单准确率、产品损耗率和信息准确率。可靠性维度下的具体指标设计如表 9-3 所示。

表 9-3　可靠性维度指标说明

指标编码	指标名称	指标描述
V1	产品质量	物流过程中能否保持产品品质和新鲜度
V2	物流准时率	产品是否能在规定的时间被交付给客户
V3	订单准确率	交付给客户的产品／服务是否与订单要求一致
V4	产品损耗率	交付给客户的产品是否存在过程损耗
V5	信息准确率	在平台上提供的商品信息是否真实

（一）响应性

服务响应性是衡量企业在其物流客户服务过程中，能否快速对消费者需求给予满足的一种能力体现，它是物流客户服务质量水平的重要评估维度之一。表 9-4 对响应性维度下的四个具体指标进行了说明。

表 9-4　响应性维度指标说明

指标编码	指标名称	指标描述
V6	订单响应速度	企业接到客户订单后的反应时间
V7	退换货速度	客户提出退换货申请后，电商企业的处理速度
V8	物流信息更新时效	物流过程中反馈给客户的物流信息更新速度
V9	客服应答及时性	客户在与客服沟通过程中，客服回复的及时性

（三）方便性

服务方便性除了反映出企业为客户提供个性化服务的能力外，也在很大程度上体现了物流客户服务专业化水平和服务质量高低。选取了物流网点覆盖率、取货方式灵活性、取货时间灵活性和信息系统完备性等四个指标来度量物流客户服务的便利化程度，具体指标说明详见表 9-5。

表 9-5　方便性维度指标说明

指标编码	指标名称	指标描述
V10	物流网点覆盖率	物流终端网点的密度大小
V11	取货方式灵活性	物流末端提供给客户的取货方式是否多样／灵活
V12	取货时间灵活性	是否能够尽量根据客户时间提供物流客户服务
V13	信息系统完备性	电商平台上为客户服务的信息是否全面、完备

（四）经济性

服务经济性体现了消费者为获得物流客户服务所需支付的成本，是消费者较为敏感的维度。基于正向物流和逆向物流两个方面考虑，选取了物流价格和退货成本两个指标来反映物流客户服务的经济性，具体说明如表 9-6 所示。

表 9-6　经济性维度指标说明

指标编码	指标名称	指标描述
V14	物流价格	客户为了获取物流客户服务所需支付的费用
V15	退货成本	当产品与消费者预期不符时产生的退货成本

（五）服务柔性

服务柔性是企业为了提升客户的消费体验，满足客户多样化物流需求的能力，更多地体现了其在物流客户服务过程中的一种软实力。选取了四个指标来衡量物流柔性维度的服务质量水平，即物流人员素质、客服沟通质量、服务补救质量和有效的回访机制。服务柔性下各个指标及其含义如表 9-7 所示。

表 9-7　服务柔性维度指标说明

指标编码	指标名称	指标描述
V16	物流人员素质	物流人员是否态度友好、业务熟练、衣着整洁
V17	客服沟通质量	客服能否在交流过程中体现出专业、热情
V18	服务补救质量	发生售后问题后，能否为客户提供良好的补救
V19	有效的回访机制	是否有良好的途径让客户反馈其消费体验

三、物流客户服务质量评价步骤

物流客户服务质量评价一般采取评分量化的方式进行，基本步骤如图 9-7 所示。

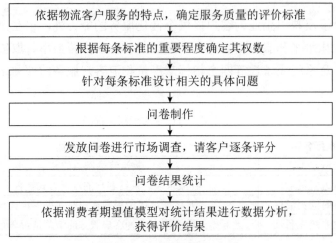

图 9-7　服务质量评价步骤

四、物流客户服务质量评价模型

（一）新价值曲线评价模型

新价值曲线评价模型是一种分析企业竞争优势和价值创造的工具。该模型主要通过对企业内部价值链的分析，以及对竞争对手价值链的比较，识别企业在竞争中的优势和劣势，从而为企业制定出提升竞争力和创造更高价值的战略。

1. 新价值曲线评价模型的构成要素

（1）价值链：企业内部各个活动组成的链条，包括原材料采购、研发、生产、销售、售后服务等，这些活动共同构成了企业的价值链。

（2）价值活动：价值链中的各个环节为企业创造价值。

（3）价值链分析：通过分析企业内部价值链，找出价值活动，并对其进行优化，以提升企业的价值创造能力。

（4）竞争对手分析：通过对竞争对手价值链的比较，找出企业自身在竞争中的优势和劣势。

2. 基于新价值曲线评价模型的物流客户服务质量评价步骤

（1）分析企业现有价值链，找出核心环节和瓶颈环节。

（2）重新定义价值链，寻找潜在的创新点和价值空间。

（3）设计新的业务模式，打破传统思维束缚。

（4）评估创新方案的可行性和效益，实施并持续优化。

3. 新价值曲线评价模型应用过程

根据新价值曲线评价模型的应用步骤，再结合企业的实际情况，具体的应用过程：首先，确定客户感知物流服务质量的关键因素，如客户感受、整体环境、服务效率、服务设施等；其次，根据所设定的关键因素进行问卷调查，设计分数等级供客户进行评分，其中0分为最低分，10分为最高分，调查对象为随机抽样的客户；最后，把每个关键因素的分数分别加总并进行价值曲线描绘，找到分值较高与较低的关键因素。

（二）服务质量指数模型

服务质量指数是由上海质量管理科学研究院自主研发的重要成果之一。该模型将服务质量的测评和分析延伸到服务质量从形成至实现的全过程，综合考察服务能力、服务过程和服务绩效，并可对不同服务行业及不同服务企业进行服务质量的水平对比，为企业评估服务质量水平、提升质量竞争力提供了有效工具。该模型以客户需求为输入，以客户对所接受服务的感知为输出。管理者对客户需求进行识别和认知后，进行相关服务资源的配置；然后通过服务过程，提供客户所需求的服务质量，客户在接受服务后形成感知，并与其期望值相比较，对服务质量进行评价。

1. 服务质量指数模型评价步骤

整个模型包括服务要素（能力）、服务过程、服务实现三个循环过程。在测评服务质量指数过程中，需要把握以下关键环节。

（1）服务质量绩效测量的是服务质量的结果，它取决于服务内容、提供服务质量的水平能力和客户对服务质量的需求与期望。对此，可以根据经典的服务质量测评模型——SERVQUAL标尺，从可靠性、响应性、保证性、情感性和可触及性等五方面，并结合具体测评行业特性，设计相应的服务质量绩效指标体系。

（2）服务质量过程指标体系的设置。服务质量过程指数作为对服务过程的测量结果，可通过运用服务设计蓝图，对服务流程进行过程分析，寻找关键服务接触点，确定服务过程评价的主客体，并通过扩展、细化服务质量差距模型（GAPs模型），建立服务质量过程指数的测评指标。

（3）服务质量能力指标体系的设置。运用现代质量管理理论总结出组织的服务质量要素，作为服务能力评价的对象；归纳组织内与质量相关的职能部门，作为被评价的职能部门；依据菲利浦·克劳士比（Philip B. Crosby）的质量管理成熟度对职能部门的质量意识状态的水平进行判断；对服务质量要素、服务质量职能部门、服务质量意识水平进行多维综合内部评价，通过比较目前状况与最优状态寻找差距，得到服务质量能力水平的指标体系。

2. 服务质量指数模型设计

物流客户服务质量指数模型可以由支撑质量和感知质量两部分构成。支撑质量是由支撑企业发展的外部条件和自身支撑条件指标构成，包括设施、环境、人力资源、经营管理能力等要素，对服务过程的实现和绩效的完成起到决定性的支撑作用；感知质量由客户感知测评结果构成，是服务接受者对于服务者提供服务的实际感知的评价，体现了客户对于行业服务质量的外在主观评价。评价模型结构如图9-8所示。

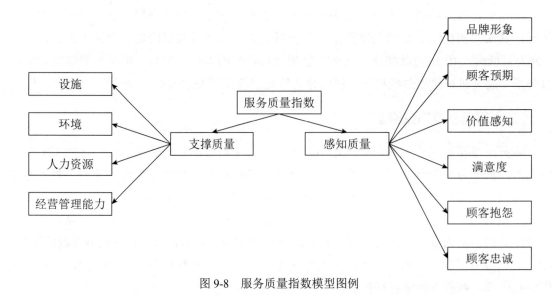

图9-8　服务质量指数模型图例

（三）SERVQUAL 模型

SERVQUAL 为英文"Service Quality"（服务质量）的缩写。SERVQUAL 模型是衡量服务质量的工具，它的五个尺度为有形性、可靠性、响应性、保证性和移情性（原内容中"信任"表述不准确，应为"保证性"）。SERVQUAL 模型广泛运用于服务性行业，用以理解目标客户的服务需求和感知，并为企业提供了一套管理和量度服务质量的方法。表 9-8 为 SERVQUAL 物流客户服务质量维度对比以及 SERVQUAL 测评量表。

表 9-8　SERVQUAL 物流客户服务质量维度对比及测评量表

维度	序号	期望指标	序号	感知指标
有形性	E1	优秀企业有现代化的服务设施	P1	企业有现代化的服务设施
	E2	优秀企业的服务设施令人满意	P2	企业服务设施令人满意
	E3	优秀企业的员工仪表整洁	P3	企业的员工仪表整洁
	E4	在优秀企业中，服务相关的材料使视觉愉悦	P4	企业中，服务相关的材料使视觉愉悦
可靠性	E5	优秀企业承诺在某特定时间做某事	P5	企业承诺在某特定时间做某事
	E6	当消费者出现问题时，优秀企业会以极大的热情去解决问题	P6	当消费者出现问题时，企业会以极大的热情去解决问题
	E7	优秀企业首次提供准确服务	P7	企业首次提供准确服务
	E8	优秀企业在其承诺时间提供服务	P8	企业其承诺时间提供服务
	E9	优秀企业会坚持无过错记录	P9	企业会坚持无过错记录
响应性	E10	优秀企业员工及时通知客户何时提供服务	P10	企业员工及时通知客户何时提供服务
	E11	优秀企业员工快速向客户提供服务	P11	企业员工快速向客户提供服务
	E12	优秀企业员工真诚为客户服务	P12	企业员工真诚为客户服务
	E13	优秀企业员工不会因为太忙而忽略对客户的服务	P13	企业员工不会因为太忙而忽略对客户的服务
保证性	E14	优秀企业员工的行为能鼓舞客户信心	P14	企业员工的行为能鼓舞客户信心
	E15	与优秀企业交易的客户感到安全	P15	与企业交易的客户感到安全
	E16	优秀企业员工待客始终礼貌热情	P16	企业员工待客始终礼貌热情
	E17	优秀企业员工能回答客户问题	P17	企业员工能回答客户问题
移情性	E18	优秀企业为客户提供个性化服务	P18	企业为客户提供个性化服务
	E19	优秀企业有方便其所有客户的运营时间	P19	企业有方便其所有客户的运营时间
	E20	优秀企业有给予客户个性化服务的员工	P20	企业有给予客户个性化服务的员工
	E21	优秀企业能使客户利益最大化	P21	企业能使客户利益最大化
	E22	优秀企业员工能理解客户具体需求	P22	企业员工能理解客户具体需求

五、物流客户服务质量评价结果分析

（一）数据收集与检验

在数据收集方面，依据物流客户服务质量评价模型，精心制作相应的调查问卷，并开展广泛的调研工作。为确保调研数据的可靠性和有效性，需对收集到的数据进行信度与效度检验。

信度检验采用 Cronbach's α 系数（克隆巴赫 α 系数）作为衡量标准，该数值大于 0.8 时说明样本数据具有非常高的可信度，即问卷测量量表内部一致性高、误差小，调研结果稳定可靠。

效度检验主要是为确保问卷设计的结构与最初理论构想相符，主要采用两种方法。一是利用 KMO（抽样适合性检验）测度对问卷样本进行计算。一般来说，KMO 测度值越接近 1，说明因子分析的适用性越强；当 KMO 值小于 0.5 时，则代表该样本不适合采用因子分析进行效度检验。二是利用 Bartlett（巴特利特）球形度检验，根据计算得到的近似卡方和 Sig（伴随概率）大小进行适合度判定。

（二）数据分析过程

1. 对各层次指标进行重要性排序

首先，利用 min-max（最小值 - 最大值）方法对所收集的所有有效问卷进行底层指标数据的规范化处理。在此基础上，利用离差最大化最优权重计算公式计算各层次指标的可变权重，再结合各指标属性权重值进行组合赋权排序。

2. 层级指标归一化计算

参照无量纲化数据和指标重要性排序结果，利用各层级指标所属类型的归一化公式对物流客户服务质量进行综合评价，并根据各层级指标相关系数计算结果进行选择。

（三）结果分析

（1）综合评价结果，即综合评定物流客户服务质量分值，得到具体的服务质量水平，并找到服务质量差距。

（2）根据权重找到影响物流客户服务质量的最重要的指标因素。

（3）分析权重较高的指标因素中的重要三级指标，并依据相关因素提出相应的建议。

六、物流客户服务质量改进

📎 政策链接:

《关于推动物流服务质量提升工作的指导意见》

物流客户服务质量改进必须引进数智化的信息技术和设备,通过数智化管理变革,时刻关注客户的需求变化,持续改进物流客户服务质量。

1. 以物流客户服务需求为首要出发点

物流客户服务质量改进首先要正确认识客户对物流服务的期望,明确客户需求,并根据不同客户的期望制定不同的服务策略。规范市场调研,做好市场分析,并通过对目标市场的分析研究,客观地预测客户对服务需求的期望,制定具体的服务规范,设计新的服务程序,程序通常需要根据物流客户服务质量改进的管理模式、企业开展物流活动的具体特征和其他企业的优势与不足的分析结果来制定。

2. 引进优秀物流人才,加强员工素质培养

最终完成物流客户服务的是一线员工,企业的服务理念、服务质量最终都是通过员工传递给客户的,所以,要把"客户第一"与"员工第一"摆在同等重要的位置。对员工进行素质培养、业务培训和企业精神熏陶,使他们胜任工作,并鼓励和激励员工开展一些创造性的服务。

3. 做好售后跟踪服务

一方面做好售后跟踪服务,能够获得客户的反馈信息,改进和完善现有服务水平;另一方面售后跟踪服务可作为物流客户服务质量改进的一种增值服务,以拉近和改善提供物流客户服务的企业与客户之间的关系,提升企业形象,与客户建立长期合作伙伴关系。

4. 提升物流客户服务信息系统的数智化水平

利用人工智能、物联网、区块链等技术实现物流系统中各个节点的信息共享,缩短订货提前期,降低库存水平,提高物流效率,减少递送时间,提高订货、发货精度,对物流客户服务质量改进都有重大意义。

案例分析

日日顺供应链的物流服务质量管理

1. 公司概况

日日顺供应链科技股份有限公司创立于 2000 年,总部在青岛,是海尔集团旗下的物流行业领军企业。作为国内供应链管理与场景物流服务的标杆企业,日日顺的发展历程可划分为三个战略阶段:从企业自营物流起步,逐步转型为专业物流服务商,最终升级为生态化平台企业。在物联网技术快速发展的背景下,该企业已成功转型为场

景物流生态服务商，服务范围涵盖家电、汽车、快消品、家居用品、冷链食品、光伏产品、工业制品及跨境电商等多个领域。

企业核心竞争力体现在三个方面：智能化物流系统、供应链数字化管理方案以及场景化云服务平台。凭借覆盖全国城乡的完善物流配送体系及"送装一体"的特色服务，该公司连续获得"胡润全球独角兽""亚洲品牌500强"等权威认证。在汽车产业领域，日日顺创新性地整合产业链资源，构建了涵盖原材料循环取货（MR）、仓储集货、干线运输、区域分拨及末端配送等环节的全程供应链服务体系，为行业客户提供全方位的供应链管理解决方案。

2. 日日顺供应链在物流客户服务质量管理中存在的问题

（1）零部件精准供应挑战：汽车制造生产计划严谨精细，不同车型、不同生产阶段对零部件的需求在种类、数量及时间上差异大且动态变化，日日顺供应链需精准追踪并匹配这些复杂需求，协调众多供应商供货，实际操作中易出现供应与生产需求衔接不紧密的情况，这一情况有概率导致生产线停滞。

（2）消费端服务体验短板：客户对汽车售后零部件更换及时性的要求较高，但物流配送环节存在路线规划不佳、流程烦琐等问题，导致运输时长不确定，客户需长时间等待，影响维修效率。同时，客户期望便捷地获取库存、预计送达时间等信息，但现有反馈机制不完善。客户对配送方式和包装等也会有一定的个性化需求，公司以往过于标准化的服务模式难以满足多样化需求，会影响用户体验。

（3）供应链协同与应变难题：随着汽车产业快速发展，新产品、新技术、新需求不断涌现，上下游企业业务调整频繁，要求日日顺供应链与各参与方建立更紧密高效的协同机制。信息沟通不及时、业务流程对接不顺畅等问题会导致供应商生产进度变化难以同步，影响后续运输和仓储计划。同时，面对疫情等突发状况或产品热销导致的零部件需求快速变化，日日顺供应链的现有体系在资源调配灵活性和业务流程适应性上有不足，难以快速响应，影响服务保障能力和市场竞争力。

3. 日日顺供应链在物流客户服务质量管理方面的创新

（1）全流程一体化供应链管理服务：日日顺深刻认识到构建一体化服务体系的重要性，系统整合了原材料供应、智能仓储、干线运输及末端配送等全链条资源，打造了覆盖供应链全环节的综合性服务解决方案。这种一体化并非简单环节拼凑，而是基于大数据、物联网等先进技术手段，实现各环节信息实时共享、流程无缝衔接及资源最优配置。

（2）定制化服务：在为一汽红旗提供的零部件入厂物流服务中，日日顺供应链充分展现了其定制化服务的独特魅力与优势。针对一汽红旗对于零部件供应的高精度、高时效要求，日日顺供应链从多个维度进行了深度定制。

（3）三级功能仓解决方案：在汽车后市场服务体系中，备件物流管理至关重要。以奔驰（中国）为例，日日顺供应链创新构建了"2H前置仓－本地仓－区域功能仓"

三级仓储体系。该方案通过优化仓储网络布局，实现了汽车配件从供应商经前置仓直达4S店的快速流转，显著提升了备件供应的时效性和服务品质。

4. 实施成效

通过这些创新举措，日日顺供应链取得了显著成果。在供应链整合及创新能力方面，它成功融合并优化了原本分散的资源、环节，形成了一套更加灵活、高效且适应市场变化的供应链体系。基于大数据分析与物联网技术，现代物流系统实现了对供应链各环节的全流程可视化管控与智能优化，显著提高了资产周转率，降低了成本，帮助企业在竞争激烈的物流行业中建立了核心优势，赢得了汽车制造企业的高度认可。

对于车企而言，日日顺供应链提供的精准及时的零部件供应服务，确保了主机厂生产线顺畅运转，避免了因零部件供应问题而出现的停工待料情况。无论是日常生产计划执行，还是应对临时性生产调整，日日顺都能凭借完善的服务体系迅速响应，为车企的稳定生产保驾护航，助力车企提高生产效率、提升产品质量，进而增强市场竞争力。

在消费端，用户体验得到了显著提升。客户在购买汽车后，无论是维修保养还是紧急获取备件，都能享受到更加便捷、高效的服务。以奔驰（中国）为例，通过三级功能仓解决方案，客户在4S店等待备件的时间大幅缩短，维修效率提高，整个汽车售后体验更加舒心、满意。这种良好的用户体验增强了客户对汽车品牌的忠诚度，也进一步促进了汽车销售市场的良性发展。

总体而言，日日顺供应链的创新措施有效推动了现代城市物流、商贸物流服务的再升级，为整个物流行业在客户服务质量管理方面树立了优秀榜样，引领行业朝着更加注重客户体验、追求高效协同的方向不断迈进。

·讨论：在快速变化的市场环境中，日日顺供应链是如何通过物流客户服务质量管理创新，提升供应链的响应速度和客户满意度的？

── 本章小结 ──

本章主要探讨了物流客户服务质量的相关内容。首先，介绍物流客户服务质量的概念与内涵，强调其是顾客感知对象，贯穿服务提供与交易全程，既需客观衡量，更依赖顾客主观认知检验，要求企业构建内部有效管理与支持系统以提升服务质量。接着，从高质量转型发展需求、与客户期望存在偏差、标准化程度不足三方面剖析物流客户服务质量管理动因。

其次，阐述物流客户服务质量基本特性，如功能性、经济性、安全性等。在此基础上，说明服务质量可从可得性、作业绩效与可靠性三个维度展开，全面反映服务质量状况。

再次，分析物流客户服务质量差距的形成过程，从管理者认知、服务设计、服务交易、服务营销沟通及客户感知服务质量五个差距维度，明确各差距产生的原因。

最后，探讨物流客户服务质量评价，强调实施评价应秉持全面质量管理观念，以客户满意为目标，以数据为基础，遵循科学程序，实现全员、全过程质量管理。同时明确评价指标、模型与结果分析过程，并提出改进方式，包括以物流客户服务需求为出发点、引进优秀物流人才、提升员工素质、做好售后跟踪服务以及提升物流客户服务信息系统数智化水平等。

思考题

（1）简述物流客户服务质量的内涵。

（2）简述物流客户服务质量管理动因。

（3）简述物流客户服务质量的特性。

（4）简述物流客户服务质量评价步骤。

（5）试述物流客户服务质量差距的形成过程。

（6）试述物流客户服务质量评价的实施原则。

（7）试述物流客户服务质量的改进方法。

第十章 物流客户服务满意度

→ **本章导读** ←

在全球经济一体化与数字经济迅猛发展的背景下，物流行业服务质量直接影响客户满意度与企业竞争力。物流客户服务满意度作为衡量服务水平与市场态势的关键指标，受政策、技术等因素影响。政策层面，政府推动物流智能化、绿色化发展，对服务效率与客户体验提出更高要求。企业实践中，如阿里巴巴菜鸟网络构建智慧物流体系，整合先进技术实现物流信息实时追踪与高效调度，显著提升客户满意度。

深入探讨物流客户服务满意度的核心要素，有助于企业精准把握客户需求、优化服务流程、增强市场适应性。科学测量与评价物流服务满意度，可助力企业定位问题、提出改进措施，并推动行业服务水平提升。为此，物流企业需理解满意度的内涵与影响因素，构建科学的测量评价体系，融合人工智能、大数据等技术实现高效管理。本章聚焦物流客户服务满意度的内涵、影响因素、测量评价方法及提升策略，助力企业赢得市场竞争。

→ **学习目标** ←

（1）了解物流客户服务满意度的内涵、影响因素，测量与评价的步骤、过程，常见评价模型，以及提升策略的方向。

（2）理解满意度作为心理反应和评价指标的意义，各因素的作用机制，测量评价环节的重要性，评价模型建立原则的内涵，提升策略的必要性。

（3）掌握用科学方法获取满意度数据，设计合理问卷，构建评价模型，分析结果并提出改进措施，实施提升策略提高满意度的方式。

→ **本章结构图** ←

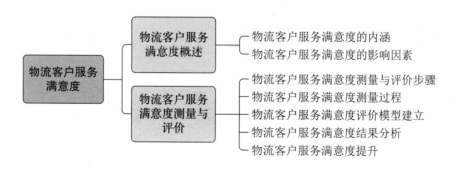

第一节　物流客户服务满意度概述

一、物流客户服务满意度的内涵

客户满意是客户对企业和企业员工提供的产品和服务的直接性综合评价，是客户对客户关怀的认可，不断强化客户满意是客户信任的基础。首先从现代市场营销观念的角度看一切产品，对满足消费者需求来说，产品应具有以下三个层次的含义：核心含义、形式含义、延伸含义。产品的核心含义是指产品提供给客户的基本效用或利益，这是客户要求的中心内容。产品的形式含义即产品本体，是指产品向市场提供的实体和劳务的外观，是扩大化了的核心产品，也是一种实质性的东西，它由五个标志构成：产品的质量、款式、特点、商标及包装。产品的延伸含义（也称增值产品）是指客户购买产品时得到的其他利益的总和，这是企业另外附加上去的东西，它能给客户带来更多的利益和更大的满足。其所带来的效用是对有形产品的一个必要补充，如维修服务、咨询服务、交货安排等能够吸引客户的东西。因此，从个体层面上讲，客户满意度是客户对产品或服务消费经验的情感反映状态；从企业层面上讲，客户满意度是企业用以评价和增加企业业绩，以客户为导向的一整套指标。从上述意义上说，物流客户服务是一种增值产品，能增加购买者所获得的效用。客户关心的是所购买的全部产品，即不仅仅包括产品的实物特点，还有产品的附加价值。物流客户服务就是提供这些附加价值的重要活动，对于客户反应和客户满意程度产生重要影响，这与价格和其他实物特点产生的作用是相似的。从本质上说，物流功能的实现是买卖交易履约的最后阶段，客户服务的水平在交易进行时自动产生。良好的客户服务会提高产品价值，提高客户满意度。因此，许多企业都将客户服务作为企业物流的一项重要功能。

物流客户服务满意度是客户对所购买的物流产品和服务的满意程度，以及能够期待他们未来继续购买的可能性，它是客户满意程度的感知性评价指标，是客户的一种心理反应。

二、物流客户服务满意度的影响因素

物流客户服务满意度是客户满意程度的常量，感知性评价指标是客户在购买产品或服务前应该达到的标准，从而形成期望，购买产品或服务后，将产品或服务的实际价值与自己的标准相比较，从中判断自己的满意程度。满意水平是可感知水平和期望值之间的差异，客户可以体验三种不同满意度中的一种。如果感知效果低于期望，客户就会不满意；如果感知效果与期望相匹配，客户就会满意；如果感知效果超过期望，客户就会高度满意。因此物流客户服务满意度是指客户对产品或服务的消费经验的感情反应状况，这种满意不仅仅体现在一种商品、一项服务、一种思想、一种机会上，还体现为对一种系统、一种体系的满意上。客户的期望是在客户过去的购买经验，朋友的介绍，销售者和竞争者的信息预期许诺等基础上形成的，如果销售者期望值定得太高，客户可能就会失望，如果期望值定得较低，就无法吸引足够的客户。

（一）物流客户服务期望满意度的影响因素

期望满意度是指客户对产品或服务的质量的总体期望，客户对产品或服务满足需求程度的期望，客户对产品或服务质量可靠性的期望。物流客户服务期望满意度主要来源于以下几个方面。

1. 客户以往的消费经历、消费经验、消费阅历

客户在购买某种产品或服务之前往往会结合以往的消费经历、消费经验，对即将要购买的产品或服务产生一个心理期望值。例如，以往打物流客户服务热线电话在 10 秒钟之内就能够接通，这一次超过 20 秒仍无人接听，客户就会难以接受；反之，以往热线电话很难打进，现在 1 分钟内被受理，客户感觉就比较好。也就是说，客户以往的消费经历、消费经验会影响下次购买的期望。没有消费经历和消费经验的客户如果有消费阅历（即亲眼看见别人消费），那么也会影响他的期望——如果产品或服务看上去感觉不错就会形成较高的期望，如果看上去感觉不好则会形成较低的期望。

2. 客户的价值观、需求、习惯、偏好、消费阶段

不同的客户由于身份及消费能力等的差异会产生不同的价值观、需求、习惯、偏好，不同的客户面对同样的产品或者服务会产生不同的期望。同一个客户在不同的阶段下也会产生不同的期望。例如，上一次消费时客户对产品或者服务提出了意见或建议，那么下一次他对该产品或者服务的期望就较高。如果他提出意见或建议的产品或服务没有得到改进，就会令他不满意。

3. 他人的介绍

人们的消费决定总是很容易受到他人尤其是周围熟人的影响，特别是在从众心理普遍存在的现代社会，他人的介绍对客户期望的影响远远超出我们的想象。如果客户身边的人极力赞扬该企业，说企业的好话，那么就容易让客户对该企业的产品或服务产生较高的期望；相反，如果客户身边的人对该企业进行负面宣传，则会使客户对该企业的产品或服务产生较低的期望。

4. 企业宣传

企业的宣传主要包括广告、产品外包装上的说明、员工的介绍和讲解等，通过这些，客户会对企业的产品或者服务在心中产生一个期望值。肆意地夸大宣传自己的产品或服务，会让客户产生过高的期望值，而客观的宣传，就会使客户的期望比较理性。此外，企业预先提醒客户可能需要等待的时间，也会使客户有一个心理准备、产生合理的期望。一些研究表明，那些预先获得通知需要等待的客户会比那些没有获得通知需要等待的客户更容易满意。

5. 价格、包装等有形展示的线索

客户还会凭借价格、包装、环境等看得见的有形展示线索来形成对产品或者服务的预

期。例如，如果仓储环境污浊，工作人员穿着邋遢、不修边幅的话，显然会令客户将其定位为低档服务场所，认为其根本不可能提供好的服务。相反，较高的价格、精美或豪华的包装、舒适高雅的环境等可使客户产生较高的预期。

物流客户服务满意度的形成过程如图 10-1 所示，客户在进行购买之前就已经形成了一种期望，并希望通过购买产品和服务来实现这一期望。这种期望有些是潜意识的，有些则是有清晰的意念的，可以说是一种"事前期望"。使用了产品或接受了服务之后，如果效果超过原来的期望或能够符合原来的期望，就可以称之为满意或可以接受；反之，若未能达到事前期望，客户就会感到不满意。

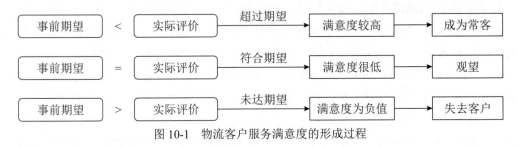

图 10-1　物流客户服务满意度的形成过程

（二）物流客户服务过程满意度的影响因素

客户在享受物流服务的过程中，会实时关注货物的状态。物流企业的信息系统应提供便捷的查询功能，让客户随时了解货物动态。客服人员应主动与客户保持联系，及时告知客户货物状态，并快速响应客户的咨询和投诉。如果遇到异常情况（如延误、损坏等），物流企业应迅速处理并给出合理的解决方案，以减轻客户的不满情绪。物流客户服务过程满意度影响因素及影响感受的过程和影响体验的因素分别如表 10-1、表 10-2 所示。

表 10-1　物流客户服务过程满意度影响因素及影响感受的过程

因素	影响感受的过程
信赖性	准确无误，交货确实
迅捷性	立即反应，明确而适时处理
适应性	充分具备提供服务所需的知识与技能
接触性	热心接受委托，随时可取得联络，随叫随到
礼貌性	有礼、谦虚、给人好感、注意形象
沟通性	倾听客户意见，说明详细易懂
信用度	公司和负责的员工均可信赖
安全性	身体的安全，财产的安全，注意客户隐私
理解性	掌握客户真正需求，理解客户情况
有形性	舒适的环境、完善的设施、精良的工具、明确的价格表等

表 10-2　物流客户服务过程满意度影响因素及影响体验的因素

因素	影响体验的因素
满足	产品和服务可以接受或容忍
愉快	产品和服务可以给客户带来积极的体验
解决	产品和服务能给客户解决麻烦
新奇	产品和服务能给客户带来新鲜、兴奋的感觉
惊喜	产品和服务超过了期望

（三）物流客户服务结果满意度的影响因素

物流客户服务满意度在用于分析客户对企业的产品或服务是否满意的同时，还用来分析与满意度关系密切的客户接触点，因为分析的结果不仅反映企业这一时期的作为，也可作为日后改善产品和服务的参考。因此，测定满意度时应从所得的资料中，分析物流客户服务满意度与客户接触点之间的关系。

整体上感到满意的人，对具体的接触点（例如礼貌的招呼、快速回应、购物环境等）全部满意。相反，如果客户在整体上全都感到不满意的话，那么他对那些具体接触点也会感到不满意，了解了这个接触点后，我们就可以在很大程度上改变客户满意或不满意的状态。

这种分析可以利用数学上的一种回归分析来进行，根据分析的结果，所有具体的接触点与满意度之间的关系都可一目了然。关系的深度，在数学上可以用回归系数来表示，以下是具体计算的方程式。

满意度＝关系的深度 × 客户的具体接触点 1+ 关系的深度 × 客户的具体接触点 2+……

了解各个接触点与整体满意度之间的关系后，由于客户对各接触点的评价都已明白，即可将满意度关系的深浅与现状的评价作比较。

例如，在调查中，售后服务的电话是否容易打通，影响到了整个满意度的评价。另外，问卷调查的结果也直接反映了目前电话接通与否的现状。这样，就可以像图 10-2 那样将二者作比较。图中各个位置上的项目分别具有以下意义。

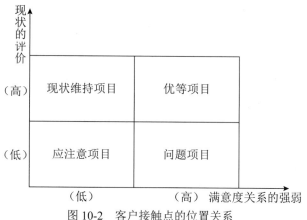

图 10-2　客户接触点的位置关系

（1）优等项目：对满意度的影响强烈，而且现状评价也高的项目。今后也可望保持高评价。

（2）问题项目：对满意度的影响虽然强烈，但是现状评价不高的项目。今后可望成为改善的重点。

（3）应注意项目：对满意度的影响不太强烈，现状评价也不高的项目。评价特别低的项目有改善的必要。

（4）现状维持项目：对满意度的影响不太强烈。至少可维持现状。

第二节　物流客户服务满意度测量与评价

一、物流客户服务满意度测量与评价步骤

（一）物流客户服务满意度数据获取

1. 抽样

物流客户服务满意度测评中的抽样技术主要包括两个方面：确定抽样方式和确定样本量。

（1）抽样方式的确定。物流客户服务满意度调查采用的抽样方式是随机抽样的方式，根据调查对象的性质和研究目的的不同随机抽样，主要有简单随机抽样、等距抽样、分层抽样和整群随机抽样等方式。

（2）样本量的确定。样本量是指样本单位的多少，确定样本量对总体的代表性、调查的费用和投入的人力都有重要的影响。样本量太小，会影响总体推断的准确性和可靠程度；样本量过大，会造成不必要的人力和财力的浪费。

2. 调查方法

根据抽样技术确定调查方法，传统的调查方法主要有入户调查、街头拦访、电话调查、厅堂调查、留置问卷调查、邮寄调查和固定样本组连续调查等。随着现代信息技术的运用，出现了一些新的调查方法，包括计算机辅助个人访问、计算机辅助电话访问、电子邮件调查、自动语音电话调查和网上调查等。

3. 问卷调查表的设计

在设计物流客户服务满意度调查问卷时，应精心设置调查项目和问题，可以采取直接提问式、间接提问式、排序式、引出式等方式。提出问题时应注意策略，不要涉及客户隐私，让客户不舒服或有讨好客户之嫌，同时项目不能太多，应根据近期发生的问题有重点地提出，设计的问题与表格结构应简洁明了，让客户容易回答。

（二）物流客户服务满意度测评的内容

物流企业提供的物流服务内容主要如下。

（1）基本的物流服务。如运输服务、仓储服务、装卸搬运服务。

（2）增值性服务。如物流系统计划与设计服务、采购与供应链管理服务、流通加工服务、报关及其他配套服务等。

（3）特定的增值服务。它是指物流企业为客户提供的专项服务，旨在实现一定的营销目的。

测定客户近期所感受的服务质量，选择适当的客户，要求他们对近期接受的服务作出评价。测定的内容包括对当前经历的服务质量的总体评价、对服务个性化的评价和对服务可靠性的评价。

（三）物流客户服务满意度评价步骤

客户满意是企业效益的源泉，让客户满意是企业服务创新的驱动力，客户对物流企业物流服务的接受程度取决于物流企业的物流客户服务满意度。因此，物流企业必须足够重视客户的满意度，才能够给客户提供更优质的物流服务，并切实做好物流客户服务满意度的管理。除了物流企业所提供物流服务的质量和水平是影响物流客户服务满意度的因素以外，还有许多其他的影响因素。物流企业要做好以下两个方面的工作，以此来提高客户对物流服务的满意度。

1. 接触客户、了解客户、研究客户

（1）物流企业首先要建立"以客户为中心"的物流服务理念，继而实施一系列活动来收集客户的体验资料，并对本企业员工进行培训，让员工们了解物流客户服务满意度对于维持客户关系的重要性。

（2）企业要依据客户需求的不断变化进行业务结构的调整。长久以来，物流客户服务的主要内容还是基本的运输、仓储、配送、装卸或是简单的流通加工等。但随着物流市场的不断发展，物流信息服务、金融服务也逐渐成为客户的重要需求，因此物流企业要对内部结构做出适当的调整来满足一些更高层次的客户需求。

（3）物流企业应该加强与客户的交流、沟通，以缩短与客户之间的距离。要花费大量的精力在与客户的全面接触上，及时了解客户的需求，作出快速反应以制订满足客户需求的服务方案，继而维持与客户的良好关系。

（4）建立"内部客户"制度。也就是说，在企业内部的工作流程中，上一个物流服务活动环节的部门把下一个环节的部门当成客户，使企业整个工作都围绕客户来展开，最终为客户提供满意的服务。

2. 招聘、培训高质量的服务员工

（1）为使企业招聘的服务员工在物流服务过程中让客户满意，企业要保证招聘服务员工的质量，对招聘程序严格控制。物流企业要在服务的主动性、服务经验以及服务品格等方面考察服务人员的整体素质。

（2）招聘结束后，要对招聘的员工进行培训，培训的内容一般包括：培训一线员工物流服务的基础知识和企业背景知识；培训员工适当的决策技能，使其明确各自的职责；培训员工有关客户服务的全局观念；培训员工的团队协作意识和精神。

（3）为客户提供个性化的服务。能够为客户提供个性化的产品和及时性的服务是提高物流客户服务满意度的关键。在客户对个性化的需求愈加强烈的情况下，物流企业要提供满足客户不同需求的个性化服务。企业所提供的物流服务又具有特殊性，为实现客户的满意就只有在提供物流服务的过程中增加客户的感受机会，而不能通过产品的外形或其他性能来实现。具体来说，物流企业在充分了解和掌握客户的实际需求后，要能够根据客户的需求来制定物流服务组合；为了增加客户体验和感知的机会，要使客户参与到物流服务方案的设计和制订中来；通过提供个性化的敏捷化物流服务，客户能够享受所提供的个性化服务；在提供物流服务之前，物流企业就应该使客户感到便利；确保货物运送的及时性及后续服务的质量。

（4）重视客户关怀。物流企业越来越重视客户的流失情况，其本质是物流企业对客户的关怀不够。客户流失的原因主要有：让客户感到物流服务的不可靠；物流企业不能及时响应客户的需求；在提供物流服务时，物流企业没能给客户带来便利，导致客户选择了其他的企业。鉴于以上客户流失的原因，物流企业的服务人员应该做到 7R 的标准服务，让客户关怀体现在客户购买服务的前、中、后全过程。物流企业应该在客户购买物流服务之前，根据客户关怀去改善物流服务。为此，物流企业应该采用不同的定量和定性方法来确定客户对物流服务的期望，并设计合适的物流服务方案；在客户购买物流服务的中、后两个阶段，物流企业应该对接触过客户的员工进行服务培训和考核，以完善客户关怀。所以，企业必须制定严格的物流服务操作程序和相应的行为规范来管理员工在物流服务过程中的行为，从而使物流服务水平得到很大的提升。

（5）正确处理客户的抱怨和投诉。为了满足每个客户的需求，物流企业往往会提供高质量的物流服务，但在实际操作的过程中，又不可能做到完美，总会有一些客户对企业提供的物流服务不满意。当客户有较多的不满意时就会抱怨，甚至投诉物流企业。如果这些抱怨和投诉不能得到很好的处理，客户的不满意就会持续扩大，会严重地影响客户关系的维持以及企业的形象。因此，物流企业应设置一套科学合理的客户投诉处理机制来解决类似的问题，还可以考虑建立专门的客户服务投诉部门来履行职责，找出客户投诉的原因并给出相应的处理。

二、物流客户服务满意度测量过程

（一）物流客户服务满意度测量步骤

满意度测量的实施应考虑以下几个方面。

1.确立满意度调查范围

客户满怀期望购买产品或服务，他们购买的不仅是产品本身，还有与之相关的市场环境等，范围极为广泛。因此，物流客户服务满意度调查要尽可能地涵盖相关领域。

了解客户可以帮助企业提供令客户满意的服务。有时购买者、使用者与决策者并非同一个人，而往往接触客户的不仅限于厂商，在大多数的场合中，零售店及其店员才是最直接影响物流客户服务满意度的群体。

实际上，在进行调查时，企业一定要根据客户的反应，确定取舍的界限、调查领域等项目，设定若干种调查分析方式，这样才能通过调查更加有效地掌握客户的满意度。

很多企业都会从以下几个方面进行物流客户服务满意度调查分析，就像很多物流企业确立了物流客户服务满意度调查的基本构架，以此为核心确定物流客户服务满意度调查的调查领域一样。

（1）企业产品品质以及消费者购买企业产品或服务的满意度。

（2）消费者在消费过程中对企业的满意度。

（3）交货时遇到的各种问题。

（4）对服务咨询员的评价。

（5）对企业提供的售前（企业客户服务标准的制定等）、售中（库存周转信息、订货信息等）、售后（零部件的供应等）服务的评价。

（6）综合性满意度。

2.物流客户服务满意度问卷调查方法

如果一个物流企业决定测量客户的满意度，但是其选择作调查的时间是员工比较空闲的休息时间。这种调查结果是否正确？真的能体现客户对这家物流企业的满意度吗？显然这家企业的调查结果很难掌握所有客户的满意度，充其量这个结果只能代表一部分消费者的满意程度而已。就像这个企业其实只能获得那些有空闲时间的客户的满意度，至于其他时间段客户的满意度就很容易被忽略了。所以调查结果并非代表所有客户的满意度。

由上面这个例子可以知道，要进行调查以测量客户实际的满意度，在选择调查对象时，不但要具有典型性还要具有全面性。这时最好要对所有客户的资料有所了解，然后再选取样本，每个样本被抽到的机会是均等的。而且每一次调查因为对象不同、目的不同，确定的范围和采取的方法也不一样。将客户依年龄或利用的频度（例如服务周期和手段的选择）来分类，再依属性的结构任意选出一定比例的客户来调查。无论如何，在选择调查对象之时，应尽可能随机取样。

抽样调查是目前经常使用的一种调查方法，有些人非常注意样本数的多寡。例如，一家公司见其他公司找了2000人的资料进行分析，于是加大投入，收集4000人的资料，以求达到更高的精确度。但事实上，这种做法在统计学上毫无意义。4000人的资料与2000人的资料相比，并不能在结果上达到双倍的精确度，有时甚至可以说效果相差无几。因此只要确保样本数据有代表性，就无须过度在意数量的多少。

如果调查对象没有代表性或分配得不够均匀，不论样本数有多少，其结果都不足以反映全体客户真正的满意度。反之，若只重视样本数量，忽视了其他方面，反而可能成为一种负面因素。总之，样本的数量应该根据实际需要而定。

（二）物流客户服务满意度数据收集方法

物流客户服务满意度数据收集是客户服务评价的一个重要过程，它是从客户感受的角度研究客户服务过程质量的方法，包括面向供应链终端客户的服务满意度评价和面向供应链伙伴的服务满意度评价。物流客户服务满意度评价方法有许多，如问卷法、协调办公法、专家共评法、技术分析法等，其中问卷法是最常用的，协调办公法和专家共评法是最有价值的方法。

1. 问卷法

问卷法是物流客户服务满意度数据收集过程中使用最广泛的方法之一。通过设计科学合理的问卷，对合作伙伴从上到下各层级的管理者和员工进行问卷调查，收集他们对物流服务的评价和反馈。问卷内容应涵盖物流服务的各个方面，如运输效率、交货及时性、货物完整性、服务态度等，并设置合理的评分标准，如很满意（10分）、满意（8分）、需改进（5分）、不满意（2分）等。同时，问卷中的问题应避免涉及企业机密和引起受访者顾虑，确保收集到的信息真实可靠。

2. 协调办公法

协调办公法是一种通过合作各方聚在一起，共同了解和探讨合作过程中的服务不足，商讨解决问题的措施，完善服务方案的方法。这种方法能够促进合作各方之间的信息交流和沟通，表达真实愿望，及时发现问题并解决问题。通过协调办公会、现场办公会等形式，物流企业可以与客户面对面交流，深入了解客户的需求和期望，从而提供更加精准和个性化的服务。

3. 专家共评法

专家共评法是由专家组对物流伙伴的服务进行专业性综合评价的方法。专家组由来自不同领域、具有丰富经验和专业知识的专家组成，他们能够对物流服务进行全面、客观、深入的评价。通过专家共评法，物流企业可以掌握服务现状，发现影响服务质量提高的深层次原因，并制定相应的解决方案和操作规程。这种方法需要物流企业与其他合作伙伴共同组建专家组，共同开展评价工作。

4. 技术分析法

技术分析法是一种综合运用大数据处理、人工智能算法与机器学习模型等先进技术手段，对物流服务的全过程进行深度剖析与评估的方法。它通过对海量物流数据的收集、整理与挖掘，揭示出影响物流客户服务满意度和服务质量的关键因素与潜在规律。技术分析法不仅能够评估物流系统的运行效率与稳定性，还能预测未来的服务需求趋势，为物流企业制定前瞻性的战略规划提供科学依据。此外，它还能精准识别服务中的瓶颈与不足，指导企业进行流程优化与技术创新，从而持续提升物流客户服务满意度和服务水平，增强市场竞争力。

三、物流客户服务满意度评价模型建立

（一）物流客户服务满意度测评指标模型建立原则

1. 相关性原则

物流客户服务满意度测评指标模型的建立有助于企业经营战略目标的实现，有助于改进企业经营管理工作。物流行业在建立物流客户服务满意度测评指标模型的时候要考虑到相关性的原则，将测评指标与企业的经营状况与管理现状相联系，以期通过测评了解企业的所得所失，这才是测评的真正目的。

2. 全面性原则

全面性原则要求物流企业在制定指标模型时必须全面系统地反映企业的总体满意度。指标的选择要涉及产品、售前、售后、服务、态度、员工等方方面面，指标之间也要注意系统性和联系性，这样才能对企业的满意度做出全面、具体、综合的评价。

3. 可操作性原则

可操作性原则是物流企业在制定指标模型时考虑的一项重要因素，离开了可操作性，再科学、再合理全面的指标体系也是枉然。这里的可操作性主要是指指标项目简单易懂，在采集数据时简单可行，在分析数据时有理可依，在得出结论时合理可信。

（二）用户满意度模型构建流程

用户满意度模型构建流程可分为六个步骤，分别是明确目标、指标收集、指标定义、指标归属、指标赋权和指标体系检验（图 10-3）。

图 10-3　用户满意度模型构建流程

1. 明确目标

第 1 步是明确评估目标（图 10-4）。明确评估目标包括明确评估用途和范畴，用户满意度评估的用途不同，在评估侧重点和衡量方式上会有以下不同。

如衡量产品改版效果的用户满意度侧重关注改版目标是否达成，更关注改版前后影响体验目标达成的体验点变化。用于摸底产品体验水平的用户满意度侧重了解产品对用户需求和期待的满足情况，更关注产品自身体验的长短板以及相较于其他同类产品体验的优劣势。

此外需要考虑评估范畴，一方面需要明确仅评估本品还是同时覆盖竞品，对于未在行业中取得绝对领先地位的产品，更应考虑覆盖竞品评估，明确体验竞争优劣势的同时寻求竞品借鉴点。另一方面需要明确评估产品全局还是聚焦部分模块，全局评估能获取用户对产品的整体感受，但在产品模块繁多或复杂时，由于用户参与调研的耐心有限，针对每个模块的评估问题数量无法设置太多，导致评估颗粒度较粗，可考虑聚焦重点模块单独评估。

图 10-4   明确目标

2.指标收集

第 2 步是收集评估指标（图 10-5）。用户满意度指标收集可结合案头侧、用户侧和专家侧三方信息获取。案头侧指标收集方式主要是案头研究和产品走查。案头研究可重点关注成熟评估模型以及行业趋势、产品模式和用户需求分析报告，结合对产品的调查分析，提炼"好的产品体验"需要包含哪些要素。常用的案头研究渠道和可查询信息如图 10-6 所示。

收集渠道	案头侧	用户侧	专家侧
收集方法	案头研究 & 产品走查	用户座谈会 & 客诉反馈	专家访谈
关注信息	成熟评估模型 行业 / 产品 / 用户需求分析	对产品的需求和期待 使用产品的痛点和爽点	产品目标及实现关键 产品短板及后续动作
Tips	业界 & 学界多渠道获取	邀请深度用户	覆盖产品决策层 专家职能多样化

图 10-5   指标收集

案头研究渠道	可查询信息
知网 APP STORE 行业协会官网 互联网媒体官网 金融数据服务商 互联网公司官网 战略咨询 / 市场调研机构官网	行业趋势 行业政策 行业新闻 / 产品分析报告 行业 / 企业研究报告 用户洞察报告 产品评价信息 学术理论 / 研究

图 10-6   案头研究渠道和可查询信息

用户侧指标收集方式主要有用户座谈会和客诉反馈，座谈会把目标用户邀请到一起畅谈对产品的需求和期待，邀请对产品使用程度较深的"专家级"用户能贡献更多有效信息。另外客诉反馈也是能集中了解用户对产品关注点和痛点的数据渠道。

专家侧指标收集方法主要是专家访谈，通过向专家了解产品目标、目标实现方式及后续主要动作来拆解对当前产品体验重要的维度和指标。专家访谈需覆盖到能决策产品方向的人，且专家职能身份应尽可能多样化，如覆盖产品、运营、设计、技术、市场等不同职能角色。

3. 指标定义

第 3 步是指标定义。给指标下定义需考虑指标的体验标准高低和文案描述两方面。

　　体验标准的选择要符合产品本阶段的目标，标准定得过高或过低都会让指标丧失灵敏性，失去价值。指标描述一般要遵循简洁性、通俗性和单一性原则，如图 10-7 所示。

图 10-7　指标定义原则

4. 指标归属

　　第 4 步是将定义好的指标进行维度划分与归属，以此来构建评估模型。维度初步划分有"用户接触产品的触点"和"产品功能模块"两种方式。

　　拿用户一次外出就餐的满意度举例，按用户接触产品的触点可以分为就餐前（选餐厅、查信息、订座等）、就餐中（菜品、服务、环境等）、就餐后（买单）满意度。而按功能模块划分可以分为餐厅信息、评论信息、优惠信息满意度。无论采用哪种先验假设，模型构建都需要遵循"完备互斥"原则，即指标既齐全不遗漏，也没有重复。

5. 指标赋权

　　因为不同评估指标的重要性程度不一样，拿汽车产品的用户满意度评估为例，对普通轿车的满意度评估更看重实用舒适，而对越野车的满意度评估更看重汽车性能。因此在完成评估模型搭建之后，需要赋予评估指标权重，指标赋权的方法按照赋予权重的人不同可以划分为专家赋权和用户赋权两大类，如图 10-8 所示。

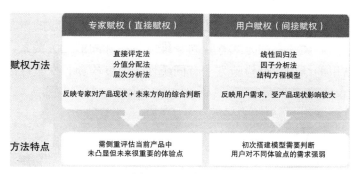

图 10-8　指标赋权

　　用户赋权是根据用户对某个体验点（指标）满意度打分和对产品整体满意度打分之间的关系测算出来的间接赋权方法，体验点满意度分数变化对产品整体满意度分数变化的解释程度越高，体验点对应的指标权重就越大。常用的指标赋权方法有"线性回归法""因子分析法"和"结构方程模型"。

专家赋权是由领域专家如产品、运营、设计等领域的专家对指标重要性进行主观判断，因此又叫直接赋权法，常见的直接赋权法有"直接评定法""分值分配法"和"层次分析法"。"直接评定法"就是专家逐个判断指标的重要性，"分值分配法"是预先给定所有指标一个总分，专家把总分分配到各个指标上，"层次分析法"是专家对指标重要性进行两两对比，因为能更好地在对比过程中帮助专家理清指标的相对重要性，层次分析法是专家赋权中更为常用的方法。

6. 指标体系检验

（1）指标内容检验。对于指标内容检验关注的指标描述对象，要评估体验点的符合程度和其可理解性，即指标的内容效度，如图 10-9 所示。

指标内容检验可通过领域专家完成，邀请至少 3 名专家对指标内容的有效性、易理解性等维度打分，专家一致评价为符合的指标占比即为模型内容效度（S-CVI）。对于专家认为不符合或专家打分不一致的指标，需要咨询专家具体原因并作出适当修改。一般而言，专家一致评价为符合的指标不应低于 80%。常见的指标内容问题包括指标描述未能准确概括体验点、指标描述有歧义、指标定义的体验标准不合适等。

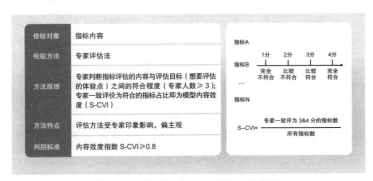

图 10-9　模型检验——指标内容检验

（2）结构效度检验。结构效度检验是判断评估指标与想要测量的概念（归属维度）之间关系的方法，判断归属关系的方式有看同一维度下指标间的相关关系、指标对测量概念的解释程度等。常用的结构效度检验方法有同质性 α 信度检验、探索性因子分析和验证性因子分析，如图 10-10 所示。

检验对象	指标归属关系		
方法名称	同质性信度（α 信度）	探索性因子分析	验证性因子分析
方法原理	同一维度下的指标间相关性越高，越能稳定测量潜变量	因子分析可浓缩指标数量、调整指标归属、验证理论框架	基于协方差矩阵来分析指标与潜变量之间的关系
方法特点	指标数量越多，信度系数越高，分别看模型整体信度和子维度信度	因无法同时描绘多潜变量间的关系，适合只有一个潜变量的简单模型	能同时描述多个潜变量之间的关系
判断标准	整体 $\alpha > 0.8$ 可接受 子维度 $\alpha > 0.6$ 可接受	因子负荷 < 0.2 考虑剔除 累积解释变异率 $< 50\%$ 需调整模型	模型拟合度 RMSEA $\leqslant 0.08$ NNFI $\geqslant 0.9$ CFI $\geqslant 0.9$

图 10-10　模型检验——结构效度检验

每种检验方法都有自己判别指标归属和模型可靠的标准，但是在做指标归属和指标删减的时候不应该盲从于统计数据是否达标，还需要充分考虑指标实际意义，对其是否有助于我们实现评估目标等实际情况进行综合考虑。

（三）物流客户服务满意度模型建立

1. 美国物流客户服务满意度指数模型（ACSI）

ACSI 模型是目前最具权威性的物流客户服务满意度测评模型之一。它是由美国密歇根大学商学院质量研究中心费耐尔博士等总结提出的。它的应用范围广泛，在国家、行业、部门和企业四个层次的测评中都可以应用，尤其在前三个领域中应用最广，具体模型见图 10-11。

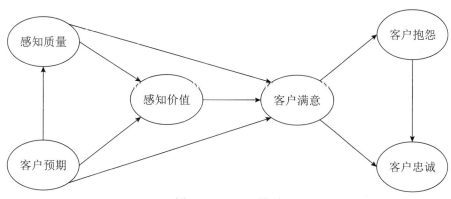

图 10-11 ACSI 模型

2. 层次分析法

层次分析法是由美国运筹学家、匹兹堡大学教授萨蒂于 20 世纪 70 年代初提出的一种多目标评价决策方法。它是一种将与决策有关的元素分解成目标、准则、方案等层次，在此基础上进行定量和定性分析的决策方法。由于它在处理复杂的决策问题上的实用性和有效性，很快在世界范围得到重视。它的应用已遍及经济计划、能源政策和分配、行为科学、军事指挥、运输、农业、教育、人才、医疗和环境等领域。

运用层次分析法决策时，先将决策问题按总目标、各层子目标等分解为不同的层次结构，然后求解判断矩阵特征向量，求得每一层次的各元素对上一层次某元素的优先权重，最后再通过加权求和方法递阶计算各备选方案对总目标的最终权重，此最终权重最大者即为最优方案。

3. SCSB 模型

SCSB 模型是由瑞典学者提出的，它的核心概念是客户满意，是客户对某一产品或者某一服务提供者迄今为止全部消费经历的整体评价。它不同于代表客户对于某种产品或者某次服务经历评价的特定交易的客户满意，它是一种累积的客户满意。具体模型见图 10-12。

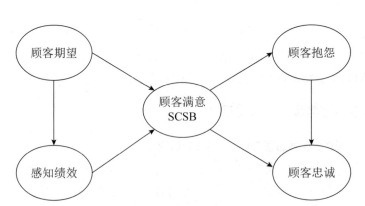

图 10-12　SCSB 模型

4. 卡诺模型

卡诺模型是东京理工大学教授狩野纪昭（Noriaki Kano）和他的同事高桥文雄（Fumio Takahashi）于 1979 年 10 月发表的《质量的保健因素和激励因素》（*Motivator and Hygiene Factor in Quality*）一文中提出的物流客户服务满意度评价模型。

在卡诺模型中，它定义了三个层次的客户需求，分别是基本型需求、期望型需求和兴奋型需求。基本型需求是客户认为产品"必须有"的属性或功能。期望型需求要求提供的产品或服务比较优秀，但并不是"必需"的产品属性或服务行为。兴奋型需求要求提供给客户一些完全出乎意料的产品属性或服务行为，使客户产生惊喜。具体模型见图 10-13。

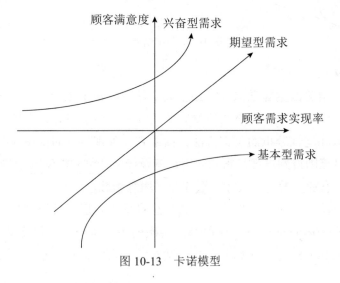

图 10-13　卡诺模型

5. 中国物流客户服务满意度指标模型（CCSI）

1998 年 3 月，清华大学应用 ACSI 模型在北京市对彩电消费者进行了 CSI 抽样调查，以验证在我国建立物流客户服务满意度指数的可行性。2000 年，科技部委托中国标准研究中心进行我国用户满意指数的研究，清华大学中国企业研究中心是该课题的主要研究单位。2001 年，清华大学在国家质量监督检验检疫总局的统一协调安排下，进行了两次全国性的实验研究，经过数年的研究，我国物流客户服务满意度模型于 2003 年年初开始在某些行业试运转。

中国物流客户服务满意度指数模型（Chinese Customer Satisfaction Index，CCSI）包括了六个结构变量，它们分别是品牌形象、预期质量、感知质量、感知价值、物流客户服务满意度和客户忠诚度。品牌形象有两个测量指标，分别是品牌总体形象和品牌特征显著度。预期质量的四个测量变量包括总体预期质量、客户化感知质量、可靠性感知质量和服务感知质量。客户价值的两个测量变量与 ACSI 模型中的完全一致，客户满意的测量指标是在 ACSI 模型的基础上增加一个同其他品牌比较的指标，客户忠诚则采用重复购买可能性与保留价格这两个指标。具体模型见图 10-14。

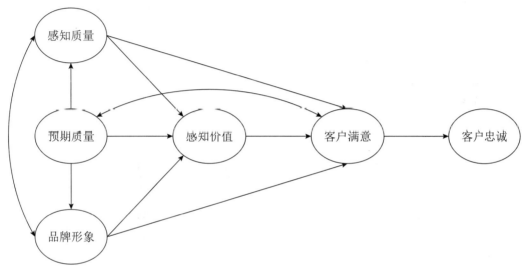

图 10-14　CCSI 模型

四、物流客户服务满意度结果分析

物流客户服务满意度调查近年来在国内外得到了普遍重视，但调查不是最终的目的，最终的目的是通过分析调查的结果，让企业发现问题、改进产品或服务。可是仅凭调查的样本来推断所有人的满意度也不是很科学。例如，对企业产品或服务接触频度非常高的客户，因为其经常使用，所以他们的满意度必然比其他人要高。相比之下，仅偶尔使用产品或服务的客户，满意度可能会有所不同。而且，不同的产品或服务其性质也不同，不同的客户对满意度的评价也不尽相同。

在这种情况下，要想真正了解自己企业客户的满意度是百分之多少，仅凭调查的样本是不能说明问题的。不难理解，如果样本中引用频度高的客户占了大部分，那么满意度的真实情况可想而知是不容乐观的。相反，如果样本中偶尔使用的客户占了上风，那么结果就恰恰相反了。总之，单凭调查结果想掌握正确的满意度是很难的。因此，在进行满意度调查时，企业有必要尽可能区分样本的属性，设计不同的调查问卷，用以分别掌握不同属性客户的满意度。另外，还要了解各种属性在全体客户中的比例结构，再根据比例算出各自的比重，以掌握平均的满意度。这样，所有客户中满意的人到底占百分之多少，即可一目了然。

计算时，可以利用以下公式。

客户的满意度 = 属性 1 的比例 × 属性 1 客户的满意度 + 属性 2 的比例 × 属性 2 客户的满意度 +……+ 属性 n 的比例 × 属性 n 客户的满意度

当然，要了解各属性（例如利用频度、性别、年龄等）客户的比重，先决条件是必须预先掌握各属性在全体客户中的比例等资料，然后即可推算出全体客户的满意度。用问卷调查测定满意度时，通常将满意度划分成若干个等级，让接受调查者选择适合的等级。但不管供选择的等级分为几个，最重要的是客户是否感到满意。

五、物流客户服务满意度提升

（一）明确物流客户需求

客户关系是一种供应和需求的关系，作为物流企业，如果不了解客户的需求就不能更好地提供客户所需要的合适的服务。一般来说，客户总是存在两种需求：一种是能用语言表达出来的，称之为"显在的需求"；另一种是没有表达出来的，称之为"潜在的需求"。物流企业的客户需求是千差万别的，物流企业必须对客户需求加以分析，才能了解客户真正的需求。分析物流客户的需求主要有以下步骤。

1. 了解客户需求的多样性

不同的客户其需求是不一样的，物流企业需要根据自己有限的资源，在了解目标市场客户各种不同需求的基础上，开发研制出不同档次、不同规格的产品或服务，以满足客户多样化、个性化的需求。

2. 划分不同的客户群

由于客户需求受到客户思维方式、行动模式以及地区差异等多种因素的影响，区分不同的客户群成为制定物流服务战略的重要问题。因此，首先要将客户划分为不同类型的客户群。

3. 提升客户需求

（1）实行差异化服务。由于每类客户价值的大小是不一样的，企业不能把精力和成本均摊到每个客户身上，物流企业可以通过个性化和增值服务的手段来提高忠诚客户群和有潜力客户的客户价值，对普通的客户则提供标准化的服务。

（2）帮助客户实现需求。企业应当站在客户的角度为客户着想，尽量使客户的需求得以实现，并在此基础上提升客户价值，同时这也能使企业获得更大的收益。

4. 了解客户的潜在需求

潜在客户是现代物流企业发展的重要动力，是在激烈的市场竞争中寻求发展的重要目标。物流企业要挖掘潜在客户，要善于发现物流客户的潜在需求，全方位地满足他们的需求，引导和创造物流服务的新需求，把潜在需求转化为现实的需求。

5. 了解竞争对手的水平

在市场竞争的经营环境下，每个物流企业都置身于市场竞争之中，因此，在进行客户需求调查时，要考虑竞争对手的水平对自己客户的影响。比如客户原来对某企业的产品或服务是满意的，但当竞争对手水平超过该企业时，客户对原企业的产品或服务就可能产生不满，为追求更优的服务而转移到其他企业。因此，企业在调查客户需求的同时也应了解竞争对手的水平。

伴随着我国经济的快速增长以及数智技术与新型社交的兴起，市场对国内外物流的需求日益旺盛。物流企业要想在激烈的竞争环境中不断壮大，提升自身影响力，保有现存的或争取更大的市场份额，就必须重视物流客户服务满意度管理，不断提升服务质量。

（二）推动物流客户服务关系管理

实施物流客户服务满意度的长期研究，把握客户底层真实诉求，而非表层需求，主要是通过持续性的研究，提供真正有价值的产品和服务，要加强应用性基础服务，增加雪中送炭的服务。关键时刻打破规则，创造惊喜，实现最大价值。在当下数字化进程下，面对快速发展、复杂多变的市场商业环境，物流企业也面临一系列挑战，对于诸如互联网企业数字化完全透明、可低成本转换、消费者的设计意识提升、社交媒体和用户贡献的内容共同塑造了品牌声誉、大量的定制化服务导致客户期望的提高等问题，要继续在行业内保持领先地位，需要不断创新和提供优质的服务以适应复杂且多变的市场和日益多样化的客户需求，不断调整和修正，改善物流客户服务满意度信息的搜集方式和衡量方法，紧跟时代步伐和环境变化，始终保持跟客户的密切互动，具体过程如图 10-15 所示。

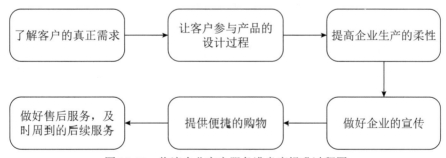

图 10-15　物流企业客户服务满意度提升过程图

时代的进步，服务意识的增强，对于消费者和企业自身都是大有裨益的。推动客户关系良性发展，能使客户得到预期或高于预期的产品或服务，使企业获得竞争优势和业务增长，保持行业领先地位。总之，企业更需要从运营的基因切换到以物流客户服务满意度为中心的基因。提升物流客户服务满意度，以客户为中心是一种心态，不是一个项目。达成客户满意，带来业务的增长，与客户双赢应成为企业长期追求的目标。

综上所述，在当前时代背景下，物流企业一定要顺应市场经济趋势，时刻关注市场变动，根据新动态建立完善的营销体系，开发多种渠道去接近客户、了解客户、吸引客户，提高物流客户服务满意度，为客户提供更优质的服务，才能在激烈的竞争中占据更多的市场份额，只有真正帮助企业转型，才能为企业带来更大的经济效益，促进企业长远发展。

案例分析

中通快递提升客户服务满意度的策略

1. 公司概况

中通快递自 2002 年创立以来，在短短二十多年间已发展成为一家以快递业务为核心的大型综合物流服务企业。截至 2021 年，中通快递的全网服务网点已突破 3 万个，业务覆盖全球 56 个国家和地区，直接员工约 2.3 万人。如今，中通快递的业务范围已从基础的国内外快递物流配送服务，扩展至电商配送、代收货款等增值服务领域。在经营结构上，中通快递也不断优化，例如在 2010 年建立了中通总部基地，并在江苏、广东等地打造了大型物流中心，实现了市场占有率的稳步提升。

2. 中通快递的客户服务分析

快递行业具有显著的服务属性，从客户产生快递需求开始，服务便贯穿于整个快递流程。因此，客户服务满意度成为衡量快递企业服务质量的重要标准。

中通快递将客户服务管理分为五个环节。

（1）服务受理：客户通过前往网点、拨打客服热线或登录官网、微信、小程序等方式提出寄件需求，客服人员负责收集、核实信息，并与客户沟通后将信息传达给网点业务员。

（2）揽收服务：网点业务员负责具体业务的办理，包括收发快件、收取快递费用等。

（3）运输中转：客户快件进入运输流程，涉及打包、中转分拣等环节。

（4）投递服务：快递到达派送网点后，由派送人员将货物送至目标客户手中，涵盖送达时限、送达质量、信息反馈等服务内容。

（5）售后服务：由售后服务人员处理快递送达后出现的如快递损坏、退换货等售后问题。

这五个环节共同构成了中通快递客户服务管理的完整体系。

3. 中通快递的客户服务满意度提升举措

中通快递秉持"一切围绕网点，一切为了客户"的服务理念，数据显示，其申诉率远低于国内其他快递企业，在包裹损毁、丢失及投递服务不佳等方面的问题也相对较少。中通快递始终将客户需求放在首位，以用户需求为服务优化的核心驱动力，通过持续改进物流服务体系，显著减少了快件投诉案件数量，并大幅提升了客户的服务体验满意度。

在现有快递业务基础上，中通快递不断推出电商增值业务，开拓国际市场，将服务整体化、系统化，并针对性地提供特色服务。

（1）创新服务产品：中通快递紧跟市场需求变化，推出了一系列创新服务产品。例如，在内地市场，中通针对性地推出了隐私面单、云打印及货到付款等服务，以满足客户的个性化需求。

（2）扩大服务对象范围：中通快递不仅深耕国内市场，还积极开拓国际市场。针对美洲客户，中通开通了美洲专线小包业务；针对英国客户，开通了中英专线等。同时，中通还在港澳台地区及美、法、德、日、韩、马来西亚、新西兰等国家或地区建设了中转仓，以减轻货运压力，并设立多条直达专线，实现专线包裹寄送、物流配送等业务一体化，缩短了配送时间，提高了服务质量。

（3）推出电商增值服务：随着电子商务的兴起，中通快递推出了配送一体、全新创客模式等增值服务，并进一步拓展了仓储业务。从单纯的快递配送到客户需求方案的规划设计，中通快递实现了客户服务的质变。

此外，中通快递高度重视技术与业务的融合发展。公司引入了智能调度系统，利用大数据分析和人工智能技术优化快件的分配和调度。该系统可根据实时数据对路线与资源分配方案进行自动化调整，有效提升了运输效率，提高了准时送达率，进而带动了客户满意度的提升和业务量与市场份额的持续增长。同时，中通快递还构建了完善的客户关系管理（CRM）系统及供应链管理系统。CRM系统通过对客户数据进行整合分析，为客户提供个性化服务与精准化营销方案，增强了客户的满意度与忠诚度。供应链管理系统则实现了从仓储到配送的全流程监控和管理，优化了库存管理和配送流程，确保了快件的高效流转和准确送达。

· 讨论：中通快递为提升客户服务满意度采取了哪些策略？

本章小结

本章主要探讨了物流客户服务满意度的相关内容。首先，介绍了物流客户服务满意度的内涵，围绕物流客户服务期望满意度、物流客户服务过程满意度、物流客户服务结果满意度等方面说明了影响物流客户服务满意度的因素。其次，针对物流客户服务满意度测量和评价的相关内容进行阐述，明确了物流客户服务满意度测量与评价步骤以及测量过程，强调了物流客户服务满意度评价模型建立应遵守相关性原则、全面性原则和可操作性原则，按明确目标、指标收集、指标定义、指标归属、指标赋权、指标体系检验等步骤，建立物流客户服务满意度指数模型、卡诺模型等。再次，阐述客户满意度的计算方法，为量化评估提供科学依据。最后，提出针对性的物流客户服务满意度提升的策略，旨在通过优化服务流程、提升服务质量等方式，有效提高客户满意度。

思考题

（1）简述物流客户服务满意度评价模型建立的原则。

（2）简述物流客户服务满意度评价模型建立的步骤。

（3）试述物流客户服务期望满意度的影响因素。

（4）试述物流客户服务过程满意度的影响因素。

（5）试述物流客户服务满意度提升的策略。

第十一章　物流客户服务管理创新

→ 本章导读 •

　　在经济全球化背景下，企业面临提升物流客户服务质量与效率、降低运营成本等多重压力。同时，消费需求日益多元化，客户对物流服务的个性化、即时性要求不断提高，行业竞争日趋激烈。然而当前物流客户服务管理方面仍存在诸多问题：服务同质化严重，难以满足高端客户的需求；客户信息管理分散，缺乏精准洞察；服务流程烦琐，响应速度慢；投诉处理机制不完善，影响客户满意度等。这些问题制约了企业的市场竞争力和可持续发展。为解决这些问题，企业需通过物流客户服务理念、内容和方式的创新，引领客户需求而非被动满足，利用数智技术构建一体化服务体系，实现从功能性服务向管理服务的延伸；通过增值服务、信息流与资金流整合提升客户价值；优化投诉处理流程，建立长期合作伙伴关系。本章围绕物流客户服务管理创新展开，探讨其内涵、模式、路径及技巧应用，并结合典型案例分析，为企业提升物流客户服务水平提供理论和实践指导。

→ 学习目标 •

　　（1）了解物流客户服务管理创新面临的机遇与挑战，物流客户服务投诉处理的反馈方式、一般流程。

　　（2）理解物流客户服务需求的特点，物流客户服务理念创新、内容创新、方式创新的内涵，物流客户服务管理创新模式的体系结构、创新过程，物流客户服务投诉处理的意义、客户投诉心理以及沟通要点。

　　（3）掌握物流客户服务理念、内容和方式的创新要点，物流客户服务管理创新模式与路径，物流客户服务技巧创新应用方法，物流客户服务投诉处理的流程、方法和技巧，并能运用相关知识分析和解决实际问题。

→ 本章结构图 •

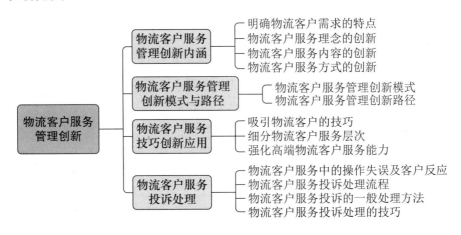

第一节　物流客户服务管理创新内涵

物流客户服务管理创新的重要标志之一是企业为客户提供一体化物流客户服务并与核心客户结成深度合作伙伴关系。进行物流客户服务管理创新的重要方面就是要超越传统物流客户服务模式，在服务理念、服务内容和服务方式上实现创新。掌握物流客户服务创新的理论、方法，提高沟通协调技巧，保障客户服务的执行与落实，切实提高客户服务水平，企业方能获得实实在在的巨大收益。

一、明确物流客户需求的特点

物流客户服务起源于客户需求，在客户需求的驱动下，物品沿着供应链从上游的供应商向下游的客户流动。客户需求是物流的原动力。现代物流客户服务的主要对象从传统的包含采购、生产和销售物流的企业物流，扩展成包含退货物流和废弃物物流等逆向物流的社会物流。现代物流客户服务管理需要发挥综合职能作用，实现整个企业和整个流通渠道资源最优化，不仅追求物流体系中的增值能力，更注重物流活动过程中的增值服务能力，把客户满意度作为衡量物流运营能力的标准。在数智科技的驱动下，实现物流客户服务的效率和效益最大化，要求企业加快自身的物流信息化建设步伐，并为客户开发出合适的物流数智管理系统，以实现系统的无缝衔接，提升物流客户服务效率。

（一）物流客户服务需求的地域差异性

目前物流客户服务需求存在着明显的地域和行业分布特点，不同地域、不同行业有着不同的个性化需求。受经济增长带动，物流客户服务市场规模也将有所扩大，即时性的服务需求也将增多。然而，由于企业所拥有的物流设施以及自营物流比例的限制，物流的有效需求较少。物流企业需要实现向现代物流客户服务提供商的转型，挖掘潜在的客户需求，主动开发物流市场。因此，物流企业要做好市场定位，合理确定业务重点、配置资源，同时兼顾物流需求地域扩大的趋势，做好进入新市场的准备。

（二）物流客户服务需求的行业区别性

国内市场对第三方物流的需求以大型制造企业为主，其选择的物流客户服务内容逐步由仓储配送向更高层次的综合物流客户服务转变。煤炭、钢铁、化工等基础生产资料行业的发展与宏观经济、投资增长息息相关，内需和外需的总体规模很大，相应带来一定增幅的物流需求。跨国集团在我国大量建立制造中心和大举开拓我国市场，也进一步扩大了物流需求。在我国，消费品物流具有巨大的市场空间。随着我国汽车、家电、日用品、软饮料、IT（信息技术）等行业竞争的激烈化，消费品市场的整体利润空间将受到不断挤压，降低成本的压力将有可能拉低物流客户服务市场的利润。

（三）物流客户服务需求的多层次性

物流客户服务需求不仅集中在仓储、运输以及销售等物流业务层面上。企业应做好客户目前及潜在物流需求调查，从最基本的服务入手，贴近客户需求，打造自身的核心竞争力，努力探求新理念与高层次服务。尽管客户会有多种多样的需求，但不可能同时得到满足，需要按照个体的经济实力、支付能力和客观条件，根据需要的轻重缓急，有序地逐步实现，体现物流客户服务需求的多层次性。例如，在同一货运市场上，不同货主由于其社会地位、经济效益的差异，其需求也表现出多层次性的特点。如出口商强调低廉的运价及舱位的保证，而进口商除了可接受低廉的运价外，更要求加强卸货港的交货服务，如供应车架，并在内陆城市设有箱场站等。因此，客户需求的多层次性，要求企业在对货运市场进行细分的基础上，准确地选择自己的目标市场。

（四）物流客户服务需求的可扩展性

随着运输设备、技术及通信水平的不断提高，世界贸易市场、国际航运市场不断变化，客户的需求也不断地向前发展。客户的需求是无止境的，永远不会停留在一个水平上。生产和销售企业正逐渐向按需生产和零库存过渡，对物流成本和服务能力越来越重视，如物流溯源能力现在已成为货主选择承运人的主要条件之一。客户的一种需求满足了，又会产生新的需求，循环往复，形成了物流客户服务需求的可扩展性。因此，企业需要不断开发新的服务项目，开拓新的市场，提供新的物流客户服务以适应不断提高的客户的需求。

（五）物流客户服务需求的可引导性

客户需求的产生有些是必需的、最基本的，有些是与外界的刺激诱导有关的。如经济政策的变动、运输部门营销活动的影响、社会交际的启示、广告宣传的诱导等，都会使客户的需求发生变化或转移，潜在的需求也可以变为现实的需求。可见，客户的物流需求是可引导和可调节的，具有较大的弹性。因此，物流客户服务不仅要适应和满足客户的需求，而且应通过各种促销途径，正确地影响和引导客户需求，变潜在的客户为现实的客户。

二、物流客户服务理念的创新

（一）促进从满足物流客户服务需求转向引领客户服务需求

传统的物流客户服务理念注重满足客户现有需求，而在竞争激烈的市场环境下，物流客户服务创新要求企业利用前瞻性思维，深入洞察市场趋势、客户心理及行为变化，利用数智化技术，通过持续市场调研与客户信息反馈收集，提前布局新的物流客户服务模式与产品，主动挖掘客户潜在需求并引领客户需求。

（二）促进功能性物流客户服务转向一体化物流客户服务

一般企业大多是从运输、仓储等功能性服务切入物流客户服务，如果要进行物流客户服务理念创新，则可以充分挖掘客户对物流的需求从提供功能性服务转向多类型服务。为客户提供一体化物流客户服务，树立全新的客户服务理念。一体化物流与功能性物流在服务性质、服务目标和客户关系上存在本质区别。一体化物流客户服务要提供综合管理多个功能的解决方案。根据美国物流管理协会（CLM，现称美国供应链管理专业协会）的定义，一体化物流是运用综合、系统的观点，将从原材料供应到产品分发的整个供应链作为单一的流程，对构成供应链的所有功能进行统一管理而不是分别对各个功能进行管理。无论是生产、销售型企业还是第三方物流企业，都需要为客户提供多个物流客户服务，并通过总体设计和管理，将这些物流功能进行整合，实现服务一体化。所以，物流客户服务理念的创新需要利用一体化物流客户服务提升企业市场竞争力，实际上是物流解决方案合理性的竞争。企业需要在研究目标市场行业的物流特点和发展趋势的基础上对目标客户的经营状况、物流运作及竞争对手的情况等进行分析，根据自身优势找出物流客户服务可以改进之处，为客户定制物流解决方案。

（三）降低客户物流总成本，优化客户服务整体方案

由于物流功能之间存在成本的交替损益，物流客户服务需要以降低客户物流总成本为目标制定解决方案，并根据优化的方案进行整体服务报价。美国物流专家鲍勃·德兰尼（Bob Delaney）将物流定义为"管理移动和静止的库存"，认为真正的物流节省通过库存管理和控制来降低库存水平。比如将美国平均销售库存期从 1.37 个月减少到 1.3 个月，就可以节省物流成本 250 亿美元。但功能性物流客户服务多专注于运输、仓储等功能领域的成本降低，而不能从整个供应链的角度来"管理移动和静止的库存"，提供优化整个或大部分供应链的物流解决方案。因此，只能得到有限的成本节省，且较难持续。发达国家物流客户服务一般不按功能服务定价收费，而是采用成本加成定价法，按产品单位成本加上一定比例的利润制定产品价格的方法与客户分享物流合理化所产生的价值。例如，物流企业可以与客户达成协议，按照物流成本的一定比例加价收费或收取一定的管理费，以便客户能够参与物流成本测算，从而降低物流企业对各功能服务分别报价的难度和风险。

（四）专注企业核心竞争力，全面提升客户价值

生产、加工及销售等类型企业可以考虑将物流运作外包给第三方物流企业以专注于自身核心竞争力。企业专注于自身核心竞争力，可以利用第三方物流更具效率的服务价格形成与企业现有运作成本之间的差别优势，并通过提升服务提高市场占有率与销售额，与客户建立更好的长期关系，释放资金用于生产服务活动（即生产性劳动在服务领域的延续，包括物流、研发、信息、中介、金融、保险以及贸易相关服务等）。物流企业可以利用自身

资源控制物流运作结果，通过提供"一站式"物流客户服务让客户全面了解物流客户服务所带来的价值并与客户在物流客户服务价值方面达成共识。

（五）实施差异化物流客户服务，打造双赢合作伙伴关系

每个企业都有对接上下游的方式方法，对于不同的客户群体，采用不同的洽谈手段、服务方式，确保让每一位客户都能感受到自己的真诚，从而保证双方合作的长久有效。企业身处于市场中，需要根据市场发展需求，建立规范化、合理化并具有自身企业特性的服务体系，既要树立企业的品牌形象，提高客户对于企业的认知度，又要规范市场服务需求。

（六）利用数智化创新技术构建良性服务体系

随着数字化、智慧化技术的不断应用，物流客户服务管理创新也呈现了多样化的运作模式，通过逐步建立规范化服务体系，伴随市场的变革与客户需求的增加而进行细节性的调整，让服务的质量与客户的契合度更高，保证企业的服务体系更加符合市场的需求，提升物流客户服务的质量与效率。物流客户服务创新应该是一个持续的、强包容性的过程，在平衡客户利益与企业自身利益的同时，构建与客户之间长期合作的服务平台，让客户在不断的合作中，感受到企业的优质物流客户服务与个性化服务体验，将物流客户服务管理视为生态链中的重要环节，创建企业与上下游客户之间的良性服务体系是企业发展的制胜之道。为形成供应链合作伙伴的长期联盟关系，物流客户服务管理创新需要越来越重视数据管理与基于活动的成本管理，提供及时、准确、全面、可操作的物流活动数据，用于客户流程系统的计划、调度、绩效衡量、成本计算和报价。物流客户服务管理需要与客户达成利益共享协议，以合理分享创新带来的收益。客户的上游供应商与下游客户也可以参与物流客户服务创新过程并分享由此带来的收益。

三、物流客户服务内容的创新

企业要在激烈的市场竞争中取得优势，就必须以客户为中心，充分发挥自身优势，在运输、仓储、配送等功能性服务基础上不断创新服务内容，为客户提供差异化、个性化物流客户服务。

（一）由物流基本服务向增值服务延伸

物流客户服务是通过运输、仓储、配送等功能实现物品空间与时间转移，企业通过自营或者外包都能提供的基本服务，难以体现不同企业之间的差异，也不容易提高服务收益。应根据客户需求，在各项功能的基本服务基础上延伸出增值服务，以个性化的服务内容体现出与市场竞争者的差异性。例如，运输的延伸服务主要有运输方式与承运人选择、运输路线与计划安排、货物配载与货运招标等。仓储的延伸服务涵盖了集货、包装、配套装配、条码生成、贴标签、退货处理等多个环节。配送的增值服务主要有 IT 工位配送，配送物品

的安装、调试、维修等销售支持。增值服务实际上是将企业物流客户服务领域由非核心业务不断向核心业务延伸。一般来说，企业可以先发展外包运输、仓储、配送等非核心业务，然后逐步延伸到订单处理、组配、采购等介于核心与非核心之间的业务，最后涉及售后支持等核心业务。随着与第三方物流合作关系的深入，企业可以不断扩大外包范围并专注于研究与开发、生产、销售等最核心的环节。

（二）由物流功能服务向管理服务延伸

物流客户服务内容创新需要通过参与客户的物流管理，将各个物流功能有机衔接起来，实现高效的物流系统运作，帮助客户提高物流管理水平和控制能力，为采购、生产和销售提供有效支撑。包括客户物流系统优化、物流业务流程再造、订单管理、库存管理、供应商协调、最终用户服务等，从而为客户提供一体化物流解决方案，实现对客户的"一站式"服务。

知识链接：

美国物流咨询公司 LogisticsDevelopment 研究发现，企业物流外包产生的成本节省取决于外包的一体化程度。如果企业只是简单地由第三方物流替代自营的物流功能，借助第三方物流的规模效应和运作专长，可预期取得 0%~5% 的成本节省；如果企业利用第三方物流的网络优势进行资源整合，部分改进原有的物流流程，可预期取得 5%~10% 的成本节省；如果企业通过第三方物流根据需要对物流流程进行重组，使第三方物流客户服务延伸至企业整个供应链，可预期取得 10%~20% 的成本节省。实践表明，货主只有以更多的进取心和冒险精神看待物流外包，才能发现其真正的价值；货主预期从第三方物流得到的关键增值利益来自供应链创新，通过创新提高企业的竞争力和营利性；而要做到这一点，货主与第三方物流提供商必须建立具有共同目标、共享利益与共担风险的战略合作伙伴关系。比如 CTI 物流公司不仅为通用汽车（GM）提供管理零配件进厂的物流服务，而且按 GM 的采购订单从选定的供应商处采购零配件，组配后配送到 GM 生产工艺线，然后向 GM 收取包括采购费、物流运作费和一定利润的总体服务费用。这样就使 CTI 分担了 GM 的零配件库存占用与损坏的风险，激励 CTI 提高物流效率和服务质量。所以，第三方物流提供商由物流功能服务向管理服务延伸，不仅可以为客户带来更大的利益，而且可以密切与客户的合作关系。

（三）由实物流客户服务向信息流、资金流服务延伸

物流管理的基础是物流信息，是用信息流来控制实物流；物流合理化的一个重要途径就是"用信息替代库存"。因此，物流客户服务创新必须在提供实物流客户服务的同时提供信息流服务，否则还是物流功能承担者，而不是物流管理者。物流信息服务包括预先发货通知、送达签收反馈、订单跟踪查询、库存状态查询、货物在途跟踪、运行绩效（KPI）监测、管理报告等内容。影响物流客户服务管理内容创新的比较重要的因素是数据管理，因

为用企业及其供应链伙伴广泛接受的格式维护与提取数据以实现供应链的可视化是一个巨大的挑战，物流客户服务管理创新不仅需要在技术方面进行较大投入，而且还需要具备持续改进、例外管理和流程再造的能力。所以对技术、人才和信息基础设施的投入已成为企业区别于竞争对手进行物流客户服务管理创新的重要手段。与此同时，还可以通过提供资金流服务来参与客户的供应链管理。

知识链接：

USCO 物流公司为 SUN 提供服务器维修零配件物流的信息平台，使 SUN 及其 50 多个供应链伙伴实时共享订单、送货和库存信息，取得消除中间环节、降低库存、缩短交货期、提高客户服务水平的效果，被称为第三方信息提供商（3PI）。国外领先的第三方物流提供商在客户的财务、储存、技术和数据管理方面承担越来越大的责任，从而在客户供应链管理中发挥战略性作用。如 UPS 并购美国第一国际银行（FIRST INTERNATIONAL），将其改造成 UPS 金融部门（UPS CAPITAL），为物流客户服务的客户提供预付货款、信用担保、代收货款等增值服务，以加快客户的资金流转，释放客户的库存占用资本，降低客户的进出口关税，从而实现了为客户提供实物流、信息流与资金流"多流合一"的完整的供应链解决方案。中邮物流在与世界著名化妆品企业雅芳（AVON）的物流合作中，不仅提供了从产品库一直到专卖店的"端到端"物流客户服务，而且实现了中邮物流信息系统与雅芳信息系统的实时对接，还依托中国邮政绿卡系统和支付网关为雅芳提供网上代收货款服务，成为我国物流企业开创"三流合一"服务的成功案例。

四、物流客户服务方式的创新

物流客户服务方式创新需要更具灵活性、长期性和交互性。根据美国佐治亚理工大学（Georgia Institute of Technology）的调查，美国第三方物流合作 30% 采用风险共担与利益共享方式，21% 采用成本共担方式，21% 采用营业收入共享方式，19% 采用相互参股方式，9% 采用合资方式。因此，物流客户服务方式的创新要根据客户需求，结合企业发展战略，与客户共同寻求最佳物流客户服务方式，实现服务方式的创新。

（一）从短期交易服务到长期合同服务

功能性物流客户服务通常采用与客户"一单一结"的交易服务方式，企业与客户之间是短期的买卖关系。物流客户服务管理创新需要企业签订一定期限的服务合同，与客户建立长期合作关系，经历一个从战术配合到战略交互的发展过程，包括以下内容。

（1）满足客户需求：合作开始时，企业要做到对客户的物流客户服务需求具有良好的响应性，使客户感到容易合作，并保证客户服务质量；

（2）超出客户期望值：随着合作的深入，企业要加强与客户的沟通，增强物流客户服务的主动性，特别要提高信息系统的处理能力，努力使物流客户服务超出客户的期望值；

（3）参与和满足客户需求：在熟悉客户物流运作后，企业应主动了解客户新的物流需求，参与发掘客户的潜在需求，获得物流改进机会，实现从战术配合向战略交互的转变；

（4）赢得客户信任：努力与客户共同创造物流客户服务价值，最终赢得客户信任，双方建立起长期战略合作伙伴关系。

知识链接：

第三方物流又称为合同物流（CONTRACTLOGISTICS），物流合同是第三方物流合作的基础，物流企业要特别重视与客户一起详细制定合同内容，包括服务性质、期限和范围，建立KPI，确定服务方式等。合同谈判中一些关键问题如KPI基准、服务费率、问题解决机制、保险与责任等，要有明确约定，否则容易引起纠纷，甚至断送双方的合作。第三方物流提供商寻求的是与客户长期合作，因而合同的签订只是合作的开始，要特别注意客户关系的维护，不断深化与客户的合作。

（二）从完成客户指令到实行协同运作

传统物流是作业层面的功能性服务，通常只需要单纯地按照客户指令完成服务功能。而物流客户服务创新由于要参与客户的物流管理，运作与客户共同制定的物流解决方案，因而企业需要自始至终与客户建立有效的沟通渠道，按照项目管理模式协同完成物流运作。调查显示，客户不满意第三方物流的主要原因是服务商不能兑现服务与技术承诺，不能实现成本降低目标和缺少战略改进，人们一般把这些不足归结于合作伙伴的选择过程。但实际上，更多情况下问题出在没有管理好项目的实施，因此，在签订合同后，双方在互信的基础上，协同完成项目的实施至关重要。双方要各自设立项目经理，并在相关功能上配备相应人员；物流企业要详细了解客户的销售、财务、IT、人力资源、制造和采购等各个部门的需求，与客户共同制定详细的实施方案；双方实施小组要共同拟定绩效衡量指标以及奖惩办法，审核项目运作细节；在项目正式运行前，还应进行试运行，以发现和解决存在的问题。为保障项目的顺利运行，企业应当与客户建立双方物流人员联合办公制度，或成立由双方物流人员联合组成的运作团队，以及时处理日常运作的问题。为了保证物流客户服务的质量，双方应共同商定绩效监测与评估制度，使合作关系透明化，通常应保持运作层每天的交流、管理层每月的绩效评估以及不定期的检查与年度评估。

（三）从提供物流客户服务到进行物流合作

企业一般是基于自身仓储设施、运输设备等资产向客户提供功能性服务的，而物流客户服务创新则需要基于企业专业技能、数智技术等为客户提供管理服务，需要根据客户需求和双方战略意图，探讨如何在物流资产、资金和技术方面与客户进行合作，以取得双赢的效果。

（1）系统接管客户物流资产。如果客户在某地区已经有车辆、设施、员工等物流资产，而企业在该地区又需要建立物流系统，则可以接管客户物流资产，并拥有客户的物流系统甚至接收客户的员工。接管后，物流系统可以在为该客户服务的同时为其他客户服务，通过资源共享以提高利用率并分担管理成本。如东方海外物流公司系统接管旺旺集团在杭州的仓库，将其改造为东方海外华东区域物流中心。

（2）与客户签订物流管理合同。与希望自己拥有物流设施（资产）的客户签订物流管理合同，在为客户服务的同时，利用其物流系统为其他客户服务，以提高物流利用率并分担管理成本。这种方式在商业企业的物流客户服务中比较常见，如和黄天百物流为北京物美商城提供的物流管理服务。

（3）与客户合资成立物流公司。根据客户的需求，与客户建立合资物流公司。即使客户保留物流设施的部分产权，并在物流作业中保持参与，以加强对物流过程的有效控制，又注入了第三方物流的资本和专业技能，使第三方物流提供商在目标行业的物流客户服务市场竞争中处于有利地位。这种方式在汽车、电子等高附加值行业较为普遍，如 TNT 物流（现为 CEVA 物流）与上海汽车工业销售总公司合资成立上海安吉天地汽车物流有限公司。

总之，企业要在激烈的市场竞争中脱颖而出，必须通过不断的服务创新来引导和满足客户需求，在目标市场中提供区别于竞争对手的差异性服务。而要做到这一点，必须完全理解物流客户服务创新的内涵，采用现代物流技术和数智技术增强服务能力，建立具有丰富物流客户服务经验的管理团队，努力与客户结成战略合作伙伴关系。

第二节　物流客户服务管理创新模式与路径

🔗 政策链接：

《关于加快推进冷链物流运输高质量发展的实施意见》

一、物流客户服务管理创新模式

（一）面向服务科学的物流客户服务创新模式

从一般意义上来说，服务创新常常被理解为引进新产品或新技术、获得原材料上的一种新供给、生产组织方法上的一种新发明及其应用等，主要强调实现服务的形式。这种形式上的创新并不足以帮助企业创建全新的物流设计、服务和产品。只有将物流过程和实现物流过程的技术紧密地结合起来，才能实现物流客户服务创新。这种技术和业务的紧密结合，需要新的技能和技能组合以及平衡应用这些技能的方法，服务科学即提供技能、训练人员、设计服务平衡模型和方法的一种科学。

（二）物流客户服务创新模式的体系结构

服务科学研究的对象是人、过程和价值。它更多地涉及人类相互影响的模式。因此，面向服务科学的现代物流客户服务创新是运用服务科学的理念和现代数智技术，把物流商务运作和规划应用到物流科学领域，反过来又将科学研究应用到物流客户服务过程中的新型服务模式。它涉及人员、技术和战略等要素，需要开发、重组目前和未来的物流客户服务流程。通过供应链物流企业的共同合作，研究客户价值、需求、服务方法、技术工具、组织文化等，在实现各种服务的过程中激励和凝聚员工，创造和共享价值，提高服务绩效。数智技术支持下的企业转型依赖这些创新要素的相互作用，并以此实现利润增加和成本降低。客户价值强调客户和企业如何共创价值，它是服务创新的核心。服务营销企业和客户交互活动的度量是价值的决定因素。物流客户服务创新模式需要包括三个方面的要素：需求、过程和组织。

（1）需求。需求使人们认识到服务业是劳动密集型行业，人的因素起到很大的作用，但单独的人的因素并不能转变为企业的技术力量、领导能力和企业能够提供的个性化服务。服务创新的基本目标是促使客户忠诚于企业，建立长期的客户关系。企业也必须由原来的面向市场的策略转型为面向客户需求的策略。

（2）过程。过程是服务创新的使能者，它包括企业内部或者企业之间能够带来效益的操作过程或信息流程的变革与重组。过程创新使得物流的流程由单一地服务少量客户的市场推进型的供应链，转向以供应链网络为基础且具有长期性和高度灵活性的系统化服务的拉进型网络形态。过程创新不仅可以为社会创造财富，而且可以提高服务的价值。根据服务科学的理念，为了实现最有效的过程创新，过程必须能被分解成可重新组合的模块，这些模块能根据新的企业环境或客户需求被重组。

（3）组织。物流客户服务组织必须能够聚集企业内外的知识和职能，不断地提供创新的思想。组织应该是一个整合适应性和创新性的团队。在物流客户服务组织内，组织绩效的度量方法不再有效，而需要创新的衡量方法。随着生产领域知识密集性的加深、客户关系的深化、服务和数智技术的先进，服务提供了更大的效益，个性化服务变得更为重要，物流组织面对的就是"货物就是产品，服务就是销售产品"的现实。

（三）物流客户服务模式创新过程

物流客户服务模式创新过程可以用金字塔来形容，包括顶层愿景、中层控制管理以及底层执行。

金字塔顶层表示愿景，愿景即为企业的战略意图，它是面向全球的。企业根据愿景建立对物流客户服务运作的控制并与客户共创价值。因此，物流客户服务的成功有赖于把愿景用于运作，而运作的核心又体现为决策层愿景中的企业组织文化。开发愿景是企业决策层的职能任务，通过企业文化，将愿景授权给员工、合作伙伴和客户，这样物流客户服务企业就有了一支将愿景变为现实的团队，从而实现物流客户服务创新。

中层是控制管理。企业决策者需要在服务执行之前仔细运筹和控制管理层的方方面面。一个有效的控制管理层可以根据企业总的商业目标，系统地衡量检验愿景策略的各种含义，包括潜在的含义。服务创新的成功涉及物流能力的 8 个方面，它们分别是领导力、关键的物流过程、物流运作环境、物流政策与标准、物流信息及管理系统、物流策略联盟、物流需求及组织文化。

底层是执行。执行层是服务创新的具体操作实现层，服务执行的好坏直接关系到策略制定的成功与否。物流客户服务的执行涉及物流客户服务模式、高素质人员、补偿和奖励系统、物流绩效评测、物流过程执行能力及有效的数智技术支持等方面。需求过程和组织分别与控制和执行相关联。其中与控制层相连的需求和过程要素需要仔细考虑企业愿景的策略意义，控制层等方面是正确驱动企业向服务型企业转型的动力。

（四）支持物流客户服务模式创新的数智技术

数智技术在物流客户服务创新中起着至关重要的作用，它是物流客户服务创新价值链体系中的使能器。近年来，与服务客户价值、愿景、战略意图、需求控制与计划物流能力、服务过程、服务模式相关的数智技术发展迅猛。网络技术以其高速、移动及可无线连接的特点被广泛应用于物流客户服务，提供了在任何地方、任何时间都能通过 Internet（因特网）获取和提供服务的可能性。利用 RFID 技术和网络环境，物流客户服务成为"可视"的过程。全球定位系统（GPS）和地理信息系统（GIS）为物流客户服务提供了全球实时的定位服务。这些数智技术的发展为物流客户服务创新提供了强大的技术保障，促使物流客户服务从物流业向物流客户服务创新的新兴物流客户服务转型，在借助数智技术实现客户价值与物流过程和企业组织相互作用的过程中，提高物流客户服务的价值。

数智技术可以实现物流客户服务功能的组合，帮助重组服务过程，以建立新的价值网。汽车工业就是一个典型的服务重组的例子。它曾经是垂直集成式的服务模式，现已大量地外包其价值链上的服务组件给它的上下游企业。今天更多的专业化企业提供基于软件的服务，实现服务过程重组。因此服务科学在于提供一种融合技术、商业和社会科学的科学体系，以使服务创新与客户紧密关联。数智技术正是这个融合体系中的重要组成部分之一，它提高了物流客户服务的信息共享程度，消除了物流客户服务过程中的时滞和不增值的环节。它促使物流与商流分离，使它们按各自的规律和渠道独立运行，同时，又可实现物流客户服务各环节的集成，按照统一的标准准时地实现物资的流动，压缩物流过程中原材料和产品的运输与存储时间，提高服务效率。

实现物流客户服务创新的重要数智技术之一就是信息网络技术。在网络通信技术的支持下，各种信息能够到达企业管理和运营的每一个作业层次，并能够支持企业生产、营销、信息管理等活动与物流活动在空间上的分离。在信息共享的基础上，应用 RFID 技术及 CIS、CPS 等技术，从原材料供应到商品到达最终客户的全部物流过程就成为一个透明"可视"的服务运作过程。

物流客户服务模式创新是一种技术支撑的物流过程创新，其服务创新表现在以下方面。

（1）通过网络，特别是通过 Internet/Intranet（内联网）进行网上实时采购、分销、配送等物流客户服务，应用 RFID 等技术，相关的信息即被准确地捕获并在屏幕上显示出来。这样客户使用普通的计算机和网络系统就可获取物流客户服务信息，这简化了物流的服务环节，也帮助企业对客户需求把握得更加准确和全面，减少了物流各个环节的成本。

（2）增强了连接性和交互性。Internet 技术的发展促使虚拟信息空间出现，物流客户服务实现服务信息外包的第四方物流和第五方物流成为现实，客户与企业的交互性变得深入和方便，大幅度降低了交流沟通成本和客户支持成本，进一步增强了服务创新的能力。

（3）促进物流客户服务网络与信息网络有机集成。物流客户服务中往往伴随着大量实体商品的配送和处理，而这些管理活动必须以发达的物流网络为基础才能够实现。这两个网络的集成使企业和客户可以准确实时地获取、跟踪物流信息，动态管理物流客户服务过程。

二、物流客户服务管理创新路径

（一）"纵向一体化"物流客户服务创新路径

纵向一体化的物流客户服务创新路径主要由物流企业承接制造企业或商贸企业外包的物流业务，沿着客户的供应链延伸物流客户服务链，集成客户物流系统的不同环节，提供综合、一体化的专业物流客户服务。具有代表性的包括以下内容。

（1）分段提供集成服务。分别针对制造业供应链上不同阶段的物流需求，集成各种物流功能，承接一段物流外包业务。

（2）提供供应链全程的物流客户服务。将供应链上不同的阶段进行整合，提供完整的全价值链物流客户服务，这类服务创新模式常见于汽车物流领域。这类物流企业紧贴行业供应链，持续创新嵌入式的服务，通过不断拓展服务范围，创新服务内容，为客户构建分段或全程的高效供应链物流体系，有效利用资源，降低物流成本，缩短订单与相应的制造周期，同时也提高自身效益，提升市场竞争力。

（二）"横向一体化"物流客户服务创新路径

从供应链的构成看，任何一个行业的供应链上都存在着物流、信息流和资金流活动，这些流之间必须协同运作，和谐共处，才能确保整个供应链高效、高质量、低成本地服务于最终客户。因此，企业在提供各种物流客户服务的同时，还应根据客户的需求，集成信息流、资金流的一些服务，使物流、资金流、信息流协调运作，实施组合创新，该路径属于"横向一体化"的路径。这种路径通过多种服务进行组合，是比较灵活的模式，目前许多企业都在尝试此类服务创新项目，具有代表性的包括以下方面。

（1）物流和资金流集成服务。这是企业在提供仓储、运输、配送服务的同时，与其他行业的企业合作，特别是与银行合作，增强服务功能，开展资金结算、资金融通等金融业务。如：代收货款服务，即企业在派送货物时，帮助发货企业向收货人代收货款，并按照约定的周期返款给发货企业；仓储融资服务，即针对供应链上企业经营过程中资金不足的情况，物流企业与商业银行合作，共同开展融资业务。

（2）物流和信息流集成服务。这种集成服务最常见于企业在开展物流客户服务的同时提供全程货物跟踪服务，以及通过构建信息服务平台，吸引、整合、集聚各种社会资源，包括货源、车源，服务于众多中小物流企业及社会车辆，解决公路物流的短板（货运市场散、小、乱、信用差），改变传统经营模式，推动物流的集约化经营和组织化管理，促进公路货运市场健康发展，如当下热门的网络货运平台。

第三节　物流客户服务技巧创新应用

物流客户服务是一个以成本有效性方式为供应链提供增值利益的过程。客户服务水平的高低，决定了具有相同生产研发能力的企业为客户提供个性化服务的水平。当前，从我国物流企业提供的物流客户服务功能、范围来看，传统物流企业服务功能还较单一，服务范围较狭窄，增值服务较薄弱，缺乏系统性物流客户服务。根据中国仓储协会第三方物流供需调查结果，我国传统物流企业的服务范围还局限于传统的运输和简单的仓储等活动，收益的80%来自这些基础性服务。相关的包装、加工、配货等物流客户服务比重较低，不能形成完整的物流客户服务供应链，无法提供较为完整的第三方物流客户服务、物流系统设计、物流总代理、物流信息管理、物流财务活动支持等服务。高附加增值性和综合性服务还未成为主要的物流客户服务项目，难以满足客户多样化、综合性服务需求，因此，企业必须讲求客户服务技巧，以进一步提高物流客户服务的总体水平。

一、吸引物流客户的技巧

影响现代物流客户服务水平的因素包括基础设施、服务内容、行业经验、营销能力、技术能力、网络服务能力、人力资源管理、行业定位、创新能力、企业机制等。现代企业吸引客户的物流客户服务创新技巧主要表现在以下几个方面。

（一）全面优质的基础物流客户服务

高端的物流客户服务离不开基础物流客户服务的支持。尤其是在当前物流客户服务需求方与物流客户服务提供方之间的战略合作趋势，"门到门"服务、"一站式"服务趋势日益明显时，现代物流客户服务必须为需求方提供全面而优质的基础物流客户服务，如运输、储存、包装、装卸、配送、流通加工、货运代理等，只有这样，才能真正实现高水平的客户服务目标，为客户创造价值。全面意味着提供的服务类型要全面，还有服务所涉及的网络要健全；而优秀服务则意味着虽然同样提供的是基础的物流客户服务，但是服务的质量不可同日而语，并且不容易为竞争对手所赶超，也即基础的物流客户服务同样具有异质性。

（二）客户化与多样化的供应链

做好物流客户服务的优势在于利用实际的物流业务操作能力，在综合技能、集成技术、战略规划、区域及全球拓展能力等方面缩小差距。提升对整个供应链及物流系统进行整合规划的能力。因此，企业要想在市场竞争中取胜，就必须不断创新，而提供客户化、多样化的供应链服务企业正是获得竞争优势的必由之路。

（三）良好物流客户服务提供商资源整合

现代物流客户服务必须发挥其影响整个供应链的重要作用，除提供优秀的基础物流客户服务、综合物流客户服务之外，还要整合最优秀的第三方物流客户服务商、管理咨询服务商、信息技术服务商和电子商务服务商等，为客户提供客户化、多样化的供应链解决方案，为客户带来更大的价值。企业需要利用物流客户服务创新将供应链中各相关实体联系起来，充分利用其他服务提供商的能力，包括基础物流客户服务提供商、综合物流客户服务提供商、信息技术供应商、合同物流供应商、呼叫中心、电信增值服务商等，再加上客户的能力和高端物流客户服务企业自身的能力，可以为客户带来利润增长、运营成本降低、工作成本降低、资产利用率提高等利益。因而，良好的供应链服务商的资源整合能力也是高端物流客户服务企业的核心竞争能力之一。

（四）卓越物流与供应链管理和运作

现代物流客户服务创新的核心业务在于供应链及物流系统的整合规划，因此，拥有卓越的供应链管理和运作能力，在供应链技术集成、业务流程再造、分级外包、供应商管理、多客户管理信息共享能力等方面处于领先地位，是决定物流客户服务水平高低的关键性因素。高端物流具有较高的科技含量，是一般企业难以模仿的。因此，卓越的供应链管理与运作是高端物流客户服务企业成功获得客户以及成功开展业务的基础，是核心竞争能力的重要组成部分。企业目标的执行、实施、变革和再造离不开管理与运作能力。这也是高端物流客户服务企业生存与发展的基础。

（五）拥有高素质的物流供应链管理人才

人才是企业最宝贵的资源，人才作为企业知识和技能的载体，体现了企业的核心竞争能力。对于企业而言，拥有大量高素质、国际化的物流和供应链管理专业人才是物流客户服务核心竞争力的根本所在。目前，企业最需要物流方案策划和设计人才以及物流项目管理和运作人才。高素质的物流供应链管理人才应该具有的物流知识和技能如表 11-1 所示。

表 11-1　物流与供应链管理能力要求表

能力要求	具体描述
基础理论与运作流程	掌握物流与供应链管理的基础理论以及供应链与物流管理的运作流程
市场分析与客户服务	能进行物流市场分析、市场定位、项目选择、客户细分，会分析客户的物流客户服务需求，能为客户量身定做使其满意的物流方案
招投标与标准化流程	熟悉物流客户服务项目的招投标，熟悉物流运作中的标准化业务流程的制定
成本分析与合同管理	能进行物流成本分析、合同管理和控制，能指导物流运作团队实施物流方案
仓储、库存与运输	掌握仓储、库存管理、货物搬运、包装、各种运输方式、配送、货运代理、贸易采购，以及汽车、家电、化工、制造业等一般知识
物流中心运作与资源整合	熟悉物流中心、配送中心以及商业物流的运作过程，会整合社会物流资源，能对社会物流资源进行有效控制
物流网络与信息平台	掌握物流实体网络和物流信息网络知识，了解物流信息平台建立和维护知识，能利用现代技术不断提高物流运作水平

（六）强大的服务网络覆盖能力和数智技术支持能力

拥有强大的服务网络覆盖能力和数智技术支持能力的高端企业将成为其合作伙伴的理想选择。企业服务网络是企业从事经营活动的基础。如果不能做到大区域内点、线结合，形成网络化的服务体系就难以满足客户的要求。因此，强大的服务网络覆盖能力和数智技术支持能力是企业的最大资本之一。企业在对物流与供应链系统进行整合规划和实施时，必须对整个供应链资源进行整合和优化。只有拥有强大的数智技术支持能力，才能充分掌握供应链物流过程的所有基础数据、企业自身的资源、能力状况、供应链上所有服务商的信息和物流运作的信息等，对整个供应链进行必要的控制和监督，使得快捷、高质量、低成本的物流客户服务得以实现。服务支持力度弱、服务网络覆盖区域狭小的企业很难取得客户的信赖并征服大客户，在市场竞争中会被淘汰。

二、细分物流客户服务层次

企业提供物流客户服务需要通过选择不同的经营战略，提供客户所期望的服务，同时也应积极追求扩大交易，强调与竞争企业客户服务的差别，以寻求在不同客户细分市场中通过物流客户服务获得竞争优势。按照物流客户服务内容的不同，可将物流客户服务分为三个层次，即基本服务、客户满意和客户成功。

（一）基本服务

基本服务是指企业向其所有客户提供最低水准的物流客户服务，并据此建立其最基本的业务关系。基本客户服务能力处于一种向每一位客户都能提供支持的水平，所有的客户在特定的层次上被予以同等对待，以全面保持其忠诚度。对于任何一个客户的订货，企业只要接受，就有义务按照其基本服务的承诺为客户服务，即使这份订货对其来说几乎无利可图。

（二）客户满意

客户满意是指企业要提供超出基本服务以外的更多的增值服务，并且以完美的订货服务为目标。这种服务层次仅面向一些重要的客户，并通过客户满意的实现来建立长久的合作关系和维持长期的获利来源。

（三）客户成功

客户成功是指企业以协助客户成功为目标为客户提供比客户满意层次更高的服务，这种服务层次不再局限于物流作业的层面，而是更加强调与客户在战略层次上的合作，旨在维系具有高成长潜力及高目标达成概率的长期企业间关系。这种合作涵盖了从物流领域到企业决策的各个方面，例如新产品开发、市场定位、渠道设计等。

三、强化高端物流客户服务能力

企业提供高端物流客户服务的能力体现在物流实施运作能力、供应商的关系管理及协调组织能力、物流信息技术能力、物流客户服务规划咨询能力和物流客户服务管理与培训能力等方面。

（一）物流实施运作能力

物流实施运作能力包括基础物流客户服务能力、整合能力、信息技术能力、咨询服务能力、增值服务能力、核心业务能力、资本运作能力、网络能力和运作经验。

（二）供应商的关系管理及协调组织能力

企业需要拥有极其强大的资源和能力，才能最大限度地满足客户所有需求。一方面，供应链管理的需求比较复杂，涉及面广，一家企业的资源和能力很难满足客户全部的需求。另一方面，即使一家企业能够利用自身的资源满足客户全部的需求，也并不能够达到高效率及低成本两个标准。因此，高端的物流客户服务需要企业提升供应商的关系管理及协调组织能力，并与其他综合物流企业进行合作。

（三）物流信息技术能力

物流信息技术能力包括信息系统设计能力、信息系统集成能力、信息系统实施能力、信息技术外包实施能力、信息技术方案创新能力等。

（四）物流客户服务规划咨询能力

物流客户服务规划咨询能力包括供应策略制定能力、业务流程再造能力、管理概念创新能力、组织变革理解能力、组织变革管理能力等。

（五）物流客户服务管理与培训能力

数智时代的发展提升了客户对物流客户服务的要求，考验着企业管理者的应变能力和员工的服务水平。因此，需要大量的专业人才来规范物流客户服务的运作。物流客户服务管理需要团队合作精神，以及培养员工物流客户服务技巧等能力，使企业不断吸引客户，开拓新市场。

物流客户服务，短期内可以看作是一种单一的交易行为，长期内则是一种契约关系。企业需要真正理解自身与客户之间的关系，具备与客户长期合作、建立良好战略同盟关系的意识。将物流客户服务逐渐打造为企业经营差别化的重要一环，重视增值物流客户服务和物流客户服务，通过数智技术与客户共享资源，对物流的各个环节进行实时监控和全程管理，提高客户服务水平和竞争能力。

第四节　物流客户服务投诉处理

物流客户服务失败现象可能会随时发生，成为企业经营过程中不能回避的问题。如果服务失败发生后，企业没有妥善处理客户的投诉，那么客户一旦有其他选择，极可能转向其他企业，导致客户流失。物流客户服务失败已经成为企业提高客户满意度、建立客户忠诚度的主要障碍之一。妥善处理客户投诉不仅可以消除已发生的服务失败带来的不利影响，重新获得客户满意，而且可以全面提升服务质量表现，预防潜在服务失败的发生；同时可以利用服务失败与补救过程中发现的有价值的信息来改善服务提供系统，为客户提供日趋改进的高质量服务。例如，海陆空专业物流运输大型货运代理企业，由于其特殊性，在日常业务操作中可能会面临客户投诉。因此，如何处理客户投诉并将投诉转化为营销活动也就是我们通常所说的危机公关，成为大家共同关注的话题。

一、物流客户服务中的操作失误及客户反应

（一）日常业务中可能产生的操作失误

（1）业务人员操作失误。计费重量确认有误；货物包装破损；单据制作不合格；报关/报检出现失误；运输时间延误；结关单据未及时返回；舱位无法保障；运输过程中货物丢失或损坏等情况。

（2）销售人员操作失误。结算价格与所报价格有差别；与承诺的服务不符；对货物运输过程监控不力；与客户沟通不够，有意欺骗客户等。

（3）供方操作失误。运输过程中货物丢失或损坏；送（提）货时不能按客户要求操作；承运工具未按预定时间发出等。

（4）代理操作失误。对收货方的服务达不到对方要求，导致收货方向发货方投诉而影响公司与发货方的合作关系等。

（5）客户自身操作失误。客户方的业务员自身操作失误，但为了免于处罚而转嫁给货代公司；客户方的业务员有自己的物流渠道，由于上司的压力或指令订货而被迫合作，但在合作中有意刁难等。

（6）不可抗力因素。天气、战争、罢工、事故等所造成的延误、损失等。

以上情况都会导致客户对公司的投诉，公司对客户投诉处理的不同结果，会使公司与客户的业务关系发生变化。

（二）不同失误的客户反应

（1）偶然并较小的失误，客户会抱怨。失误给客户造成的损失较小，但公司处理妥当，能使多年的客户关系得以稳定。

（2）连续的或较大的失误会遭到客户投诉。客户抱怨客服人员处理不当，而此时，客户又接到他的客户的投诉，转而投诉货代等。

（3）连续投诉无果，使得客户沉默。由于工作失误，客户损失较大，几次沟通无结果。如果出现这种情况，一般而言通常会产生两种结果，一种是客户寻求新的合作伙伴；另一种则是客户没有其他的选择，只能继续与该公司合作。

所有这些可以归纳为四部曲：客户抱怨、客户投诉、客户沉默、客户流失。其实这些情况在刚出现时，只要妥善处理是完全可以避免的。因为当客户对你进行投诉时，就已说明他还是想继续与你合作，只有当他对你失望，选择沉默时，才会终止双方的合作。

二、物流客户服务投诉处理流程

（一）明确物流客户服务投诉反馈方式

物流客户服务投诉反馈方式包括拨打客户服务热线、在公司网站提交留言、直接发送电子邮件、发送传真、到客户服务中心柜台反馈等。客户可以通过信函、电话、电邮、实地访谈等形式向公司反映问题，某些情况下公司可能需要客户提供亲笔签名的书面材料。

（二）确定物流客户服务投诉处理解决人员

客户的问题应被完整地转达给专门负责投诉处理的人员，并由他们代客户与相关部门、相关人员沟通，全程帮客户解决问题。

（三）简化物流客户服务投诉处理解决流程

因不履行工作职责或履行职责中不认真、不热情、不及时、不按要求办事，让客户、承运司机、其他合作单位受到不公正待遇，或有损其直接、间接利害关系而被投诉，调查情况属实的，需要强化执行力，提升客户对物流服务的满意程度，提高整体的服务质量及工作效率。

1. 明确物流客户服务投诉分类并受理投诉

（1）内部投诉。

①投诉人先报部门负责人，事情得不到解决再报综合部协商处理。

②投诉处理人员在接到反映的问题或投诉时，必须礼貌热情、耐心对待、应对得体，耐心指导投诉人按投诉流程进行操作，记录好相关内容：投诉人、联系电话、投诉事实和要求等。

③投诉处理人员在接到投诉后立即对投诉的事实进行调查与核实工作（判断是否为有效投诉），收集相关的证明资料，如果能找出事件责任人的，在记录的时候写上责任人。

④被调查部门接到投诉事件后应立即进行调查并处理，且回复给指定人后追究责任。投诉处理人员要在投诉回复期（24小时）内以适当形式（电话、传真、线上其他方式）将调查处理结果或跟踪结果回复给投诉人员。

（2）外部投诉。

①客户提出投诉。所有客户在对各承运司机所提供的服务不满意时，可以通过电话、传真、走访、公司网站等方式提出投诉。

②受理客户投诉。对提出投诉的客户要礼貌、热情、应对得体。在接到客户的投诉时，要向客户问清投诉的相关内容并在"服务投诉记录表"中详细记录客户名称、联系电话、投诉原因、事件和要求等。

③投诉处理人员接到客户或内部投诉后，必须认真、仔细调查事实经过、各操作环节，涉及的相关人员要积极配合。

④若投诉事件在规定时间内不能解决，相关处理人员要及时上报，内部投诉事件不超过24小时，客户投诉事件不超过4小时就要找到有效解决方案，进行落实并跟踪，给客户做好解释及道歉工作。

2. 调查处理

（1）投诉人员在接到客户投诉后，就客户投诉的内容立刻开展调查与核实工作，判断并决定是否受理客户的投诉。如果客户投诉原因与事实调查结果基本相符，则要受理客户的投诉；如果客户投诉原因与事实调查结果只有部分相符，则要及时与客户进行沟通并确认，只对相符部分的客户投诉内容进行受理；如果客户投诉原因与事实调查结果完全不符，则算无效投诉，但要耐心向客户做好相应的解释工作。

（2）若被确认为有效投诉事件，投诉处理人员和被调查人员接到投诉事件后应立即进行处理，回复给指定人后追究责任。不管有没有结果都要在30分钟内回复调查进展情况或跟踪结果回复情况。并及时征求客户对公司采取的处理方案的满意程度。

（3）凡有重大投诉事件，必须第一时间上报。

每周汇总并公布投诉记录，同时公布被处罚人员名单和处罚金额。每周对投诉情况进行汇总和上报，每月对投诉情况进行汇总。

（4）根据投诉情况，扩大教育范围，让所有人员都有所了解。

🔗知识链接：

投诉处理的不恰当行为

违反首问负责制的行为。例如，属于职权范围内的工作说"不知道""不归我管""我管不了""我还有事"等理由推脱首问责任或敷衍问询者的；对部门间的工作，不予受理，互相推诿，或者在受理后没有进行协调处理的；或者对于因不属于自己工作职权范围内而不能直接给出所能处理事件的正确的处理人、电话，让投诉人多次打电话仍不能找到处理人的。

违反事先告知和一次性告知的行为。对来办事、发货或来电咨询相关业务者，没有事先、一次性告知规定的办理依据、办理程序和应提交的全部资料名称、数量、规格或者没有事先告知相关办理部门。例如，不事先告知包装不符合要求；没有询问是否要投保；客户要理赔的，没有一次性告知要带齐相关证件的名称；客户来取代收、赔付款的，没有事先告知财务部门；客户来了，出纳不在，让客户等很久或白跑一趟。

违反礼仪、礼貌规范的行为。例如，态度蛮横无理，甩挂电话，跟客户、同事吵架，辱骂客户等。违反限时办理的行为没有按程序、在规定的时限内将事情完成，或因特殊情况不能在规定时限办理好，也没有向投诉人耐心做出说明和解释的。例如，让客户等着，自己忙着聊天，或忙于工作不跟客户做出解释，让客户长时间等待；延迟转、发货；延迟支付代收款；审货后不及时换回等。

违反操作规定的行为。未按照程序办事，如货物没有到齐，未跟收货人做说明，就通知收货人提货的；审货，被客户投诉的；请假、出差没有将客户交代的重要事情交接给他人负责的，让客户找不着人而产生不满的；过度承诺；等等。

三、物流客户服务投诉的一般处理方法

（1）引导客户说出投诉点，耐心倾听不打断，微笑服务，多用礼貌用语。解决客户投诉的途径有很多，要相信客户是因为信任公司才选择投诉到这里来解决问题的，在和客户沟通的时候要有足够的耐心，可能客户刚开始投诉的时候情绪很激动，态度不友好，作为工作人员首先要引导客户说出问题点，比如你刚接待这个客户的时候他就开始各种谩骂，各种不配合，作为工作人员要做到积极引导，让客户愿意说出问题点，沟通中要多用"您""您请说""理解您"的措辞，沟通要始终微笑，因为微笑是最有力量的沟通方式，通过微笑会减少客户对你的敌意，毕竟伸手不打笑脸人。

（2）真诚确认客户投诉的问题，在沟通中表现足够的理解，挖掘客户需求。当客户说完自己的诉求的时候要真诚向客户确认问题，之所以要这样，一是确认自己完全理解客户诉求，比如"如果我是您，遇到……的事情我也会非常生气的……"。二是表达对客户的尊重，通过与客户确认让客户感受到你是用心在听客户的诉求。

（3）先情绪后事情，先安抚客户情绪，然后再解决客户的问题。对于投诉的客户，其实很多时候他生气的不是事情的本身，而且因为事情引发的情感体验不是很好，作为工作人员要懂得先解决客户情绪问题，因为当人处于非常激动的情绪中时，是听不进任何人的解释的，只有耐心地倾听，让他把心中的怒火发泄出来，才能进行有效的沟通。

（4）不人为地给客户贴标签。作为工作人员，你已经接待了这个客户，即便这个客户非常无理取闹，也不要有先入为主的思想，不要主观地给这个客户贴标签，因为如果你在解决客户问题之前就给客户贴了某个标签，那么你处理的时候就会先入为主，无法第一时间给客户提供有效的方案，这不仅会导致服务客户的质量下降，还会降低客户对公司的信任度和忠诚度。我们处理任何一个投诉事件都是为了让客户更加信任公司，让客户对我司更依赖，而不是产生隔阂，最终失去客户。

（5）理解客户诉求后，站在客户的角度切身为客户着想，及时给出有效的方案。在你对客户需求表达了足够的理解之后，要及时根据你的工作经验和公司的制度给出至少两个有效方案，如果说你给的方案连客户都感到不满意，那如何让客户看到你的诚意和解决问题的能力呢？

（6）有同理心，不与客户争对错，即便客户提出的是无理需求，也要及时、委婉地告知客户。任何时候都不要与客户发生争辩，因为即便你说服客户暂时认同了你的观点，也会失去客户对你的信任，降低客户对公司的黏性，毕竟与客户沟通不是辩论赛，没有输赢之分，对于工作人员来说，我们要做的事情是让客户对公司产生信任，更加依赖，以至于客户离不开我们。当遇到客户提出无理需求时，不要生硬地说无法满足，要告诉客户无法做到的原因，尽量委婉，但是也不要让客户抱有幻想，不要提高客户的期望。

（7）对于首次无法解决的事情，及时告知客户处理进度。客户的问题并不是一次就可以解决完成的，如果无法当时给出客户方案，要及时与客户约定时间告知处理进度，及时告知处理的进度是对客户的尊重，也可以增强客户对公司的信任，提升客户的忠诚度，同时提升客户的用户体验。

（8）必要时给出补偿措施，合理控制客户期望。客户在花钱之后没有得到想要的结果，或者遇到严重的不便，或者因为服务的失误造成时间和金钱损失时，适当的金钱补偿，或者提供同类型服务给他们，是有助于减少客户因为恼怒而采取法律行动的风险的，但是提供补偿的时候要权衡客户的期望，不要让客户的期望无限放大，这样既避免了投诉越级，又能有效地挽留客户，避免客户流失。

（9）主动承担责任，及时道歉不推诿。面对客户投诉问题，公司要主动承担责任，该道歉的时候及时道歉，及时有效的道歉可以第一时间取得客户谅解，获得最佳的解决方案，避免投诉越级的风险，同时勇于承担责任也可以在用户心中树立良好的企业形象。

（10）真诚确认客户问题是否得到解决。真诚确认客户问题是否得到解决，可以提升客户的体验，让客户有一种被重视的感觉。

四、物流客户服务投诉处理的技巧

（一）正确认识处理客户投诉的意义

一位客户的投诉得到了圆满解决，他会将此次满意的经历告诉至少三个客户。专业研究机构研究表明，对客户投诉的圆满解决，其广告效应比媒体广告效应高两到三倍。问题被圆满解决了的投诉客户将会比其他客户更加忠诚，他们甚至会积极地赞美并宣传货代公司的产品及服务。有效解决有难度的投诉，会提高客服人员今后与客户打交道的技巧。

（二）建立引导客户投诉的渠道

即使是具有良好客户服务水准的公司，同样难免会遭到客户的投诉。因此，首先要建立一条能够引导客户投诉的渠道，并且要保障这些投诉渠道一定能够有效地处理客户的投诉，也就是说要有鼓励客户投诉的途径和措施。一般来讲，具有公开的客户投诉电话，对客户心理具有极其重要的意义，客户也愿意通过这种公开的渠道发表自己的看法和意见。在接到客户的投诉后，首先要分析客户投诉的原因。客户不满的表现往往具有不同的原因，有些原因并非客户服务欠缺造成的，比如不满的经历造成客户在某一时刻爆发不满情绪。关注客户服务的部门应该花费一些精力来分析客户投诉的原因，然后确定对这一原因采取怎样的措施来解决类似的投诉问题，比如组织变革和调整。顾客希望自己的投诉能够得到迅速、积极的答复。所以，在接到客户投诉的第一时间，迅速地给客户回函或者回电话，告诉客户他的问题得到了高度的重视，目前正在解决过程中，并对客户表示相应的歉意。随后就必须尽快地向客户提供可供选择的解决方案，显示企业对客户服务的重视，以及企业积极灵活、反应迅速的经营机制。当然，最关键的还是能够使用户满意地接受一种方案。处理完客户的投诉之后，企业还应当不定时地回访客户，确保客户投诉得到解决，并通过紧密的接触，了解客户其他的不满或者需求，增强与客户的紧密关系。

（三）物流客户投诉的心理分析

根据《中华人民共和国消费者权益保护法》的规定，客户在购买商品或服务时享有以下权利：安全保障权、知情权、自主选择权、公平交易权、依法求偿权、维护尊严权、监督批评权等。当这些权益受到侵害或可能受到侵害时，客户通常会采取行动来保护自己的权益。投诉是客户在权益受到侵害时的首选手段。妥善处理物流客户投诉，首先应了解与掌握用户投诉时的心理状态。从客户气质特征分析，可以把客户的气质分为四大类：胆汁质型、多血质型、黏液质型和抑郁质型。经研究，大多数重复投诉的物流客户属于胆汁质型和多血质型客户，这两类气质的客户的高级神经活动类型属于兴奋型和活泼型，他们的情绪兴奋性高，抑制能力差，特别容易冲动，他们在投诉时的心理主要有以下三种。

1.发泄的心理

这类客户在接受物流服务时，由于受到挫折，通常会带着怒气投诉和抱怨，把自己的怨气发泄出来，这样客户的忧郁或不快的心情由此会得到释放和缓解，以维持心理上的平衡。

2. 尊重的心理

多血质型客户的情感极为丰富，他们将在接受物流服务过程中产生的挫折和不快进行投诉时，总希望他的投诉是对的和有道理的，他们最希望得到的是同情、尊重和重视，希望企业向其道歉并立即采取相应的措施等。

3. 补救的心理

客户投诉的目的在于补救，补救包括财产上的补救和精神上的补救。当客户的权益受到损害时，他们希望能够及时地得到补救。

（四）物流客户投诉中的沟通

从一般意义上讲，物流客户投诉中的沟通就是接受投诉的责任人（首问责任人），凭借一定的渠道，将信息发送给投诉客户，并寻求反馈以达到相互理解的过程。受理客户投诉的首问责任人与投诉客户的沟通一般分三个阶段，即受理投诉与解释阶段的沟通、提出解决方案阶段的沟通和回访客户阶段的沟通。不同阶段的沟通方式与客户的满意度有着密切的联系。

1. 受理投诉与解释阶段的沟通

根据"首因效应"理论，最先接触到的事物给人留下的印象和强烈影响，具有先入为主的效应。"首因效应"对人们后来形成的总印象具有较大的决定力和影响力。受理投诉阶段是第一次与投诉客户接触的环节，如果第一印象是积极的，则会产生正面效应；反之，则会产生负面效应。正面效应的产生应考虑以下因素。

（1）同情与宽容。作为首问责任人，一定要认真倾听客户的抱怨，同情、理解客户的心理，持容忍态度，创造轻松、宽容的环境，满足客户自尊心。

（2）重视与诚恳。对客户的投诉一定要给予高度的重视，一个人在困难时得到他人的重视会产生一种感激的情绪，这种感激会产生某种报答的心理。首问责任人在向客户解释和澄清时，应该换位思考，从客户的角度出发，诚恳地道歉，并做出合理的解释。

（3）诚实与守信。客户的投诉与抱怨，表明他在使用物流服务过程中对某一方面或某一件事存在不满，需要得到物流企业的补救和回复。应该指出，物流用户与物流供应商建立的物流服务合同，所付出的不仅是金钱，更多的是对该物流运营商的信任。对一名处理物流用户投诉的首问责任人来讲，信用就是一种向用户信守承诺的责任感，信用就是一种对自己企业提供物流服务产品的后果负责的道德感。在受理投诉时，只要能做到的一定要向客户承诺，做不到的不轻易承诺，凡是向客户承诺的一定要做到。同时，必须明确告知客户处理投诉的等待时限，并在承诺的时限内将结果反馈给客户。

2. 提出解决方案阶段的沟通

解决方案的提出应着重体现公正和效率。物流用户与物流企业的纠纷是以双方的权利与义务争议为基础的，这种争议的存在意味着权利与义务的扭曲和混乱。因此，处理纠纷的目的在于对这种扭曲和混乱加以矫正。为了实现这一目的，这种矫正手段必须具备公正性。处理用户投诉的公正性从其运行过程看，包括两方面，即公正地处理用户投诉和公正地适用该规则。解决客户的投诉是为了保障客户的正常物流权利，使客户受到损害的权益得以及时的恢复，以维护物流用户的合法权利。因此，解决客户的投诉还必须讲效率，如果客户的投诉长期得不到解决，不仅背离了公正的目标，而且不能从根本上体现物流企业的管理效率。其结果是给客户造成更大的心理创伤，这种心理创伤是很难补救的。

3. 回访客户阶段的沟通

回访客户阶段是处理客户投诉的最后阶段，这一阶段主要是关心与询问客户对处理结果的满意程度。根据"近因效应"，在某一行为过程中，最后接触到的事物给人留下的印象和影响最为强烈。因此，回访客户作为最后与客户的沟通阶段，能产生近因效应。与首因效应对应，积极的近因效应会提高客户的满意度，消极的近因效应会导致客户的不满意。客户忠诚表现为两种形式：一种是客户忠诚于企业的意愿，另一种是客户忠诚于企业的行为。回访客户阶段作为最后的一个环节，应重视两大问题：一是对处理结果的合理解释应跳出投诉事件本身与客户沟通，特别是对客户心中预期的理想型服务与物流企业提供的实际服务之间的差异进行解释，使客户在今后使用实际物流服务时，对其功能、品种、价格有一个重新的理解和判断；二是应重视在处理投诉过程的最后阶段与客户建立友谊。处理过程是与客户相互接触、相互交往的过程，如果纯粹是为了解决投诉而与客户交往，即使问题得到了解决，也不会使客户感到真正满意。在处理投诉的最后阶段，我们应该将客户视为自己的朋友，建立与客户之间的情感联系，让客户有一种归属感。客户的情感影响他们的行为，客户对某个企业的情感依恋越强，客户的抱怨就越少，客户就越有可能继续与该企业保持关系。然而，客户与企业情感的建立是通过企业员工与客户之间的真诚和坦率的沟通而形成的。

（五）圆满处理物流客户服务投诉

1. 虚心接受客户投诉，耐心倾听对方诉求

客户只有在利益受到损害时才会投诉，作为客服人员要专心倾听，并对客户表示理解，做好记录。待客户叙述完后，复述其主要内容并征询客户意见，对于较小的投诉，自己能解决的应马上答复客户。对于当时无法解答的，要做出时间承诺。在处理过程中无论进展如何，到承诺的时间一定要给客户答复，直至问题解决。

2. 设身处地，换位思考

当接到客户投诉时，我们需要具备换位思考的意识。如果是本方的失误，首先要代表公司道歉，并站在客户的立场上为其设计解决方案。对问题的解决，也许有三到四套解决方案，可将自己认为最佳的一套方案提供给客户，如果客户提出异议，可再换另一套，待客户确认后再实施。当问题解决后，至少要征求客户对该问题的处理意见一到两次，争取下一次的合作机会。

3. 承受压力，用心去做

当客户的利益受到损失时，着急是不可避免的，以至于他们会有一些过分的要求。作为客服人员此时应能承受压力，面对客户始终面带微笑，并用专业的知识、积极的态度解决问题。

4. 有理谦让，处理结果超出客户预期

纠纷出现后要用积极的态度去处理，不应回避，在客户联系之前先与客户沟通，了解每一步进程，争取圆满解决并使最终结果超出客户的预期，让客户满意，在解决投诉的同时抓住下一次商机。例如，X 公司承揽一票 30 标箱的海运出口货物，由青岛运往日本，由于轮船爆舱，在不知情的情况下被船公司甩舱。发货人知道后要求 X 公司赔偿因延误运输而产生的损失。C 公司首先向客户道歉，然后与船公司交涉，经过努力，船公司同意该票货物改装三天后的班轮，考虑到客户损失将运费按八折收取。C 公司经理还请船公司业务经理一起到客户处道歉，并将结果告知客户，最终得到谅解。该纠纷圆满解决，客户经理表示："你们在处理纠纷的同时，进行了一次非常成功的营销活动。"

5. 长期合作，力争双赢

在处理投诉和纠纷的时候，一定要将长期合作、共赢、共存作为一个前提，以下技巧值得借鉴。

（1）学会识别、分析问题。

（2）要有宽阔的胸怀、敏捷的思维及超前的意识。

（3）善于引导客户，共同寻求解决问题的方法。

（4）具备本行业丰富的专业知识，随时为客户提供咨询。

（5）具备财务核算意识，始终以财务的杠杆来协调收放的力度。

（6）有换位思考的意识，勇于承担自己的责任。

（7）处理问题时留有回旋的余地，任何时候都不要将自己置于险境。

（8）处理问题的同时，要学会把握商机。通过与对方的合作达到双方共同规避风险的共赢目的。

此外，客服人员应明白自己的职责，首先解决客户最想解决的问题，努力提升在客户心目中的地位及信任度，通过专业知识的正确运用和对公司政策在不同情况下的准确应用，最终达到客户与公司都满意的效果。

案例分析

东航物流的物流客户服务管理创新

1. 公司概况

东方航空物流股份有限公司（简称"东航物流"）是现代综合物流服务企业，旗下有中国货运航空（简称"中货航"）、东航快递等子公司及境内外多个分支机构。依托中货航 14 架全货机与东航股份近 800 架客机腹舱，借助天合联盟网络，公司构建了覆

盖全球 166 个国家及地区、1000 多个目的地的物流网络。

公司在上海虹桥与浦东国际机场设有物流运营中心，配备 6 处邻近停机坪的货运站点、1 个大型货物转运枢纽及海关监管仓储设施，总占地约 125 万平方米，仓储资源多样。此外，还在国内多个枢纽机场设自营货站，覆盖核心航空货运枢纽。

作为综合性航空物流服务商，东航物流整合全方位业务功能，凭借"天地一体"资源配置、完善资质认证与严格质量控制，构建了覆盖航空货运全产业链的服务网络。

2. 存在问题

当前市场竞争激烈，民营物流企业崛起加剧竞争，东航物流客户服务管理体系亟待加强。

客户服务流程有待优化，影响服务效率。订单查询处理涉及多部门协作，流程复杂容易导致延误与错误。对客户需求响应慢，难以及时满足个性化需求，特殊物流需求难以迅速满足。

客户信息管理分散，各业务部门独立记录，缺乏整合分析，无法构建 360 度客户视图，限制潜在需求挖掘与针对性服务提供。

服务质量不稳定，黑猫投诉平台服务与乱收费投诉多，损害企业形象，暴露服务质量监控与管理不足。

3. 物流客户服务管理的创新举措

为应对挑战，东航物流采取了多项创新举措。

（1）服务线上化：打造航空物流一站式综合服务平台，面向内外部客户，提供综合、一体、线上、数字化的交互、流转与业务操作支持，降低人力与纸质成本，提高业务效率与服务能力。客户可在线完成订单提交、货物追踪、费用查询等操作，简化业务流程。

（2）应用智能化：实现智慧派工、智能分配等应用，利用大数据与人工智能算法智能分配资源与人员，提高资源利用效率与服务保障能力，提升客户体验，加快企业数字化进程。构建集中式客户数据管理平台，整合客户资料，形成完整客户画像，实施精准营销与定制化服务。

（3）提升服务响应速度：优化客户服务流程，设立专门团队，明确各环节服务标准与时间节点，加强内部沟通协作，打破部门壁垒，实现信息快速传递与共享，确保客户咨询与问题及时响应处理。

（4）加强服务质量监控与改进：建立完善的服务质量监控体系，定期评估反馈，基于客户反馈分析识别服务缺陷，实施精准优化方案。深度剖析投诉案例，追溯根本原因，建立长效防控机制，完善员工培训体系，保障服务品质持续改进与稳定输出，降低问题复发概率。

4. 实施成效

创新举措成效显著。

（1）IT 成本效益：客户服务平台部分功能模块每年可实现数百万元收益，具备独立运营能力与知识产权，降低企业成本，提高经济效益。

（2）运营成本降低：线上化、数字化服务涵盖大部分业务操作，一体化、综合化特性减少协调沟通成本，节省时间成本，降低运维改造等运营成本。如纸质单据与烦琐沟通流程被线上自动化流程取代，提高工作效率，降低成本。

（3）服务产品效益：客户服务平台具备 98 个功能模块，涵盖多业务场景，模块化能力强，可快速实现产品化、组合化、灵活化服务，为 B 端与 C 端用户提供丰富选择，满足个性化需求，提高市场竞争力。

（4）品牌提升效益：客户服务平台服务九百余家 B 端用户、三千余家 C 端用户，覆盖十余个城市、三百余条地面航网与全球运营点，扩大品牌效应。优质高效的服务提高客户满意度与忠诚度，扩大品牌影响力。东航物流还推动行业发展，改善传统航空物流信息不透明现象，为其他企业提供借鉴示范。

· 讨论. 东航物流在物流客户服务管理中有什么创新举措？在客户服务管理创新中，线上化与智能化举措如何协同提升客户满意度？

—→ 本章小结 ·—

本章聚焦物流客户服务管理创新，从多个维度展开论述。首先，明确了物流客户需求具有地域差异、行业区别、多层次、可扩展和可引导等特点，这些是服务创新的重要依据。其次，强调从满足需求转变为引领需求，推动功能性服务向一体化服务升级，借助降低客户成本、开展差异化服务和运用数智技术提升竞争力。再次，服务内容与方式创新是关键部分，内容创新涵盖增值、管理及信息流与资金流服务的延伸；方式创新体现在从短期交易迈向长期合同服务、从完成指令变为协同运作、从单纯服务拓展至深度合作。最后，阐述服务科学的创新模式及其体系结构、创新过程，以及数智技术在其中的关键作用，还有"纵向一体化"和"横向一体化"的创新路径。此外，详细阐述吸引客户的多种技巧、细分服务层次的方法和强化高端服务能力的要点，并分析引发投诉的失误类型、处理流程、处理方法与技巧。

—→ 思考题 ·—

（1）物流客户需求的特点有哪些？这些特点如何影响物流客户服务管理的创新？

（2）物流客户服务理念的创新包括哪些方面？请结合实际案例说明其中一种创新理念的应用。

（3）物流客户服务内容的创新主要体现在哪些方面？增值服务和管理服务的延伸对客户和企业分别有什么意义？

参考文献

[1] 邵舒羽.智慧物流与智慧供应链 [M].北京：首都经济贸易大学出版社，2024.

[2] 宾厚，王欢芳，邹筱.现代物流管理 [M].北京：北京理工大学出版社，2019.

[3] 陈赋光，颉栋栋.物流工程概论 [M].北京：机械工业出版社，2024.

[4] 涂华斌，饶阳春，潘敬超.挑战与机遇：现代物流管理 [M].北京：中国商业出版社，2024.

[5] 李严锋，刘胜春.第三方物流 [M].沈阳：东北财经大学出版社，2022.

[6] 唐纳德·J.鲍尔索克斯，戴维·J.克劳斯，M.比克斯比·库珀，等.供应链物流管理：第 5 版 [M].梁峰，译.北京：机械工业出版社，2022.

[7] 张喜才.现代冷链物流产业链管理 [M].北京：中国商业出版社，2022.

[8] 杨国荣.供应链管理 [M].第 4 版.北京：北京理工大学出版社，2019.

[9] 郭淑红.现代物流客户关系管理实务 [M].第 3 版.北京：清华大学出版社，2021.

[10] 任娟娟.现代物流客户关系管理 [M].北京：北京理工大学出版社，2022.

[11] 苏虹.物流客户服务 [M].北京：机械工业出版社，2017.

[12] 曹宗平.客户服务管理 [M].北京：科学出版社，2024.

[13] 王永钊，郭静.客户关系管理 [M].北京：清华大学出版社，2023.

[14] 霍红，刘莉.现代服务学概论 [M].第 2 版.中国财富出版社，2025.

[15] 宋志刚.基于服务生态系统的网络货运平台战略更新研究 [M].北京：经济科学出版社，2024.

[16] 花昭红，权怡瑄.营销管理 [M].北京：企业管理出版社，2024.

[17] 丁宁，丁溧.金融服务营销 [M].北京：清华大学出版社，2024.

[18] 刘玲玲.Y 公司第三方医药物流客户服务管理体系构建 [J].物流技术与应用，2022，27（2）：120-123.

[19] 马倩倩.基于 BP 神经网络的农村电商物流服务客户满意度评价 [J].物流科技，2024，47（7）：66-69.

[20] 梁蕴泽，刘晓燕.基于层次分析法的 JD 物流 B2C 配送服务客户满意度影响因素分析 [J].物流技术，2023，42（3）：43-47.

[21] 姜岩.铁路零担货运服务质量与客户满意度关系实证：基于客户感知视角 [J].中国流通经济，2021，35（1）：11-23.

[22] 黄由衡，韩霜.物流客户服务成本的特点与估算模型 [J].技术经济，2006（8）：55-57.

[23] 陈颖.快递企业物流成本管理策略研究 [J].市场瞭望，2025（1）：49-51.

[24] 黄沫.现代物流成本管理分析 [J].中国物流与采购，2023（21）：65-66.

[25] 万玲，廖敏慧，蒙颖鼽.智能制造背景下珠海市物流业与制造业融合发展路径研究 [J].现代工业经济和信息化，2024，14（11）：255-260.

[26] 蒋秀兰，孙浩.物流业与制造业深度融合促进制造业绿色转型的机制与效应：基于绿色创新的视

角 [J]. 生态经济，2024，40（12）：71-79.

[27]Tarnanidis T，Vlachopoulou M. Cultural Sensitivity，Cross-Border Logistics，and E-Commerce in Global Marketing[M]. IGI Global，2025.

[28] 喜崇彬 . 中集天达：通过数智化升级全面增强市场竞争力和客户服务能力：访中集天达物流系统工程有限公司总经理助理蒋华 [J]. 物流技术与应用，2025，30（1）：86-90.

[29] 曲思源 . 基于铁路物流中心的大客户"物流总包业务"服务模式创新研究 [J]. 物流研究，2025（2）：69-74.